Reinhard Jung, Thomas Myrach (Hrsg.)

Quo vadis Wirtschaftsinformatik?

GABLER EDITION WISSENSCHAFT

Reinhard Jung, Thomas Myrach (Hrsg.)

Quo vadis Wirtschaftsinformatik?

Festschrift für Prof. Gerhard F. Knolmayer
zum 60. Geburtstag

GABLER EDITION WISSENSCHAFT

Bibliografische Information der Deutschen Nationalbibliothek
Die Deutsche Nationalbibliothek verzeichnet diese Publikation in der
Deutschen Nationalbibliografie; detaillierte bibliografische Daten sind im Internet über
<http://dnb.d-nb.de> abrufbar.

1. Auflage 2008

Alle Rechte vorbehalten
© Gabler | GWV Fachverlage GmbH, Wiesbaden 2008

Lektorat: Frauke Schindler / Jutta Hinrichsen

Gabler ist Teil der Fachverlagsgruppe Springer Science+Business Media.
www.gabler.de

Das Werk einschließlich aller seiner Teile ist urheberrechtlich geschützt. Jede Verwertung außerhalb der engen Grenzen des Urheberrechtsgesetzes ist ohne Zustimmung des Verlags unzulässig und strafbar. Das gilt insbesondere für Vervielfältigungen, Übersetzungen, Mikroverfilmungen und die Einspeicherung und Verarbeitung in elektronischen Systemen.

Die Wiedergabe von Gebrauchsnamen, Handelsnamen, Warenbezeichnungen usw. in diesem Werk berechtigt auch ohne besondere Kennzeichnung nicht zu der Annahme, dass solche Namen im Sinne der Warenzeichen- und Markenschutz-Gesetzgebung als frei zu betrachten wären und daher von jedermann benutzt werden dürften.

Umschlaggestaltung: Regine Zimmer, Dipl.-Designerin, Frankfurt/Main
Gedruckt auf säurefreiem und chlorfrei gebleichtem Papier
Printed in Germany

ISBN 978-3-8349-1145-2

Vorwort

Die Wirtschaftsinformatik ist eine noch relativ junge Interdisziplin zwischen der Betriebswirtschaftslehre und der Informatik, die sich heute mit eigenen Instituten, Studiengängen und Vertiefungsrichtungen an den Hochschulen etabliert hat. Allerdings wurden in jüngster Zeit verstärkt Fragen bezüglich der Bedeutung, Positionierung und zukünftigen Ausrichtung der Wirtschaftsinformatik aufgeworfen. Diese Fragen haben auch innerhalb der Wirtschaftsinformatik zu einer verstärkten Reflektion über Ziele und Methoden geführt, was sich als natürliche Begleiterscheinung eines Übergangs von einer stürmischen Gründerzeit in eine Reifephase deuten lässt.

Mit dem postulierten Übergang in eine Reifephase erleben wir auch den nahenden oder bereits vollzogenen Abschied der Gründergeneration aus der aktiven Hochschultätigkeit. Die Vertreter dieser Gründergeneration haben naturgemäß kein Wirtschaftsinformatikstudium absolviert, denn das wurde erst ab 1975 möglich. Stattdessen haben sie sich aus anderen, in der Regel betriebswirtschaftlichen Teildisziplinen wie Operations Research oder Produktionswirtschaft zu diesem Fach hin entwickelt. Zu diesem Personenkreis gehört auch Gerhard Knolmayer, der anlässlich der Vollendung seines 60. Lebensjahres mit dieser Festschrift geehrt wird.

Wie sein Publikationsverzeichnis eindrucksvoll belegt, gehört Gerhard Knolmayer zu den Forschern der Wirtschaftsinformatik-Community, die einen erheblichen Beitrag zum wissenschaftlichen Schrifttum und zum Erkenntnisfortschritt geleistet haben. Neben Beiträgen, die unmittelbar der Wirtschaftsinformatik zuzuordnen sind, findet sich unter seinen Publikationen auch eine erhebliche Anzahl von Aufsätzen in hoch angesehenen Zeitschriften der Betriebswirtschaftslehre und der Informatik. Gerhard Knolmayer interessiert sich nicht nur für das Verhältnis der Wirtschaftsinformatik zu den beiden Mutterdisziplinen, sondern er gestaltet es aktiv mit. So war er beispielsweise Sprecher des Fachbereichs Wirtschaftsinformatik der Gesellschaft für Informatik (GI) und wurde im Jahr 2005 von der GI unter anderem aufgrund seiner Verdienste um diesen Fachbereich mit der Ernennung zum „GI-Fellow" geehrt. Auch an der Entwicklung der Wirtschaftsinformatik-Lehrinhalte wirkte Gerhard Knolmayer als Mitglied von Arbeitsgruppen mit, die im Auftrag der Wissenschaftlichen Kommission

Wirtschaftsinformatik (WKWI) im Verband der Hochschullehrer für Betriebswirtschaft Studienplanempfehlungen erarbeitete. Das große Engagement des Jubilars für die Wirtschaftsinformatik und die aktuellen Entwicklungen führten uns zum Titel dieser Festschrift: „Quo vadis Wirtschaftsinformatik?".

Nachdem diese Idee geboren war, mussten Mitstreiterinnen und Mitstreiter gefunden werden. Zu diesem Zweck haben wir uns an eine Reihe renommierter Personen aus Wissenschaft und Praxis gewandt, darunter Kollegen, Freunde und Schüler von Gerhard Knolmayer. Die Wertschätzung, die dem Jubilar entgegengebracht wird, lässt sich auch daran abschätzen, dass wir als Herausgeber innerhalb kürzester Zeit und trotz sehr „sportlich" gesetzter Fristen für die Einreichung der Beiträge spontane Zusagen von nahezu allen angefragten Autoren bekamen. Wir sind allen Mitautorinnen und -autoren außerordentlich dankbar für die Bereitschaft zur Mitwirkung an dieser Festschrift und die pünktliche Einreichung der Beiträge.

Weiterhin danken wir herzlich Frau Maximiliane Bühler für die sorgfältige und engagierte redaktionelle Bearbeitung der Festschrift und Frau Jutta Hinrichsen vom Gabler-Verlag für die sehr angenehme Zusammenarbeit und das professionelle Lektorat. Schließlich geht ein herzlicher Dank auch an alle Personen, die an der Organisation der akademischen Feier am 27. Juni 2008 mitgewirkt haben. Besonders zu erwähnen sind Frau Christa Brunswicker, Frau Heidi Marty und Frau Brigitte Moser.

Essen und Bern im April 2008

Prof. Dr. Reinhard Jung   Prof. Dr. Thomas Myrach

Inhaltsverzeichnis

Vorwort VII

Ausrichtung und methodische Aspekte der Wirtschaftsinformatik-Forschung

Ein Plädoyer für die gestaltungsorientierte
Wirtschaftsinformatik
Jörg Becker 3

Wirtschaftsinformatik – für ewig?
Persönliche Anmerkungen von Joachim Fischer
Joachim Fischer 23

Herausforderungen der Wirtschaftsinformatik
in Zeiten des Wandels
Ulrich Frank 37

Potenzial experimenteller Forschung in der
Wirtschaftsinformatik –
Ein Beitrag zur methodischen Fundierung
Thomas Hess, Thomas Wilde 57

Internationalisierung der Wirtschaftsinformatik
Weiter auf der Erfolgsspur – oder in die Sackgasse?
Karl Kurbel 83

Perspektiven auf die Wirtschaftsinformatik
Eine Disziplin im Spannungsfeld von
Mensch und Maschine
Thomas Myrach 95

Zur Fallstudienforschung in der Disziplin
Information Systems:
Eine quantitative Inhaltsanalyse
René Riedl, Friedrich Roithmayr 125

Designorientierung in der Wirtschaftsinformatik –
ein Beitrag zu einer Streitschrift
Gerhard Schwabe..147

Theoretische Fundierung der Wirtschaftsinformatik –
Fragmentarische Thesen zu Anspruch und
Wirklichkeit aus der Perspektive eines Grenzgängers
Stephan Zelewski 163

Entwicklungen in der Wirtschaftsinformatik-Ausbildung und auf dem Arbeitsmarkt

Eine kritische Analyse des Arbeitsmarkts für
(Wirtschafts)Informatik-Absolventen
Ulrike Baumöl, Reinhard Jung 193

Fortwährendes Balancieren
Georg Disterer 213

Eine Siegener Sicht der Wirtschaftsinformatik
Manfred Grauer 225

Zur Notwendigkeit einer strukturierten
Doktorandenausbildung in der Wirtschaftsinformatik
Armin Heinzl 241

Anwendungsperspektiven der Wirtschaftsinformatik

Künstliche Neuronale Netze in der
Jahresabschlussanalyse
Jörg Baetge, Tobias Henning 265

Informatik der SBB: nah am operativen Geschäft
für die Kunden
Andreas Dietrich 283

Forschungspotentiale der Wirtschaftsinformatik
aus der Sicht der Unternehmensrechnung
Ludwig Mochty 301

Das Zusammenspiel von Mensch, Kultur und
Technologie für ein erfolgreiches
Wissensmanagement
Norbert Thom, Bettina Anne Sollberger 323

Ausgewählte Publikationen von Gerhard F. Knolmayer.....335

Ausrichtung und methodische Aspekte der Wirtschaftsinformatik - Forschung

Jörg Becker

Ein Plädoyer für die gestaltungsorientierte Wirtschaftsinformatik

Prof. Dr. Jörg Becker
European Research Center for Information Systems (ERCIS)
Leonardo-Campus 3
D-48149 Münster
becker@ercis.uni-muenster.de

Die Wirtschaftsinformatik im internationalen Kontext

"Relevant rigour - Rigorous relevance"– unter diesem Motto stand die European Conference on Information Systems (ECIS) 2007 in St. Gallen. Die Diskussion über das richtige Verhältnis zwischen rigoroser und relevanter Forschung beschäftigt die Wirtschaftsinformatik nunmehr seit einigen Jahren. In einem fortwährenden Prozess stellt sich unsere Disziplin die Frage ihrer zukünftigen Ausrichtung als Wissenschaft (Mertens 2004; Mertens 2005). Ein weiterer Beleg dafür war eine Teilkonferenz auf der diesjährigen Multikonferenz Wirtschaftsinformatik in München mit dem Titel „Quo Vadis Wirtschaftsinformatik-Nachhaltigkeit Contra Hypes".Grundsätzlich lässt sich in der gegenwärtigen Diskussion die Forderung nach der Herausarbeitung der spezifischen Charakteristika unserer Disziplin ausmachen (Schauer et al. 2007b). Teilweise wird auch kritisiert, dass die Wirtschaftsinformatik sich mit Hypes oder Moden beschäftigt, die keinen nachhaltigen Beitrag zum Erkenntnisfortschritt leisten (Steininger et al. 2008).

Auf der einen Seite stehen zahlreiche Forschungsprojekte sowie eine hohe Praxisrelevanz. Und auch der Erfolg der Ausbildung, der an den Studierendenzahlen und der späteren Berufsaussichten und-erfolge der Studierenden gemessen werden kann, ist beachtlich. Auf der anderen Seite stellen wir uns seit geraumer Zeit in intensiven Diskussionen auf verschiedenen Fachtagungen sowie in persönlichen Gesprächen immer wieder die Frage, weshalb die Wirtschaftsinformatik bislang verhältnismäßig wenige Publikationen in den herausragenden internationalen Fachzeitschriften ihrer Schwesterdisziplin, der *Information Systems* (IS), vorzuweisen hat (Zelewski 2007). Teilweise nimmt diese Diskussion noch grundlegendere Züge an, wenn es um die Frage geht, ob es sich bei Wirtschaftsinformatik und IS tatsächlich um die gleiche Disziplin handelt und wo (vermeintliche?) Unterschiede liegen (Schauer et al. 2007a). Schließlich, so wird vermutet, könnte dies doch eine Antwort auf die Frage nach den Publikationen bieten.

Kalle Lyytinen, Richard Baskerville, Juhani Livariy und Dov Te'eni als Vertreter der internationalen Disziplin, haben dies zum Anlass für einen Artikel mit dem Titel „Why the old world cannot publish? Overcoming challenges in publishing high-impact IS research" im *European Journal of Information Systems* (EJIS) genommen (Lyytinen et al. 2007). Zwar beziehen sich die Autoren auf die europäische IS zum Verhältnis zur internationalen IS, viele ihrer Argumente gelten aber auch für das Verhältnis zwischen Wirtschaftsinformatik und IS. Insbesondere bleibt festzuhalten, dass Divergenzen vor allem in Bezug auf Forschungsmethodik und Präsentation bestehen.

Auch ich sehe die Notwendigkeit der Diskussion der Wirtschaftsinformatik im Kontext ihres internationalen Pendants. Wissenschaft kommt nicht umher, sich an den internationalen Standards verwandter Disziplinen zu messen, will sie den Anspruch erheben, relevante Fragestellungen zu beantworten und wirklichen Erkenntniszuwachs zu bringen. In dieser Diskussion über die Rolle und das Selbstverständnis der Wirtschaftsinformatik möchte ich mit diesem Beitrag Stellung beziehen.

Aufgrund der Parallelen zwischen Wirtschaftsinformatik und IS steht es außer Frage, dass wir uns mit den Inhalten, Theorien und Forschungsmethoden der internationalen Forschungsgemeinde auseinandersetzen und mit Ihnen messen müssen. Betrachten wir zunächst den Gegenstand der beiden Disziplinen, so ist dies sowohl in der Wirtschaftsinformatik als auch in der IS die Rolle des informationstechnischen Artefakts (allgemeiner: die Rolle der Informationstechnologie) im sozialen Kontext. Das heißt, aus unser beider Sicht sind Informationssysteme sozio-technische Systeme in komplexen organisationalen Kontexten (Heinrich et al. 1991; Teubner 1999).

Trotz des sich überschneidenden Gegenstandsbereichs wird dem Betrachter der Publikationen beider Disziplinen schnell bewusst, dass in der Wirtschaftsinformatik ein deutlich höherer Anteil an gestaltungsorientierten Arbeiten zu finden ist, während der überwiegende Anteil der internationalen Publikationen einen empirischen Schwerpunkt hat, wobei Forschung häufig darauf fokussiert, bestehende Theorien zu testen und/oder zu erweitern. Unterschiede in der forschungsmethodischen Tradition der beiden Disziplinen wurden beispielsweise untersucht von (Frank 2006; Lange 2006; Schauer et al. 2007a).

Ist dieser Unterschied der Grund für die Publikations-Problematik? Zumindest trägt er dazu bei. So schreiben Lyytinen et al. im oben erwähnten Beitrag (Lyytinen et al. 2007):

„The most successful strategy for publishing in top journals settles on existing research questions using 'scientific' method by seeking to extend, elaborate, and validate theories that already operate in the sub-area."

Daraus lässt sich schlussfolgern, dass die Wirtschaftsinformatik mit der Verfolgung von Gestaltungszielen sicher nicht den Weg des geringsten Widerstandes einschlägt. Verstärkt wird diese Annahme durch Autoren aus der IS-Disziplin, die gestaltungsorientierte Forschung (*engineering-type research*) als Forschungsmethode ausschließen (Galliers 1992) bzw. IS als eine weitere Management- Disziplin betrachten (Webster et al. 2002).

Andererseits hat es in der jüngeren Vergangenheit vermehrt Beispiele für die Akzeptanz gestaltungsorientierter Forschung seitens des IS gegeben. Hier ist nicht zuletzt der vielzitierte Beitrag von Hevner et al. im Management Information Systems Quarterly (MISQ) zu nennen (Hevner et al. 2004). Andere Beispiele sind zu finden bei (Gregor 2002; March et al. 1995). Dabei ist allerdings zu bemerken, dass die überwiegende Mehrheit der internationalen IS-Forschung zum

Thema Design-Science *über* Design Science schreibt und nur wenige Beispiele von Design-Science-Studien, in denen auch *tatsächlich gestaltungsorientiert gearbeitet* wurde, zu finden sind. Shirley Gregor z. B. sieht die IS-Disziplin aus folgendem Blickwinkel (Gregor 2002):

„…we have a discipline that is at the intersection of knowledge of the properties of physical objects (machines) and knowledge of human behaviour. Information systems can be seen to have commonalities with other design disciplines such as architecture or engineering, which also concern both people and artifacts, or with other applied disciplines such as medicine, where the products of scientific knowledge (drug, treatments) are used with people."

Damit stimmt sie mit einer in der Wirtschaftsinformatik gängigen Auffassung überein, welche diese im Spannungsfeld zwischen verschiedenen, auch technischen Disziplinen (BWL, Technik, Informatik, etc.) sieht (Mertens et al. 2001). Mit ähnlichem Fokus bemerken Hevner et al. im bereits erwähnten Artikel mit Bezug auf (Simon 1996):

„The design-science paradigm has its roots in engineering and the sciences of the artificial…"

Hevner et al. grenzen *Design-Science* von *Behavioral-Science* ab und erklären dessen Ziele wie folgt (Hevner et al. 2004):

"In the design-science paradigm, knowledge and understanding of a problem domain and its solution are achieved in the building and application of the designed artifact."

Und genau in diesem Bereich, der Gestaltung zweckmäßiger IT-Artefakte, hat sich die Wirtschaftsinformatik bewährt – und auch hier liegt ihre forschungsmethodische Kompetenz. Die gestaltungsorientierte Wirtschaftsinformatik hat in den vergangenen Jahrzehnten bewiesen, dass ihre Ergebnisse von hoher Praxisrelevanz sind und breite

Anwendung in der Industrie finden. Zahlreiche Beispiele aus verschiedenen Bereichen, wie z. B. dem Supply Chain Managment (Knolmayer et al. 2000), der Prozessmodellierung (Scheer 1994) oder dem Informationsmanagement (Krcmar 2003; Picot et al. 1996), um nur einige wenige zu nennen, belegen dies. Folglich ist es gerade die gestaltungsorientierte Forschung, von der auch unsere Studierenden profitieren und auf den Arbeitsmarkt vorbereitet werden. Und ebenso bestätigen die schon erwähnten zahlreichen Forschungsprojekte und die damit verbundenen Erfolge, dass diese Forschung als von hoher gesellschaftlicher Relevanz betrachtet wird.

Gleichzeitig bin ich der Auffassung, dass es in der Natur einer nach wie vor jungen Disziplin liegt, sich weiterzuentwickeln. Gestaltungsorientierte Ziele müssen aufgrund empirischer Grundlagen oder bestehender Theorien verfolgt werden. Die Evaluation der Artefakte muss rigoroser geschehen, als dies in der Vergangenheit häufig der Fall war. Darüber hinaus sehe ich die Wirtschaftsinformatik auch in der Pflicht, am theoretischen Grundgerüst der Disziplin mitzuarbeiten. Dort wo wir gestaltungsorientiert tätig sind – in realen organisationalen Kontexten – tun sich immer wieder Erkenntnislücken auf, die es zu schließen gilt. Wir – sowohl die Wirtschaftsinformatik als auch die IS – haben noch einen langen Weg vor uns, auf dem es viele grundlegende Fragestellungen in Bezug auf die Rolle der Informationstechnologie im Kontext unserer Gesellschaft zu beantworten gilt.

Vor dem Hintergrund der bis hier geführten Diskussion, müssen an Forschungsvorhaben der gestaltungsorientierten Wirtschaftsinformatik strenge Maßstäbe gelegt werden. Zu einem vollständigen Gestaltungsprozess gehören die Problem-Analyse (häufig unter Verwendung empirischer Methoden), die Entwicklung eines Lösungsansatzes, der fachkonzeptionelle Entwurf, der Prototyp, das Vorgehensmodell, die Anwendung, die Evaluierung und die kritische Auseinandersetzung mit alternativen Ansätzen. Und wenn sich eine Idee als tragfähig herausgestellt hat, gehört es zum Innovationsgestaltungsprozess dazu, dass der Forscher zumindest versuchen sollte, mit seinen Ergebnissen eine Multiplikatorwirkung zu erzielen. Dieser Forschungsprozess ist natürlich deutlich aufwendiger als die Durchführung einer empirischen Analyse (häufig ja auch noch durch die Befragung der Studenten, die im Hörsaal sitzen). Es nimmt einfach deutlich mehr Zeit in Anspruch, den Innovationsprozess aktiv mitzugestalten als ihn nur zu beobachten. Letzteres ist unbedingte Voraussetzung für ersteres, aber (in meinen Augen) nur der erste Schritt des vollständigen Forschungsprozesses einer sich den Ingenieurwissenschaften zumindest nicht verschließenden Wissenschaft. Aber wo das einzige Ziel einer Forschung (und dies beobachte ich mit zunehmender Sorge) nur die Publikation und nicht mehr die Lösung eines drängenden Problems ist (und davon gibt es in unserem Feld reichlich), verliert sie ihre Legitimität. Der wissenschaftliche Fortschritt wird dann (so paradox das klingt) auf dem Scheiterhaufen der schnellen Publikation verbrannt.

Mit diesem Beitrag möchte ich für eine gestaltungsorientierte Ausrichtung der Wirtschaftsinformatik plädieren. Hier liegen unsere Stärken und hier haben wir in der Vergangenheit erfolgreich gearbeitet. Durch unsere zum Teil sehr praxisnahe Forschung und durch zahlreiche Forschungsprojekte haben wir in Deutschland ein exzellentes Verhältnis zur Industrie. Durch zahlreiche Praxisprojekte haben wir ferner Zugriff auf umfangreiche Daten, um auch die empirische Grundlage für gestaltungsorientierte Forschung zu legen. Darüber hinaus bietet sich häufig die Möglichkeit, Artefakte, die im Rahmen der Forschungstätigkeit entwickelt und prototypisch umgesetzt wurden, im organisationalen Kontext zu evaluieren.

Verfolgen wir diese Ziele, so wird unsere Disziplin auch im internationalen Kontext bestehen, nachhaltigen Erkenntniszuwachs erzeugen und gleichzeitig Forschungsergebnisse von hoher praktischer Relevanz erzielen können. Es gilt, eine Balance zwischen relevanter, gestaltungsorientierter Forschung und der Anwendung erprobter und anerkannter Forschungsmethoden zu erreichen.

Im Folgenden wird diese Diskussion anhand des Gestaltungsprozesses und der Evaluation einer Methode für die Prozessmodellierung in der Öffentlichen Verwaltung vertieft.

Gestaltungsorientierte Forschung am Beispiel einer Prozessmodellierungsmethode für die Öffentliche Verwaltung

In einem mehrere Jahre umfassenden Forschungsvorhaben zum Prozessmanagement in der Öffentlichen Verwaltung (Becker et al. 2007a; Algermissen 2006, Becker et al. 2007b; Falk 2007) haben wir den oben beschriebenen Forschungszyklus von der Problemanalyse bis zum Einsatz und der Evaluation eines Artefakts durchlaufen (ich habe ja bereits bemerkt, gestaltungsorientierte Forschung braucht einen langen Atem!). Bei der Modellierung von Prozessabläufen in der Öffentlichen Verwaltung mit klassischen Modellierungsverfahren haben wir erkannt, welche Schwächen eine reine Methodensprache hat, die zwar eine Syntax für Prozessmodelle vorgibt, aber keine domänenspezifische Semantik enthält. („Der Vorteil einer solchen Modellierungsspache: man kann damit alles modellieren. Der Nachteil: man kann damit alles modellieren.") In einem Design-Prozess haben wir eine Prozessmodellierungssprache entwickelt, die syntaktische *und* semantische Aspekte enthält. Die Konzepte haben wir in einem Prototyp so umgesetzt und durch ein Vorgehensmodell ergänzt, dass sie ihre Bewährung im praktischen Einsatz finden konnten. Nach einer Evaluierungsphase sind wir nun dabei, Methode, Werkzeug und Vorgehensmodell weiter auszuarbeiten und auf breiter Front in der öffentlichen Verwaltung einzusetzen.

Problemanalyse (empirische Grundlage) und fachkonzeptioneller Entwurf

In ersten Interviews in Öffentlichen Verwaltungen wurde zunächst der Bedarf nach prozessorientierter Reorganisation identifiziert. Darauf aufbauend wurden in semi-strukturierten Interviews (a) grundlegende Anforderungen an eine Modellierungssprache für den Einsatz in der öffentlichen Verwaltung und (b) spezifische Anforderungen an die Modellierungssprache auf Basis der relevanten Konzepte und Beziehungen erhoben.

Zur Dokumentation kam neben der Protokollierung der Interviews insbesondere die Prozessmodellierungstechnik der erweiterten Ereignisgesteuerten Prozessketten (eEPK) (Scheer 1999) zum Einsatz. Auf Basis der identifizierten Aufgabentypen wurden Sprachbausteine für eine Modellierungsmethode für Prozesse in der Öffentlichen Verwaltung identifiziert. Diese Konzeption fand in einem Prozess der Iteration zwischen Daten und Konzeptionalisierung (Modellierungssprache) statt. Eine detaillierte Darstellung des Konstruktionsprozesses ist zu finden bei (Falk 2007).

Durch die empirische Grundlage wurde beabsichtigt, dass die Modellierungssprache den tatsächlichen Anforderungen der Praxis gerecht wird. Das Ergebnis der Konstruktion auf Basis der Daten aus der Domäne der Öffentlichen Verwaltung ist eine sogenannte domänenspezifische Sprache (Rossi et al. 2004), die fachsprachliche Ausdrücke und Prozesse in die Konstrukte der Modellierungssprache integriert (Falk 2007).

Prototypische Umsetzung und iterative Weiterentwicklung

Nachdem die bausteinorientierte Prozessmodellierungssprache fachkonzeptionell entworfen wurde, konnte sie in Form eines Prototyps für die Prozessmodellierung umgesetzt werden. Die Stadt Münster und die Universitätsverwaltung Münster waren die Ersten, mit denen

Methode, Vorgehensmodell und Tool evaluiert wurden. Dabei haben sich – natürlich – Veränderungen und Ergänzungen ergeben, das heißt, der iterative Design-Prozess wurde fortgesetzt (Hevner et al. 2004). Daneben haben sich beim praktischen Einsatz weitere Einsatzgebiete der Methode aufgetan, wie z. B. die Verwendung als Benchmarking-Instrument für interkommunale Vergleiche.

Nach ersten Iterationen, die zu einer Anpassung des Artefakts (der Modellierungsmethode) führten, wurde die Evaluationsbasis erweitert, indem weitere öffentliche Verwaltungen gewonnen werden konnten. Mittlerweile sind Hagen, Kassel, Datteln, die Regierungspräsidien und ein Landesministerium in Baden-Württemberg, der Ortenaukreis und das Land Schleswig-Holstein als weitere Anwender hinzugekommen. In der Gemeinde Altenberge (Westfalen) wurde eine Gesamterhebung aller Prozesse durchgeführt. Mit über 500 aktuellen Prozessen liegt für eine Gemeinde der Größenklasse sechs zum ersten Mal ein vollständiges Verzeichnis aller Prozesse mit unterschiedlichen Navigationsfunktionen (nach Funktionen, Organisationseinheiten, Tags etc.) vor.

Die PICTURE-Methode

Die im Forschungsprozess entwickelte und evaluierte Methode zum Prozessmanagement in der Öffentlichen Verwaltung, die PICTURE-Methode, besteht aus einer Modellierungssprache und einem Vorgehensmodell sowie einem webbasierten Werkzeug für ihre Anwendung (Becker et al. 2007a). Die PICTURE-Modellierungssprache besteht aus 24 domänenspezifischen Prozessbausteinen mit festem Abstraktionsniveau, die durch Attribute näher spezifiziert und zu einzelnen Prozessen zusammengesetzt werden (Algermissen 2006).

Die Prozessbausteine sind das zentrale Modellierungskonstrukt der Sprache. Mit ihrer Hilfe lassen sich die Tätigkeiten innerhalb einer Verwaltung abbilden. Diese fest definierten und speziell für öffentliche Einrichtungen beschriebenen Sprachkonstrukte erleichtern die

Modellierung, da sie auf das bekannte Vokabular der Domäne zurückgreifen. Zur Erfassung der für spätere Auswertungen notwendigen Informationen werden die Bausteine mit Hilfe von Attributen genauer spezifiziert.

Werden Modelle mit den PICTURE-Bausteinen erstellt, geschieht dies auf Ebene der sog. Teilprozesse. Ein Teilprozess ist definiert als eine Folge von Aktivitäten, die innerhalb einer Organisationseinheit erbracht werden und zu einem Gesamtprozess beitragen, der ggf. mehrere Organisationseinheiten umfasst. Die Gesamtprozesse selbst sind als Folge aus der Teilprozessdefinition eine Sammlung und Anordnung von einem oder mehreren Teilprozessen.

Die Modellierung in PICTURE erfolgt grundsätzlich sequentiell. Um fachlich notwendige Verästelungen im Prozessablauf repräsentieren zu können, werden drei Mechanismen angeboten. Erstens können die Attribute genutzt werden, um durch Prozentangaben unterschiedliche Fälle zu spezifizieren. Zweitens ist es möglich, Prozessvarianten zu definieren. Prozessvarianten beschreiben einen alternativen Ablauf eines Teilprozesses. Sie enthalten im Vergleich zum originären Teilprozess viele gleiche Prozessbausteine. Einige Prozessbausteine wurden jedoch modifiziert, sind neu hinzugekommen oder wurden entfernt. Die Häufigkeit des Auftretens einer bestimmten Prozessvariante kann über Prozentangaben gewichtet werden oder in absoluten Zahlen erfolgen. Drittens können über Aufrufe von anderen Prozessen über sogenannte Anker Verzweigungen realisiert werden.

Ein Prozess kann innerhalb der PICTURE-Methode nach verschiedenen Kriterien katalogisiert werden. Als Strukturierungsmerkmal bietet sich die Aufbauorganisation einer Verwaltung z. B. für interne Nutzer sowie eine Strukturierung nach Problem- bzw. Lebenslagen für externe Nutzer an (KGSt 2002). Während die Abbildung der Aufbauorganisation oft eine geringe Hürde darstellt, liegt für die Erstellung eines Prozessregisters nach Lebens- oder Problemlagen meist keine bestehende Referenz vor.

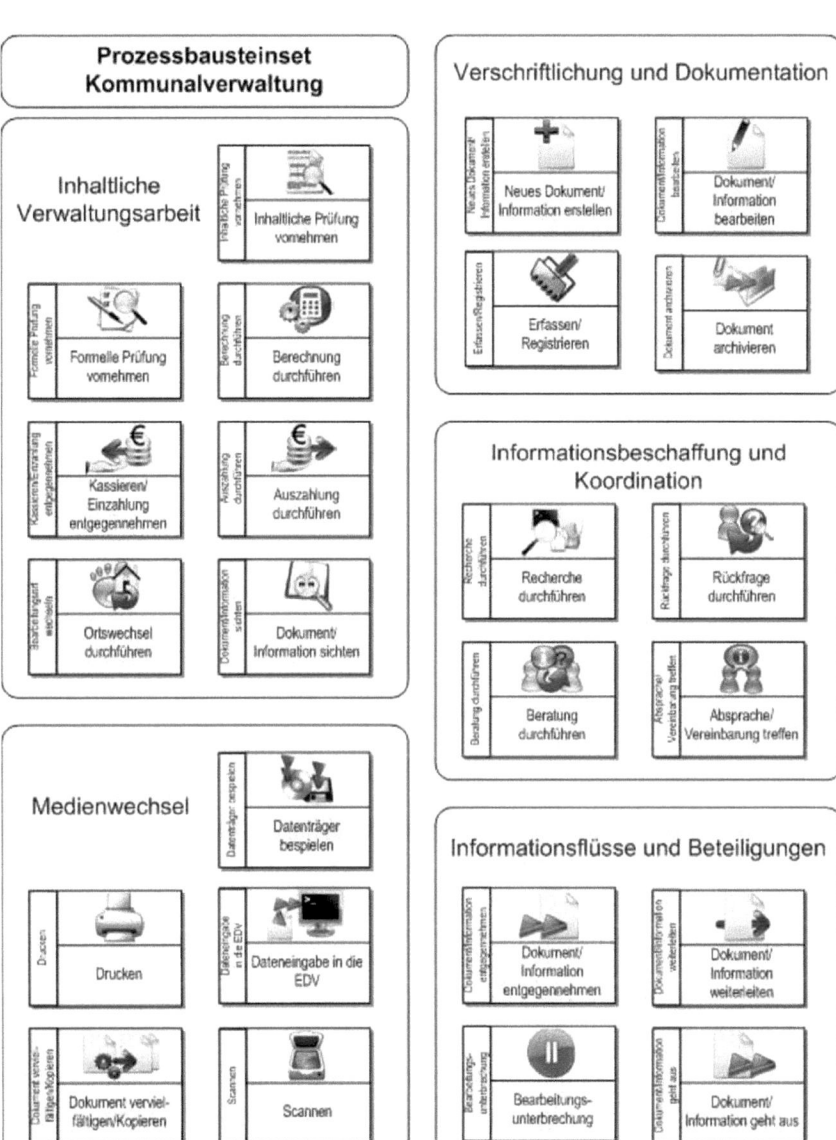

Abb. 1: Prozessbausteine in PICTURE

Praktischer Einsatz und Evaluation

Während der Erstellung der Prozessmodelle wurde die PICTURE-Methode unter Beteiligung der Fachabteilungen kontinuierlich evaluiert, wobei insbesondere die Konzepte der Modellierungssprache gegen die tatsächlichen Bedürfnisse (und somit gegen die empirische Datengrundlage) getestet wurden. Darüber hinaus wurde die Modellierungstechnik anhand der für die Öffentliche Verwaltung als relevant identifizierten Kriterien *einfache Darstellung der Prozesslandschaft, Erstellung wartbarer Prozessmodelle, Erstellung vergleichbarer Prozessmodelle* und *Erstellung auswartbarer Prozessmodelle* im Praxiseinsatz evaluiert (Hevner et al. 2004). Die Evaluation bezüglich dieser Kriterien führte zu folgenden Ergebnissen:

Einfache Darstellung der Prozesslandschaft. Die Reaktionen auf die Methode waren innerhalb der Verwaltung sehr positiv. Das Abstraktionsniveau der Prozessbausteine erwies sich als passend. Die überwiegende Mehrheit der Verwaltungsmitarbeiter war in der Lage, ihre Abläufe mithilfe des Prozessbaustein-Vokabulars zu formulieren. Es wurde im Projektverlauf klar, dass sich die Tätigkeiten bestimmter Abteilungen besser modellieren lassen als andere. Dazu zählten insbesondere Bereiche, in denen vornehmlich strukturierte und formulargetriebene Prozesse ablaufen. Der Verzicht auf Prozessverzweigun- gen aufgrund der sequentiellen Darstellung der Prozesse wurde von den Mitarbeitern als sinnvolle Vereinfachung betrachtet.

Erstellung wartbarer Prozessmodelle. Die PICTURE-Methode unterstützt die Erstellung wartbarer Modelle. Durch die Modellierung mit Hilfe von Prozessbausteinen sind strukturelle Veränderungen an den Modellen weit weniger häufig zu beobachten als bei klassischen Prozessmodellierungsmethoden. Trotzdem notwendige Änderungen an den Modellen können von den Prozessverantwortlichen selbst durchgeführt werden. Dieser geringere Wartungsaufwand motiviert die Modellnutzer in stärkerem Maß als bei klassischen Ansätzen, die Modelle aktuell zu halten. Die ersten Erfahrungen belegen dies.

Erstellung vergleichbarer Prozessmodelle. Durch die Verwendung semantisch gleicher Prozessbausteine in unterschiedlichen Prozessmodellen wird deren Vergleichbarkeit gefördert. Die Prozessbausteine schränken die Freiheitsgrade bei der Modellierung ein. Prozessbausteine bewirken, dass der Typ des Modellelements aus Sicht der Anwendungsdomäne semantisch bestimmt ist. Dies führt dazu, dass Probleme wie Namens- oder Typkonflikte bei einem Modellvergleich vermieden werden (Pfeiffer et al. 2005). Strukturelle Ähnlichkeiten in Verwaltungsprozessen können so identifiziert werden.

Erstellung auswertbarer Prozessmodelle. Der Vergleich stellt bereits eine erste Möglichkeit der Auswertung dar. Durch den Vergleich von Prozessmodellen lassen sich z. B. Gruppen von Prozessen bilden, die jeweils eine ähnliche Kombination von Prozessbausteinen enthalten (z. B. alle Prozesse, die eine Bezahlung enthalten). Diese Gruppen lassen sich dann gemeinsam vor dem Hintergrund von Reorganisationsmaßnahmen betrachten. Nicht nur Prozessbausteine, sondern auch bestimmte Attribute, wie z. B. Durchlaufzeiten, Fallzahlen oder Kosten, können ausgewertet werden. So lässt sich beispielsweise das durchschnittliche Aufkommen des Briefverkehrs pro Organisationseinheit zusammen mit den damit verbundenen Kosten ermitteln.

Zusammenfassend ist festzuhalten, dass die iterative Entwicklung der Methode auf Basis einer empirischen Grundlage zu hoher Akzeptanz der Methode seitens der Nutzer geführt hat. Neben positivem Feedback im Rahmen der Evaluation macht sich dies auch durch die breite Akzeptanz über die Verwaltungsgrenzen hinweg bemerkbar.

Fazit

Der vorliegende Beitrag ist als Motivation zur gestaltungsorientierten Forschung in der Wirtschaftinformatik zu verstehen.

Der Gestaltungsprozess der vorgestellten Prozessmodellierungsmethode für die Öffentliche Verwaltung, der ausgehend von Problemanalyse und empirischen Auswertungen über die Fachkonzeption, die iterative Weiterentwicklung und Evaluation hinweg durchgeführt wurde, ist ein Beispiel für ein – so hoffe ich sagen zu dürfen - erfolgreiches gestaltungsorientiertes Forschungsvorhaben. Es hat sich bestätigt, dass die rigorose Entwicklung von IT-Artefakten in einem iterativen Prozess zwischen Datengrundlage und Konzeptionalisierung zu einer hohen Anwendbarkeit führt. Als wir allerdings die ersten paper zu Idee und Konzeption an journals geschickt haben, wurden sie abgelehnt (Gutachter: „where is the empirical evidence?"; aber wie will ich eine innovative Idee, die gerade erst erfunden ist, schon empirisch validiert haben?). Mittlerweile liegen solche Erkenntnisse vor, und die publikationsmäßige Aufbereitung funktioniert. Auch wird die PICTURE-Methode seit einigen Jahren erfolgreich in der Lehre eingesetzt und bietet den Studierenden so einen Einblick in die domänenspezifische Prozessmodellierung.

Ich sehe die Zukunft unserer Disziplin in der Fokussierung auf unsere Kernkompetenzen bei gleichzeitiger Öffnung gegenüber Methoden des Information Systems Research, um so die Nachvollziehbarkeit und Verlässlichkeit bzw. Validität des Gestaltungsprozesses weiter zu verbessern. Anerkannte Forschungsmethoden, die im Rahmen gestaltungsorientierter Forschung zum Einsatz kommen können, sind zahlreich vorhanden – Action Research (Baskerville et al. 1996) und Design Science Research (Hevner et al. 2004; March et al. 1995) sind nur zwei prominente Beispiele, die auch in ISR wachsende Verbreitung finden. Darüber hinaus muss es unser Ziel sein, Gestaltungs- und Erkenntnisziele unserer Forschung vor dem Hintergrund existierender Theorien, insbesondere aus dem Bereich des IS, zu reflektieren.

Wenn es uns gelingt, die Balance zwischen erkenntnisorientierter und gestaltungsorientierter Forschung, zwischen Rigor und Relevance (wobei ich einer eindimensionalen Zuordnung von Erkenntnisorientierung zu Rigor bzw. Gestaltungsorientierung zu Relevance gerade nicht zustimme), zwischen spontaner (großartiger) Idee und nachhaltiger Erkenntnis zu finden, sehe ich der Zukunft unseres Faches sowohl aus wissenschaftlicher als auch aus praktischer Sicht frohen Mutes entgegen.

Literatur

Algermissen, L. "Werkzeuge zur Beurteilung von IT-Investitionsentscheidungen," *Innovative Verwaltung* (28:4) 2006, pp 40-41.

Baskerville, R.L., und Wood-Harper, A.T. "A critical perspective on action research as a method for information systems research," *Journal of Information Technolog* (11:3) 1996, pp 235-246.

Becker, J., Algermissen, L., und Falk, T. *Prozessorientierte Verwaltungsmodernisierung - Prozessmanagement im Zeitalter von E-Government und New Public Management* Springer, Berlin u.a., 2007a.

Becker, J., Algermissen, L., Pfeiffer, D., und Räckers, M. "Bausteinbasierte Modellierung von Prozesslandschaften mit der PICTURE-Methode am Beispiel der Universitätsverwaltung Münster," *Wirtschaftsinformatik* (49:4) 2007b, pp 267-279.

Falk, T. "Prozessmodellierung in der öffentlichen Kommunalverwaltung. Konstruktion einer bausteinbasierten Prozessmodellierungstechnik," Universität Münster, Münster, 2007.

Frank, U. "Towards a Pluralistic Conception of Research Methods in Information Systems," ICB Reports Nr. 7, Universität Duisburg-Essen.

Galliers, R. "Choosing Information Systems Research Approaches," in: *Information Systems Research: Issues, Methods and Practical Guidelines*, R. Galliers (ed.), Blackwell Scientific Publications, Oxford, 1992, pp. 144-162.

Gregor, S. "Design Theory in Information Systems," *Australian Journal of Information Systems* (14:Special Issue December 2002) 2002h.

Heinrich, L.J., und Burgholzer, P. *Systemplanung I*, (5. Auflage ed.), München, Wien, 1991.

Hevner, A.R., March, S.T., Park, J., und Ram, S. "Design Science in Information Systems Research," *MIS Quarterly* (28:1) 2004, pp 75-105.

KGSt "'Lebenslagen': Verwaltungsorganisation aus Bürger- und Kundensicht," Köln.

Knolmayer, G., Mertens, P., und Zeier, A. *Supply Chain Management auf der Basis von SAP-Systemen*, 2000.

Krcmar, H. *Informationsmanagement* Springer, Berlin, Heidelberg, New York, 2003.

Landsberg, W. *eGovernment in Kommunen - Grundlagen und Orientierungshilfen*, Heidelberg, 2004.

Lange, C. "Entwicklung und Stand der Disziplinen Wirtschaftinformatik und Information Systems - Interpretative Auswertung von Interviews: Teil III Ergebnisse zur Wirtschaftsinformatik," ICB Research Report Nr. 4, Universität Duisburg-Essen.

Lyytinen, K., Baskerville, R.L., Livari, J., und Te'eni, D. "Why the old world cannot publish? Overcoming challenges in publishing high-impacdt IS research," *European Journal of Information Systems* (16) 2007, pp 317-326.

March, T.S., und Smith, G. "Design and Natural Science Research on Information Technology," *Decision Support Systems* (15:4) 1995, pp 251-266.

Mertens, P. "Zufriedenheit ist die Feindin des Fortschritts - ein Blick auf das Fach Wirtschaftsinformatik," Arbeitspapier Nr. 4/2004, Universität Erlangen-Nürnberg, Nürnberg.

Mertens, P. "Gefahren für die Wirtschaftsinformatik - Risikoanalyse eines Faches," Arbeitspapier Nr. 1/2005, Universität Erlangen-Nürnberg, Nürnberg.

Mertens, P., Bodendorf, F., König, W., Picot, A., und Schumann, M. *Grundzüge der Wirtschaftsinformatik*, (7 ed.), Berlin, Heidelberg, New York, 2001.

Pfeiffer, D., und Gehlert, A. "A framework for comparing conceptual models," Workshop on Enterprise Modelling and Information Systems Architectures (EMISA 3005), Klagenfurt, Austria, 2005, pp. 108-122.

Picot, A., Reichwald, R., und Wigand, R.T. *Die grenzenlose Unternehmung*, (2. ed.), Wiesbaden, 1996.

Rossi, M., Ramesh, B., Lyytinen, K., und Tolvanen, J.-P. "Managing Evolutionary Method Engineering by Method Rationale," *Journal of the Association for Information Systems* (5:9) 2004, pp 356-391.

Schauer, C., und Frank, U. "Wirtschaftsinformatik und Information Systems," in: *Wissenschaftstheoretische Fundierung und wissenschaftliche Orientierung der Wirtschaftsinformatik,* F. Lehner and S. Zelewski (eds.), Berlin, 2007a, pp. 121-154.

Schauer, C., und Schauer, H. "Die Wirtschaftsinformatik im Spannungsfeld zwischen Vielfalt und Profilbildung: Auf der Suche nach den Kernkompetenzen einer vielfältigen Disziplin," in: *Mulitikonferenz Wirtschaftsinformatk*, München, 2007b.

Scheer, A.-W. *Wirtschaftsinformatik. Referenzmodelle für industrielle Geschäftsprozesse,* (5. durchges. ed.) Springer, Berlin u. a., 1994.

Scheer, A.-W. *ARIS - Business Process Modeling*, (3rd ed.), Berlin, Heidelberg, New York, 1999.

Simon, H.A. *The Sciences of the Artificial*, (3rd Edition ed.) MIT Press, Cambrudge, MA, 1996.

Steininger, K., Riedl, R., und Roithmayr, F. "Zu den Begrifflichkeiten und Moden der Wirtschaftsinformatik: Ergebnisse einer inhalsanalytischen Betrachtung," in: *Multikonferenz Wirtschaftsinformatik*, München, 2008.

Teubner, R.A. *Organisations- und Informationssystemgestaltung. Theoretische Grundlagen und integrierte Methoden* Dt. Univ. Verl., Wiesbaden, 1999.

Webster, J., und Watson, R.T. "Analysing the Past to Prepare for the Future: Writing a Literature Review," *MIS Quarterly* (26:2) 2002, pp xiii-xxiii.

Zelewski, S. "Kann Wissenschaftstheorie behilflich für die Publikationspraxis sein? Eine kritische Auseinandersetzung mit den 'Guidelines' von Hevner et al.," in: *Wissenschaftstheoretische Fundierung und wissenschaftliche Orientierung der Wirtschaftsinformatik,* F. Lehner and S. Zelewski (eds.), GITO-Verlag, Berlin, 2007.

Joachim Fischer

Wirtschaftsinformatik – für ewig?
Persönliche Anmerkungen von Joachim Fischer

Prof. Dr. rer. pol. Joachim Fischer
Universität Paderborn
Fakultät Wirtschaftswissenschaften
Schwerpunkt Wirtschaftsinformatik 1
Betriebswirtschaftliche Informationssysteme
Warburger Str. 100
D-33098 Paderborn
joachim.fischer@notes.uni-paderborn.de

Einleitung

Jeder Wissenschaftler durchläuft seinen eigenen Lebensweg. Meiner lief über Operations Research (Uni Hamburg) über Investition und Finanzierung (TU Berlin) und Controlling (Industrie) zur Wirtschaftsinformatik (jetzt in Paderborn). Dabei habe ich „Hype, Tot und Wiederauferstehen" (Operations Research), „Wandel von der Rechnung & Lehre zur Theorie" (Investition und Finanzierung), „neue Schläuche für den Wein" (Controlling) und „vertell wat wahr aber nich gar iss"[1] (Wirtschaftsinformatik) erlebt.

Einige persönliche Thesen

Wirtschaftsinformatiker – die ewigen Prototypbauer

„Nich gar" heißt auf norddeutsch „am kochen, aber noch nicht fertig". Aber gut genießbar und nahrhaft für alle am Tisch, sobald es eben fertig ist.

Viele unserer Konzepte brauchen Jahre, bis sie vom Prototypstatus zur Realität werden. Wir unterschätzen die Quantitäten und Qualitäten der Welt, die Eigenarten von Menschen, Kulturen und Organisationen. Aber wir definieren die Welt nicht klein (ceterisparibus, Zweizeitpunktfall etc.), aus unseren Prototypen werden fast immer Lösungen.

Selbstverständlich könnten wir warten, bis die Lösungen fertig sind. Aber leider würden uns dann die Mittel und Partner bei den Entwicklungen fehlen und damit auch die Ideen, diese zu vervollkommnen.

Natürlich ist es zum Beispiel unbefriedigend, wenn in einer Branche Handwerk-Großhandel und Industrie mit einer „Electronic Data Interchange" Lösung viele Jahre nicht „zu Potte kommen": Aber auf dem Weg dahin wurden die Stammdaten digitalisiert, die CAD – gestützte Baustellenplanung realisiert und jetzt (nach zwanzig Jahren) wickelt die Branche die Hälfte ihres Umsatzes über EDI ab.

---

1 Missingsch: Sage die Wahrheit, auch wenn sie noch nicht vollständig und fertig ist.

Wir sind ein wenig wie die Ingenieure, auch die reden seit langem von der „virtuellen Fabrik", erwarten diese jetzt frühestens 2020 (Handelsblatt 16.04.2008, B4), aber ohne deren Bausteine könnten die Automobilhersteller nicht mehr im Wettbewerb bestehen" (ebendort). Und diese Denke „dicke Bretter beharrlich zu bohren, um schließlich daraus ein einsetzbares Boot zu bauen" ist meine Auffassung von Wissenschaft.

Wirtschaftsinformatik - das ewige goldene Handwerk?

Wenn ich über die Jahre den Lebensweg meiner Studenten und Mitarbeiter verfolge, dann sind deren beruflichen Karrieren sehr gradlinig verlaufen. Allerdings sind die Bäume auch nicht in den Himmel gewachsen. Mit ganz wenigen Ausnahmen arbeiten alle im IT-Umfeld, richtige „Managementraketen" haben wir keine, allerdings auch keine am Arbeitsdruck Gescheiterten (die erscheinen mir bei den Betriebswirten viel häufiger).

Mir erscheint unsere Disziplin wie das goldene Handwerk des Informationszeitalters. Und unsere Bachelorstudenten sind wohl auch eher Handwerker als Ingenieure. Sie können vor Ort Maß nehmen und in deutschen, vielleicht auch europäischen Unternehmen, Maßarbeit leisten.

Da nur wenige unserer Absolventen bei den verbleibenden industriellen Anbietern von Informationstechnologie (z. B. SAP) arbeiten werden, sollten wir uns in unserer Lehre und Forschung nicht darauf fixieren, sondern uns stärker auf die „handwerkliche, mittelständische Maßarbeit" fokussieren. Zusätzlich erscheint mir diese weit weniger von „Outsourcing" bedroht zu sein.

Auch das von uns gegründete Unternehmen floriert nach einigen Angstjahren (während des Zusammenbruchs des E-Commerce-Hypes) im „goldenen Handwerk" wieder; wir suchen „solide Entwicklungshandwerker", diese sind aber schwer zu finden.

Wirtschaftsinformatik - die ewig Interessante?

Getrieben von neuen Technologien und Produkten der IT-Industrie werden in den Fachzeitschriften immer neue Konzepte, Instrumente, Techniken in der Wirtschaftsinformatik diskutiert. Oft reißerisch, nicht durchgängig seriös, aber immer interessant.

Vieles meine ich in ähnlicher Form, unter anderem Namen seit Jahren zu kennen; ich kann es quer lesen. Dabei kann ich die Schwierigkeit junger Wissenschaftler einschätzen, sich durch Veröffentlichungen (warum eigentlich allein dadurch?) zu qualifizieren, jedem „Rock hinter her zu laufen" und ihn dadurch „aufzupusten."

Einige nennen es Moden und beklagen diese. Nicht alles ist vollständig neu, jedoch „alter Wein in neuen Schläuchen" erleichtert es mir, die „Spreu vom Weizen zu trennen", lässt mich Entwicklungslinien erkennen und in der Lehre verdeutlichen.

Mir ist diese lebendige Vielfalt lieber als die endlosen, sich im Kreis drehenden Diskussionen z. B. um bestimmte Investitions- oder Kostenrechnungsverfahren in der Betriebswirtschaftslehre. Und auch sympathischer als bestimmte, oft wenig begründbare Dogmen, die Vielfalt und Kreativität abwürgen und die leider auch den Wirtschaftsinformatikern nicht fremd sind.Und ich lese unsere Zeitschriften noch gerne. Viele betriebswirtschaftliche Zeitschriften sind mir in ihrer Rigor-Tendenz zu abgehoben, vieles verstehe ich auch nicht mehr.

Im Alltagsdruck sehnt man sich natürlich, ab und zu nach ein wenig mehr Stetigkeit, wenn auch nicht Ruhe in seiner Fachwissenschaft. Man hat implizit Angst, überholt zu werden. Hoffentlich widerstehen die Vertreter unserer Disziplin der Entwicklung der Betriebswirtschaftslehre, in der die Relevanten (häufig Älteren) von den Rigorosen, durch die US-Mikroökonomie Getriebenen auf den Standstreifen gedrängt werden.

Wirtschaftsinformatik - der ewige Jungbrunnen?

Die Studenten gucken einen mitleidig an, wenn auf dem Präsentationsrechner in der Lehrveranstaltung nicht das neueste Betriebssystem läuft, das Beispiel aus einer veralteten Programmiersprache stammt, das Handy nicht Internetfähig ist usw.. Mitarbeiter und Studenten halten einen auf dem Stand der Technik.

Persönlich bin ich nicht mehr so technikaffin, doch es lassen sich gute „Win-Win-Geschäfte" zwischen technikbegeisterten Studenten und uns anwendungsorientierten Dozenten schaffen: In Seminaren koppelt man Smartphones mit SAP HR und rechnet Dienstreisen ab. In Diplomarbeiten gießt man RFID-Chips in Motorblöcke ein und verbessert dadurch deren Kalkulation. In Doktorarbeiten baut man für Kamerun auf Basis alter Mobiltelefone „elektronische Raiffeisenbanken". Beide Seiten profitieren davon.

Wirtschaftsinformatiker - die ewig „kleinen Hävelmänner"

„Mehr, mehr, mehr" – fordern die Studenten und wollen nicht auf den Mond geschaukelt werden, aber immer mehr Service sehen für „ihr Geld" (das Studiengebühren genannt wird). Skripte und Literatur als pdf im Netz, alle in der Vorlesung präsentierten „Folien", die Übungsaufgaben natürlich mit Lösungen. Klausuren online, Ergebnisse so schnell wie möglich und dann direkt aufs Handy, Klausureinsichten am System.

Mit dem Engagement und Technikverständnis unserer Mitarbeiter realisieren wir vieles von dem, die Sekretärin ist schon längst ehe Medienorganisatorin (wird aber leider nicht als solche bezahlt) – aber die Studenten fordern immer noch mehr, sonst „zappen" sie sich weiter. Selbstverständlich stellen wir unsere Möglichkeiten den anderen Lehreinheiten der Fakultät zu Verfügung, doch fehlt den Kollegen oft das Verständnis, dass für multimediale Lehre und Service auch die personellen und materiellen Mittel bereitzustellen sind.

Sofern der Trend bestehen bleibt, werden wir über kurz oder lang den Medien- und Onlineservice organisatorisch auslagern und ggf. außerhalb der Universität beziehen müssen. Die Verlagshäuser warten nur darauf. Dann laufen wir Gefahr, die Hoheit über unsere Lehre zu verlieren.

Wirtschaftsinformatik - ewiger Kampf mit den Namen!

Welches System setzen wir in der Lehre ein? SAP R/3, SAP ERP, SAP ECC ? Warum setzen wir immer noch das Release 4.3 ein; es gibt doch schon 4.7?

Nicht die Begriffe unserer Wissenschaft machen mich irre. Sondern die Markennamen der Industrie und der Beratungen, die für mich unbegründet wechseln. Was ist der Sinn dieses Marketingtalks? Wird der GOLF weniger oder mehr gekauft, weil er seit Jahrzehnten gleich heißt und ähnlich aussieht? Wird jede Woche ein neues Release verkündet, nur weil jede Woche 200 Änderungen im GOLF vorgenommen werden? Kann man auf dem letzten GOLF – Modell nicht auch noch fahren lernen?

Durch rein optische Retuschen veralten Fallstudien, Bücher, Skripte und Vorlesungspräsentationen; durch Wegfall von Features in neuen Versionen werden Lehrveranstaltungen grundlegend verändert. Die Studenten wollen verständlicherweise das Neueste und verstehen nicht, dass es oft nur Kosmetik oder Preistreiberei ist. Die Industrie macht uns zum Spielball ihrer Marketingpolitik, ohne uns diese zu erklären.

Ein Erlebnis: Ein Referent, der auf dem Treffen des SAP Hochschulkompetenzzentrums die Namens- und Produktpolitik erklärte und den wir um seine Folien geradezu „anbettelten", wurde sofort aus dem Verkehr gezogen. Die Folien haben wir nie erhalten. Sollten wir Dozenten uns nicht emanzipieren und die Versionen nutzen, die für unsere Lehre am besten einsetzbar sind (bei SAP R/3 z. B. Release 4.3

wegen des integrierten Referenzmodells); das könnten wir auch den Studenten erklären.

Wirtschaftsinformatik - die ewig jugendsüchtige?

Wahrgenommen werden nur neueste Forschungsleistungen; zehn Jahre alte Literatur akzeptieren schon die Studenten nicht mehr. Ältere Arbeiten werden kaum zitiert. Der Technikfortschritt lässt wohl alle glauben, dass nicht nur Technik sondern auch Erkenntnisse von gestern unbrauchbar sind.

Diesem „Glauben an die neueste Technik" fehlt oft die „Demut vor den Leistungen der früher Geborenen". Dass manches überkommene Konzept wohl überlegt war, lernen zur Zeit die Banken bei der Rechnungslegung schmerzlich. Dass viele alte Erkenntnisse aus der Organisationswissenschaft Fundament der Wirtschaftsinformatik sind, erkennen wenige und nutzen demzufolge nicht die damals gewonnenen Erkenntnisse (z. B. beim heutigen Prozesshype).

„Gut Ding will Weile haben", diese Weisheit müssen wir wieder lernen. Die Technik ist vorhanden, also müssen sich Menschen, Organisationen, Prozesse ändern. Dass die Einführung eines ERP-Systems in einem globalen Konzern gut und gerne ein Vierteljahrhundert, die Implementierung von EDI in Geschäftsprozessen einer Branche zwanzig Jahren trotz „Projektmanagement", „Change Management" dauern kann, weil Kulturen, Qualifikationen, Sprachen, eben Menschen zu integrieren sind, glauben Studenten kaum; wir sollten es verstärkt deutlich machen.

Wirtschaftsinformatik - die ewig zu teure Wissenschaft?

Schon bei meiner Berufung wurde die Frage gestellt: Wozu brauchen Sie einen Techniker am Lehrstuhl, die Universität hat ein Rechenzentrum und jeder Student kann doch einen PC installieren.

Die meisten von uns arbeiten in einer Fakultät von Bücherwissenschaftlern, denen die Kosten der Natur- und Ingenieurwissenschaften vollkommen unvorstellbar sind. Und vor allem auch deren Betreuungsrelationen zwischen Studenten und Dozenten.

In der Fakultät ist die Meinung einhellig: Selbstverständlich brauchen wir SAP – Kurse; auch für die Wirtschaftswissenschaftler, sonst lohnen sich die Kosten nicht (ca. 20'000 € pro Jahr, für ein System, das Unternehmen Millionen kostet).

Dass solche Kurse nur mit maximal 30 Studenten Sinn machen, somit auch wirtschaftswissenschaftliche Lehrstühle diese Software in ihren Übungen nutzen sollten, ist schwer vermittelbar. Die Kollegen scheuen die Einarbeitung in das ungewohnte Metier; obwohl die Studenten diese honorieren, da sie von den Chancen auf dem Arbeitsmarkt wissen.

Wir sollten die Möglichkeit modularisierter Studiengänge nutzen, Lehrveranstaltungen der Wirtschaftsinformatik und der Betriebswirtschaftslehre (z. B. im Rechnungswesen und Controlling, im Personalmanagement oder in der Logistik) zu koppeln und so mehr Studierende an unseren IT-Systemen ausbilden. Vielleicht finden wir dann auch mehr Verständnis für deren Kosten.

Wirtschaftsinformatik - der ewige Bindestrich?

Die Wirtschaftsinformatik als Studiengang ist aus Fächern wie „Betriebswirtschaftliche Datenverarbeitung", „Betriebswirtschaftliche Informationssysteme" u. ä. entstanden. Wirtschaftsinformatik wird oft in Kooperation mit Lehrstühlen oder Fakultäten der „reinen" Informatik betrieben; man spricht von Bindestrichstudiengängen.

Oft bestehen in der praktischen Arbeit der Dozenten der Studiengänge größere Schnittmengen zu den Informatikern als zu den Betriebswirten. Diese haben mehr Verständnis für unsere Technikerfordernisse, für unsere Forschungsansätze. Es ergeben sich Loyalitätskonflikte zur

Heimatdisziplin, die aufgrund unserer Drittmittel mit Argwohn beobachtet werden.

Wir sollten diesen Argwohn nicht füttern. Unser Alleinstellungsmerkmal ist die evolutionäre, oft auch revolutionäre Umwandlung von großen, oft globalen Organisationen (meist Unternehmen) unter dem Einfluss einer umfassend verstandenen Informations- und Kommunikationstechnologie, nicht die Technologie oder deren Verwendung in Unternehmen (als reines Hilfsmittel).

Somit sind wir „Brückenbauer" zwischenden Disziplinen, nicht nur „Lückenbüßer" für eine Verwendungs- und Ausbildungslücke einer speziellen Technik. Da inzwischen jedes Kind mit dem Computer arbeitet, erscheint vielen diese Lücke zu verschwinden. Wir müssen deutlich machen, dass auch „jedes Kind mit Bausteinen spielt" und trotzdem Architekten und Bauingenieureausgebildet werden, da der Bau von Kathedralen oder Wolkenkratzern mehr erfordert als das Aufeinanderhäufen von Bausteinen.

Wirtschaftsinformatik – für ewig?

Wirtschaftsinformatik sieht sich immer noch vornehmlich als „DV-orientierte Betriebswirtschaftslehre", betrachtet als Wirtschaftssubjekte somit kaum Volkswirtschaften, Wirtschaftsgemeinschaften wie die Europäische Union oder Öffentliche oder Private Haushalte.

Unsere Studenten erörtern Studiengebühren und die Universitätsfinanzen, in Deutschland wird über Hartz IV und Biosprit diskutiert, in der Welt wird gegen die Klimakatastrophe, Nahrungsmittelknappheit und die Kreditkrise gekämpft – und wir nutzen unsere Instrumente nicht für Lösungshilfen?!

IT in der Wirtschaft ist für mich kein Selbstzweck. Wollen wir gesellschaftlich relevant bleiben, sollten wir Themen wie die „Elektronische Gesundheitskarte", das „Bürgerkonto", die „Simulation von Gesetzesfolgen" umfassend diskutieren.

Defizite sehe ich weiterhin in der Konzentration auf Länder der I. Welt und die Vernachlässigung der II. (z. B. weite Teile Osteuropas) und der III. Welt (z. B. die meisten Länder Afrikas). Aus diesen Ländern kommen jedoch viele unserer Studenten.

Wollen wir „für ewig" - sagen wir realistisch noch 50 Jahre - existieren, so muss sich unsere Disziplin bei aller notwendigen Selbstreflexion auch den Fragen unserer Zeit stellen. Ähnlich wie die Ingenieurwissenschaften sollten wir Lösungen für die heutige Welt mit ihren Größenordnungen anstreben. Prototypen ja, dann aber auch Pilotanlagen und effiziente Produktivsysteme.

Fazit

Auf meinem beschriebenen Weg bin ich bei der Wirtschaftsinformatik gelandet. Mit deren „ingenieurwissenschaftlichen" Ansatz konnte ich bisher gut leben: Habe einige Bücher geschrieben, ein paar Unternehmen beraten, ausreichend Drittmittel eingeworben und eine „Softwarebude" gegründet.

Und auch meine Absolventen und Ex-Mitarbeiter berichten von ihren guten Jobs, ihren Familien und Eigenheimen; sofern ich das weiß, ist bisher keiner auf das soziale Netz angewiesen.

Nur die „Meckerei" über die Politiker und deren Lösungen stört mich. Könnten wir als gut alimentierte Wissenschaftler diese nicht ein wenig mehr unterstützen? Selbst in Gebieten, die uns unmittelbar betreffen (z. B. bei der Umstellung auf Bachelor- und Masterstudiengänge), kenne ich kaum Wirkungsstudien, Organisations-oder IS-Analysen o.ä. Mit anderen Worten: Ein wenig mehr „gesellschaftliche Relevanz" hätte ich durch meine Arbeit gerne; aber vielleicht ist das ein typischer Begriff für einen Abiturienten des Jahres 1968.

Literatur

Carr, N.G.: IT doesn´t matter, in: Harvard Business Review 81 (2003), 5, 41 – 49.

Chmielewicz, K.: Forschungskonzeptionen der Wirtschaftswissenschaften, 2. Aufl. Stuttgart 1979.

Hevner, A.R. / March, S.T. / Park, J. / Ram, S.: Design Science in Information Research, in: MIS Quarterly 28 (2004), 1, S. 75 – 105.

Mertens, P.: Zufriedenheit ist die Feindin des Fortschritts – ein Blick auf das Fach Wirtschaftsinformatik, Arbeitspapier 4 / 2004 Wirtschaftsinformatik 1 der Universität Erlangen – Nürnberg, 2004.

Mertens, P.: Informationstechnik in Deutschland – ein Auslaufmodell?, in: Informatik-Spektrum (2004), 3,S. 255 – 259.

Mertens, P.: Gefahren für die Wirtschaftsinformatik – Risikoanalyse eines Faches, Arbeitspapier 1 / 2005 Wirtschaftsinformatik 1 der Universität Erlangen – Nürnberg, 2005.

Mertens, P.: Moden und Nachhaltigkeit in der Wirtschaftsinformatik, Arbeitspapier 1 / 2006 Wirtschaftsinformatik 1 der Universität Erlangen – Nürnberg, 2006.

Mertens, P: Fehlschläge bei IT-Großprojekten der Öffentlichen Verwaltung – ein Beitrag zur Misserfolgsforschung in der Wirtschaftsinformatik, in: Schauer, C. / Schauer, H. : Die Wirtschaftsinformatik im Spannungsfeld zwischen Vielfalt und Profilbildung: Auf der Suche nach den Kernkompetenzen einer vielfältigen Disziplin, in: Bichler, M. et al (Hrsg.): Multikonferenz Wirtschaftsinformatik 2008, Berlin 2008, S. 1085 – 1100.

Ortner, E.: Sprachingenieurwesen – Empfehlungen zur inhaltlichen Weiterentwick-lung der (Wirtschafts-) Informatik, in: Informatik – Spektrum (2002), 1, S. 39 – 51.

Ortner, E.: 20 Jahre Konstruktivismusforschung in der Informatik und Wirtschaftsinformatik – Was hat sie gebracht, was sind ihre Motive und wo liegen die Verständnisschwierigkeiten?, in: Kaschek, R. (Hrsg): Entwicklungsmethoden für Informationssysteme und deren Anwendung, Stuttgart – Leipzig 1999, S. 15 -36.

Picot, A. / Baumann, O. : Modularität in der verteilten Entwicklung komplexer Systeme: Chancen, Grenzen, Implikationen, in: Journal für Betriebswirtschaft 57 (2007), 3-4, 221 – 246.

Rautenstrauch, C.: Architekten, Landschaftspfleger und Kulturingenieure – neue Aufgabenfelder für Wirtschaftsinformatiker, in: derselbe (Hrsg.): Die Zukunft der Anwendungssoftware – die Anwendungssoftware der Zukunft, Aachen 2007, S. 1 -10.

Schauer, C. / Schauer, H. : Die Wirtschaftsinformatik im Spannungsfeld zwischen Vielfalt und Profilbildung: Auf der Suche nach den Kernkompetenzen einer vielfältigen Disziplin, in: Bichler, M. et al (Hrsg.): Multikonferenz Wirtschaftsinformatik 2008, Berlin 2008, S. 1521 – 1538.

Schreyögg, G.: Entwicklung der Betriebswirtschaftslehre: zwischen Integration und Zerfall, in: Schmalenbach – Gesellschaft für Betriebswirtschaftslehre (Hrsg.): Zukunftsperspektiven der Betriebswirtschaftslehre, Köln 2007, S. 1 – 25.

Simon, P.: Betriebswirtschaftliche Wissenschaft und Unternehmenspraxis: Erfahrungen aus dem Marketingbereich, in: Zeitschrift für betriebwirtschaftliche Forschung 60 (2008), 2, S. 73 – 93.

Steininger, K. / Riedl, R. / Roithmayer, F.: Zu den Begrifflichkeiten und Moden der Wirtschaftsinformatik: Ergebnisse einer inhaltsanalytischen Betrachtung, in: Bichler, M. et al (Hrsg.): Multikonferenz Wirtschaftsinformatik 2008, Berlin 2008, S. 1539 – 1550.

Wedekind, H.: Kaufmännische Datenbanken, Mannheim-Leipzig-Wien-Zürich 1993.

Wilde, Th. / Hess, Th.: Methodenspektrum der Wirtschaftsinformatik; Arbeitsbericht 2/ 2006 des Instituts für Wirtschaftsinformatik der Univ. München, 2006.

Ulrich Frank

Herausforderungen der Wirtschaftsinformatik in Zeiten des Wandels

Prof. Dr. Ulrich Frank
Universität Duisburg-Essen (Campus Essen)
Fachbereich Wirtschaftwissenschaften
Universitätsstr. 9
D-45141 Essen
ulrich.frank@uni-duisburg-essen.de

Bisherige Entwicklung

Die Wirtschaftsinformatik in den deutschsprachigen Ländern hat sich ungefähr 40 Jahre nach der Gründung des ersten einschlägigen Lehrstuhls zu einer etablierten Disziplin entwickelt. An mehr als 70 Universitäten wird das Fach von ca. 220 Professorinnen und Professoren vertreten[1]. Dazu kommt eine beachtliche Zahl von Kolleginnen und Kollegen an Fachhochschulen. Nachdem die ersten Jahrzehnte durch ein ausgeprägtes Wachstum gekennzeichnet waren, befindet sich die Wirtschaftsinformatik seit einiger Zeit in einer Konsolidierungsphase. Sie ist gekennzeichnet durch eine Ausdifferenzierung in eine beachtliche Fülle von Forschungsfeldern sowie durch eine Normalisierung des Verhältnisses zu den Nachbardisziplinen Betriebswirtschaftslehre und Informatik. Es finden sich manche Anzeichen einer prosperierenden Disziplin. So erlaubt das Drittmittelaufkommen den meisten Fachvertretern eine beruhigende Unabhängigkeit vom tendenziell abnehmenden Volumen der Grundfinanzierung. Die Nachfrage nach Absolventen ist unvermindert hoch. Auch für die Zukunft darf mit einer hohen Wertschätzung von Wirtschaftsinformatikern am Arbeitsmarkt gerechnet werden. Es mag ein Ausdruck dieser vergleichsweise kommoden Situation sein, dass die Wirtschaftsinformatik durch eine beachtliche Harmonie gekennzeichnet ist. Grabenkämpfe zwischen unterschiedlichen Schulen oder Fraktionen, wie sie aus anderen Disziplinen berichtet werden, sind weitgehend unbekannt. Nicht zuletzt trägt der Forschungsgegenstand der Wirtschaftsinformatik zu einer erfreulichen Bestandsaufnahme bei: Betriebliche Informations- und Kommunikationssysteme sowie die Handlungskontexte, die sie unterstützen, bieten eine Fülle wissenschaftlich interessanter Fragestellungen und reizvolle Möglichkeiten für den Entwurf innovativer Lösungen. Vor diesem Hintergrund mag es angemessen erscheinen, dass wir uns zufrieden zurücklehnen und in

---

1 Diese Zahlen wurden in einer kürzlich am Lehrstuhl des Autors durchgeführten Erhebung ermittelt. Das entsprechende Verzeichnis findet sich in der Online-Ausgabe des Studienführers Wirtschaftsinformatik, die im dritten Quartal 2008 verfügbar sein sollte (über das neu erstellte Portal der Zeitschrift Wirtschaftsinformatik).

freudiger Erwartung auf die weitere Entwicklung der Disziplin blikken. Eine solche Haltung wäre allerdings blauäugig.

Neue Rahmenbedingungen

Die Wirtschaftsinformatik befindet sich in einem Umfeld, dass in mehrfacher Hinsicht durch strukturellen Wandel gekennzeichnet ist. Dieser Wandel betrifft zum einen die institutionellen Rahmenbedingungen von Forschung und Lehre. Die Forschung ist einerseits durch einen zunehmenden Evaluationsdruck gekennzeichnet. Damit einher geht eine Fokussierung auf Veröffentlichungen in renommierten Zeitschriften sowie auf qualifizierte Drittmittel, vor allem solche von nationalen Forschungsförderungseinrichtungen. Andererseits ändern sich die Randbedingungen der Forschung durch die Erwartung, im internationalen Wettbewerb erfolgreich zu sein. Ein solcher Wandel scheint zunächst nur wünschenswert – die Forderung nach Exzellenz und internationalem Wettbewerb sind gleichsam konstitutiv für Wissenschaft. Dessen ungeachtet sieht sich die Wirtschaftsinformatik durch diesen Wandel vor einer erheblichen Herausforderung. Das hat verschiedene Gründe. Es kann vermutet werden, dass gerade der bemerkenswerte Erfolg, den die Fachvertreter bei der Einwerbung industrienaher Drittmittel hatten, dazu beitrug, dass der aufwändige, mit subtilen Risiken behaftete und finanziell i. d. R. wenig einträgliche Weg der Antragstellung bei der nationalen Forschungsförderung eher selten gewählt wurde. Die Folgen liegen auf der Hand: Die im Fach vorhandenen Erfahrungen mit der Erstellung von Anträgen ist bescheiden. Die Zahl einschlägig qualifizierter Fachgutachter – und damit die Chance auf eine differenzierte, fachlich angemessene Begutachtung – blieb ebenfalls gering. Noch deutlicher wird die Herausforderung im Hinblick auf den internationalen Publikationswettbewerb. Die einzige wissenschaftliche Zeitschrift der Disziplin erscheint in deutscher Sprache und ist deshalb international kaum sichtbar. Demgegenüber hat das internationale Pendant der Wirtschaftsinformatik, das vor allem nordamerikanisch geprägte *Information Sy-*

stems, eine Reihe international renommierter Zeitschriften entwickelt. Dieser Umstand ist insofern von Bedeutung als *Information Systems* durch ein deutlich anderes, dem Vorbild der behavioristischen Sozialforschung verpflichtetes Paradigma gekennzeichnet ist. Die Einreichung von Beiträgen, die nicht diesem Paradigma entsprechen, ist deshalb mit eher marginalen Erfolgschancen verbunden. Die erfolgreiche Teilnahme am internationalen Wettbewerb sieht sich also vor erheblichen Hürden. Erschwerend ist zu berücksichtigen, dass in der Wirtschaftsinformatik eher pragmatisch ausgerichtete Forschungsansätze im Vordergrund stehen. Dabei wurde zumeist auf eine Explikation von Forschungsmethoden verzichtet ([HeWi97], [Hein05]). Dieser Mangel an methodischer Fundierung stellt ein erhebliches Hindernis für die Entwicklung und Vermittlung eines eigenständigen wissenschaftlichen Profils dar.

Der Wandel, den die Hochschullehre aktuell durchläuft, ist vor allem durch die flächendeckende Ersetzung bisheriger Diplomstudiengänge durch Bachelor- bzw. Masterstudiengänge gekennzeichnet. Vor allem die Konzeption der Bachelor-Studiengänge an Universitäten erfordert einen bedenklichen Spagat: Einerseits sollen die Absolventen für ein weiterführendes wissenschaftliches Studium qualifiziert werden, andererseits sollen sie einen berufsqualifizierenden Abschluss erwerben. Während das erste Ziel die Betonung wissenschaftlich fundierter Konzepte und Methoden empfiehlt, legt das zweite Ziel eine stärkere Ausrichtung an den konkreten Randbedingungen der beruflichen Praxis nahe. Gleichzeitig sehen sich die Universitäten in einem zunehmenden Wettbewerb mit neu entstehenden Bildungseinrichtungen, wie etwa Berufsakademien, die eine besonders praxisnahe Ausbildung versprechen. Hier sieht sich die Disziplin vor der Herausforderung, die erforderliche Praxisorientierung der Lehre mit einem wissenschaftlichen Anspruch zu verbinden und diese Ausrichtung erfolgreich zu vermitteln.

Information Systems als Vorbild?

Angesichts des internationalen Erfolgs des *Information Systems* mag es nahe liegend erscheinen, das Modell dieser Disziplin für die Wirtschaftsinformatik zu übernehmen. In der Tat sind entsprechende Tendenzen zu beobachten. Sie äußern sich in einer zunehmenden Beachtung der Zeitschriften und Konferenzen des *Information Systems*. Dessen ungeachtet sollte eine solche Anpassungsstrategie sorgfältig geprüft werden. Hinsichtlich ihres Forschungsgegenstands stimmen beide Disziplinen weitgehend überein: Forschung in der Wirtschaftsinformatik zielt auf die Analyse, den Entwurf, die Implementierung und die Wartung von Informationssystemen (vgl. [WKWI94]). In ähnlicher Weise zielt die *Information Systems*-Forschung auf die Untersuchung der Entwicklung und der Nutzung von Informationssystemen in Organisationen (vgl. [Keen80], [BeZm03], [Pal+04]). Gleichzeitig sind jedoch deutliche Unterschiede festzustellen. Während in der Wirtschaftsinformatik der überwiegende Teil der Forschung auf die Entwicklung von Methoden zur Gestaltung betrieblicher Informationssysteme gerichtet sein dürfte, ist das *Information Systems* einem behavioristischen, am Idealbild der Naturwissenschaften ausgerichteten Ansatz verpflichtet. Der Schwerpunkt der Forschung liegt damit auf empirischen Untersuchungen.

Auf den ersten Blick mag eine empirisch ausgerichtete Forschung gut geeignet erscheinen, Erkenntnisse über die erfolgreiche Gestaltung wirtschaftlicher Informationssysteme zu gewinnen: Zunächst werden Theorien entworfen, die wesentliche Zusammenhänge beschreiben. Anschließend werden diese Theorien empirisch überprüft und sukzessive weiterentwickelt. Bewährte Theorien bilden dann die Grundlage für die Ableitung von Handlungsempfehlungen. Es gibt allerdings schwer wiegende Zweifel an der Angemessenheit dieses Paradigmas. Ein Indiz dafür ist die bereits lang anhaltende, zum Teil heftig geführte Diskussion innerhalb von *Information Systems*, die den Eindruck vermittelt, die Disziplin befinde sich in einer fortwährenden Krise. Vor mehr als fünfzehn Jahren zeichneten Banville und Landry ein düsteres Bild des *Information Systems* und prophezeiten ihren baldigen Untergang, „unless something is done". Benbasat und Weber sehen die Identität der Disziplin in Gefahr ([BeWe96], p. 397). Lyytinen und King beklagen ein fehlende Selbstbewusstsein gegenüber anderen Fächern und eine von Ängsten geprägte Diskussion über die Zukunft der Disziplin ([LyKi04], S. 221 f.). Benmati et al. [BeS+06] kritisieren eine unzureichende Unterstützung der Praxis sowohl in der Forschung als auch in der Lehre.

Noch schwerer als diese Indizien wiegen allerdings grundlegende Schwächen eines rein empirisch ausgerichteten Forschungsansatzes in der Wirtschaftsinformatik ([Fran07], S. 164 f.):

Unzureichende Berücksichtigung von Kontingenz: Wenn man davon ausgeht, dass konkrete Erscheinungsformen von Informationssystemen sowie Muster, die im Umgang mit ihnen feststellbar sind, kontingent sind, wird eine Grundannahme empirischer Sozialforschung in Frage gestellt: dass es nämlich invariante Handlungsmuster gibt. Falls diese Grundannahme nicht zutrifft, verliert die Überprüfung einer Hypothese unter Rückgriff auf existierende sozio-technische Realität beträchtlich an Wert. Wenn auf diesem Wege etwa besonders erfolgreiche Formen der Nutzung von Informationssystemen identifiziert werden („best practice"), wird leicht übersehen, dass andere, bisher noch nicht realisierte Handlungsmuster denkbar sind, die deutlich überlegen sein mögen.

Mangelnde Orientierung für die Praxis: Forschung in der Wirtschaftsinformatik ist mit dem Anspruch verbunden, der Praxis eine Orientierung für die wirtschaftliche Gestaltung und Nutzung leistungsfähiger Informationssysteme zu liefern. Wenn dazu lediglich auf bisherige Realisierungen zurückgegriffen wird, werden innovative Systeme und durch sie ermöglichte Nutzungsszenarien weitgehend ausgeblendet. Unternehmen, die Anregungen für die Gestaltung zukünftiger Strategien suchen, werden so enttäuscht.

Trivialisierungstendenz: Die weitgehende Beschränkung auf empirische Forschung, wie sie in *Information Systems* zu verzeichnen ist, vermittelt den Eindruck, dass wissenschaftliche Forschung immer die Anwendung statistischer Verfahren beinhaltet. Das führt dazu, dass Untersuchungen auf solche Sachverhalte beschränkt werden, die die dazu erforderlichen Abbildungen erlauben. Die Durchsicht einschlägiger Arbeiten zeigt denn auch häufig Hypothesen, die einen geringen Informationsgehalt haben und deshalb wenig geeignet sind, zum Erkenntnisfortschritt beizutragen.

Unzumutbarer Aufwand: Die Förderung trivialer Forschungsergebnisse ist auch ein Reflex darauf, dass der mit empirischen Studien verbundene Aufwand häufig die verfügbaren Möglichkeiten übersteigt. Die Komplexität von Informationssystemen wie auch der Handlungssysteme, in die sie eingebettet sind, führt dazu, dass bereits die Erfassung eines einzelnen Falls mit einem erheblichen Aufwand verbunden ist. Wenn darüber hinaus eine repräsentative Auswahl von Fällen zu untersuchen ist, stellt sich nicht nur das Problem, zu ermitteln, wie eine solche Auswahl im Hinblick auf die zu untersuchenden Sachverhalte aussieht und wie ggfs. der Zugang zu den so ausgewählten Organisationen erreicht werden kann. Daneben dürften i. d. R. die Ressourcen nicht verfügbar sein, um alle ausgewählten Einheiten sorgfältig zu untersuchen. Eine Konsequenz daraus ist die Durchführung von Erhebungen, die so konzipiert sind, dass sie die Zeit der Befragten nicht allzu sehr in Anspruch nehmen.

Ein weiterer Grund dafür, dem Modell des *Information Systems* skeptisch gegenüber zu stehen, ist in der deutlichen Trennung von Forschung und Lehre zu sehen. Während in der Lehre ähnliche Themen fokussiert werden wie in der Wirtschaftsinformatik ([ScFr04], [ScSt07]), ist die Forschung deutlich anders ausgerichtet – nämlich vor allem auf die Durchführung empirischer Untersuchungen. Dies hat zum einen die Konsequenz, dass es keine Einheit von Forschung und Lehre gibt – mit entsprechenden Auswirkungen auf die Qualität akademischer Lehre. Zum anderen führt eine solch einseitige Ausrichtung der Doktoranden dazu, dass Promovierten fast nur noch die Hoffnung auf eine - mit erheblichen Unwägbarkeiten verbundene - wissenschaftliche Karriere bleibt.

Zur Ambivalenz der Praxisorientierung

Im Wettbewerb um talentierte Studienplatzbewerber wird seit einiger Zeit verstärkt mit dem Hinweis auf eine ausgeprägte Praxisorientierung geworben. Neue Hochschulformen wie etwa Berufsakademien, aber auch berufsbegleitende Studiengänge betonen diesen Aspekt mit Nachdruck – und offenbar nicht ohne Erfolg. Vor diesem Hintergrund mag es als eine reizvolle Option erscheinen, das Defizit einer unzureichenden methodischen Fundierung zur Tugend zu machen und die Wirtschaftsinformatik als eine Konstruktionslehre auszurichten – etwa in Fortführung der von Schmalenbach formulierten Konzeption der Betriebswirtschaftslehre als „Kunstlehre" [Schm70]. Tatsächlich finden sich an den nordamerikanischen Business Schools prominente Fachvertreter, die eine Abkehr vom „scientific model" fordern. In ihrer harschen Kritik an der gegenwärtigen Ausrichtung des *Business & Administration* gelangen Bennis und O'Toole zur Einschätzung, dass die einschlägige Forschung kaum geeignet sei, die Lösung praktischer Probleme zu unterstützen. Sie sprechen von einem „innapropriate – and ultimately self-defeating – model of academic excellence." ([BeOT05], S. 98). Sie fordern stattdessen eine enge Kooperation mit der jeweiligen Anwendungspraxis im Sinne praktizierender Hochschullehrer wie sie etwa in der Medizin oder auch in den Rechtswissenschaften zu finden seien („professional model"). Auch in *Information Systems* gibt es Stimmen, die eine entsprechende Konzeption des Fachs favorisieren. So schlägt Lee vor, die Disziplin sollte das Idealbild einer Wissenschaft aufgeben und sich stattdessen auf die Entwicklung von „technical knowledge" zur Gestaltung von Informationssystemen konzentrieren, die die Verbesserung sozialer Verhältnisse und eine Emanzipation der Anwender fördern. Dazu empfiehlt er die Disziplin am Modell der Architektur auszurichten, weil er deutliche Parallelen sieht:

"Both are design fields, both involve designers and users, and both employ a technology to develop an artefact to serve users....In both architecture and MIS, the problem to be ad dressed is not a purely technical or technological one, but also one of individuals, groups, organizations, communities, politics, and cultures. In both architecture and MIS, the object of attention is not technology, but a sociotechnical system."([Lee91], S. 573).

Angesichts der Besonderheiten von Gegenstand und Zielen der Wirtschaftsinformatik kann es durchaus sinnvoll erscheinen, sich mit einer anspruchsvollen Kunst- oder Konstruktionslehre zu begnügen. Ich plädiere allerdings für eine Konzeption der Wirtschaftsinformatik als Wissenschaft - wobei diese Konzeption nicht mit denen existierender Disziplinen in den Natur- oder Sozialwissenschaften übereinstimmen muss. Zur Begründung dieser Präferenz sei auf die folgenden Annahmen verwiesen:

Analytische Überlegenheit: Ein wissenschaftlicher Ansatz ist i. d. R. zur Lösung komplexer intellektueller Probleme besser geeignet als jeder andere Ansatz. Diese Hypothese dürfte für den Gegenstandsbereich der Naturwissenschaften weitgehend akzeptiert sein. Ich sehe keine überzeugenden Gründe, warum sie nicht auch für die Wirtschaftsinformatik gelten sollte. Damit ist jedoch keiner szientistischen Position das Wort geredet, also einer unkritisch positiven Einschätzung der Möglichkeiten von Wissenschaft.

Funktionale Ergänzung: Auch in Unternehmen werden Problemlösungsverfahren eingesetzt, die wissenschaftlichen Ansprüchen genügen. Dies geschieht allerdings i. d. R. mit einem engen Fokus und unter erheblichen zeitlichen Restriktionen. Insofern stellt Forschung, die weit über das Tagesgeschäft hinausgeht, eine wertvolle Alternative zu den zwangsläufig vor allem auf ökonomische Verwertung zielenden Aktivitäten in der Praxis dar.

Beitrag zu ethischem und moralischem Fortschritt: Wissenschaft ist unmittelbar verbunden mit Freiheit, Emanzipation und Vernunft. Deshalb gehe ich davon aus, dass Wissenschaft die Verbreitung dieser Ideen befördert und deshalb zu einer vernünftigeren, attraktiveren Gesellschaft beiträgt.

Dessen ungeachtet ist es m. E. unstrittig, dass die Wirtschaftsinformatik als angewandte Wissenschaft ihrer Praxis zugewandt sein sollte: Die Forschung sollte auf einer differenzierten Würdigung der Randbedingungen der Entwicklung und des Einsatzes von Informationssystemen in der Praxis beruhen und auf Ergebnisse zielen, die der Praxis als wertvolle, langfristige Orientierung dienen.

Thesen zur weiteren Entwicklung der Disziplin

Trotz der beachtlichen Erfolgsgeschichte, die die Etablierung des Fachs Wirtschaftsinformatik darstellt, ist der weitere Bestand der Disziplin in ihrer bisherigen Form gefährdet. Die besondere Herausforderung besteht darin, die bisher erreichte Praxisrelevanz und die damit verbundene Attraktivität für Studierende mit einer wissenschaftlichen Fundierung zu verknüpfen, die für das Fach angemessen ist. Die folgenden Thesen mögen als Vorschlag dafür dienen, wie dieser Herausforderung zu begegnen ist.

Eine Anpassung an das Forschungsprogramm des Information Systems sollte vermieden werden. Die Fokussierung auf empirische Forschung behavioristischer Prägung war vor allem dadurch motiviert, dass sich *Information Systems* gegenüber den Nachbardisziplinen unter einem erheblichen Legitimationsdruck sah. Die Übernahme einer am Ideal der Naturwissenschaften ausgerichteten Methode diente dazu, diesem Druck zu begegnen. Damit wurden allerdings schwerwiegende Nachteile in Kauf genommen. Auch wenn eine Anpassung vordergründig mit dem Anreiz verbunden sein mag, bessere Publikationschancen in den von *Information Systems* dominierten Zeitschriften zu erlangen, scheint der daran geknüpfte Preis zu hoch.

Die weitere Entwicklung der Disziplin empfiehlt die kritische Reflexion ihrer Entstehungsgeschichte. Auch bei der Entstehung der Wirtschaftsinformatik kam dem Streben nach Legitimation eine herausragende Bedeutung zu. Legitimation wurde allerdings anders erreicht als in *Information Systems*: zum einen durch das erfolgreiche Einwerben von Drittmitteln – vor allem von Unternehmen, zum anderen durch die große Nachfrage, derer sich Absolventen des Fachs am Arbeitsmarkt erfreuen. Auf diese Weise entstanden Anreizmechanismen und Bewertungsmaßstäbe, die sich deutlich von denen in *Information Systems* unterscheiden. So gilt etwa die Größe einer Arbeitsgruppe bzw. eines Lehrstuhls nicht wenigen Fachvertretern als sein wichtiger Erfolgsindikator. Gleichzeitig wurde auf diesem Entwicklungspfad einer methodischen oder gar wissenschaftstheoretischen Fundierung der Forschung keine nennenswerte Bedeutung beigemessen. Vor diesem Hintergrund ist eine Auseinandersetzung mit der Frage angezeigt, wie sich die Disziplin von ihrem vorgezeichneten Entwicklungspfad emanzipieren kann ohne wertvolle Traditionen aufzugeben.

Die Wirtschaftsinformatik sollte offen für Anregungen aus anderen Disziplinen sein – nicht zuletzt auch für solche aus Information Systems. Nicht nur die Wirtschaftsinformatik sieht sich geänderten Randbedingungen gegenüber. Auch andere Fächer, wie etwa die Informatik oder die Ingenieurwissenschaften, müssen auf geänderte Bedingungen an den internationalen Arbeits- und Bildungsmärkten reagieren. Die Wirtschaftsinformatik tut gut daran, die entsprechenden Entwicklungen zu berücksichtigen, um ggfs. Anregungen aufzunehmen. Bei aller Kritik an *Information Systems* kann nicht übersehen werden, dass dort Handlungsmuster entstanden sind, die der Wirtschaftsinformatik eine Orientierung sein könnten. Hier ist etwa an den umfänglichen und intensiven Diskurs über Forschungsinhalte und –methoden zu denken oder an den großen Aufwand, der zur Begutachtung von Zeitschriftenaufsätzen betrieben wird.

Wissenschaft erfordert eine Teilnahme am internationalen Wettbewerb. Die Vertreter der Wirtschaftsinformatik sind seit einiger Zeit international präsent. Allerdings beschränken sich diese Aktivitäten weitgehend auf die Teilnahme an Konferenzen – was auch darauf zurückzuführen ist, dass es bisher international kaum Zeitschriften gibt, die dem Profil der Wirtschaftsinformatik entsprechen. Um dennoch international sichtbar zu sein, kann einerseits eine Nischenstrategie verfolgt werden, indem man auf solche Bereiche in Nachbardisziplinen fokussiert, die offen für Beiträge aus der Wirtschaftsinformatik sind. Hier ist z. B. an Logistik, Organisationstheorie oder verschiedene Felder der Angewandten Informatik zu denken. Andererseits ist daran zu denken, eine international sichtbare Zeitschrift aufzubauen, die – durch geeignete Marketingmaßnahmen gestützt – in absehbarer Zeit eine hohe Reputation erlangt. Die aktuelle Restrukturierung der Zeitschrift Wirtschaftsinformatik weist in diese Richtung.

Die Bandbreite der Disziplin empfiehlt die Konfiguration von Forschungsmethoden. Da die Wirtschaftsinformatik ihr Untersuchungsobjekt nicht nur beschreibt, sondern auch gestaltet, ist die Beschränkung auf das Ideal der Naturwissenschaften, das auch den Behaviorismus prägt, nicht befriedigend. Stattdessen ist auch die Angemessenheit von Konstruktionen zu beurteilen, wozu sich hermeneutische, aber auch formalanalytische Ansätze anbieten mögen. Deshalb erscheint ein methodischer Pluralismus angezeigt – der allerdings nicht mit methodischer Willkür verwechselt werden sollte: Die Ergebnisse wissenschaftlicher Untersuchungen müssen methodisch überzeugend fundiert sein. Insbesondere müssen sie drei Anforderungen genügen: Originalität, Abstraktion und Begründung.

Wissenschaftliche Erkenntnis ist grundsätzlich mit dem Anspruch verbunden, originell zu sein, neuartige Erkenntnisse zu liefern, die den bisherigen Bestand des Wissens in einer Disziplin erweitern. Dadurch sind u. a. Tautologien ausgeschlossen. Originalität ist gleichzeitig mit der Betonung eines Überlegenheitspotentials verbunden: Neuartige Erkenntnisse sollten bisherigen zumindest in Teilen überlegen sein. Daneben ist wissenschaftliche Forschung typischerweise nicht auf Aussagen gerichtet, die lediglich einzelne Instanzen beschreiben. Vielmehr sind sie mit einem Anspruch auf umfassendere Gültigkeit verbunden, also einer Abstraktion von konkreten Einzelfällen. Dabei ist es allerdings bedeutsam, dass eine solche Abstraktion nicht allein auf gemeinsame Muster existierender Instanzen zielen muss. Vielmehr kann sie auch bewusst über existierende sozio-technische Systeme hinausgehen, um neue mögliche Systemausprägungen aufzuzeigen. Eine solche Auffassung ist im Einklang mit dem traditionellen Theoriebegriff, der die *Ausschau* über faktische Ausprägungen gegebener Realität betont. Eine Theorie in diesem Sinn ist eine Abstraktion über Faktisches *und* Mögliches. Begründung ist idealtypisch mit dem Anspruch auf Wahrheit verbunden. Dabei sind allerdings unterschiedliche Wahrheitsbegriffe zu verzeichnen. Der Korrespondenzbegriff, der für den Behaviorismus kennzeichnend ist, betont die Übereinstimmung einer Aussage mit der Realität. Der Kohärenzbegriff stellt die widerspruchsfreie Einordnung in akzeptiertes Wissen in den Vordergrund, während der Konsensbegriff die unter idealisierten Bedingungen im Diskurs herbeigeführte Übereinkunft betont. Auf der Grundlage eines gemeinsamen Grundverständnisses von Anforderungen an wissenschaftliche Forschung einerseits und der Bandbreite konkreter Umsetzungsmöglichkeiten andererseits kann dann im Einzelfall eine geeignete Methode konfiguriert werden. Ein Vorschlag zur Konfiguration von Forschungsmethoden findet sich in [Fran06].

Die Wirtschaftsinformatik sollte die Praxis unterstützen, nicht durch sie bestimmt sein. Es ist unstrittig, dass wesentliche Entwicklungen der IuK-Technologien durch die Praxis getrieben sind. Nicht nur der Forschungsgegenstand der Wirtschaftsinformatik, sondern auch das unmittelbare Arbeitsumfeld der Wissenschaftler sind dadurch geprägt. Es ist deshalb nahe liegend, dass Forschung an den Bedürfnissen der Praxis ausgerichtet ist. Dabei ist allerdings Vorsicht angeraten. Wenn Forschungsprojekte auf die Bewältigung konkreter Probleme in Unternehmen gerichtet sind, mag dies vordergründig als eine willkommene Praxisorientierung angesehen werden. Dabei ist allerdings zweierlei zu berücksichtigen. Zum einen machen – i. d. R. staatlich subventionierte – Hochschuleinrichtungen auf diese Weise einschlägigen Beratungsunternehmen unlautere Konkurrenz. Zum anderen wird dabei übersehen, das die Universität vor allem dann einen originären und wertvollen Beitrag zur Evolution der betrieblichen Praxis leisten, wenn sie die „Idee der Wissenschaft" ([Mitt82], S. 26) betont. Diese Idee der Wissenschaft macht sich nicht zuletzt fest am Wert auch zweckfreier Erkenntnis. Diese umfasst die bereits genannten Merkmale Abstraktion, Originalität und Begründung. Dabei ist zu berücksichtigen, dass die Anwendungspotentiale der Informationstechnologie mitunter nur dann wirtschaftlich genutzt werden können, wenn neue Formen menschlicher Kooperation und Kommunikation der besonderen Leistungsfähigkeit und den spezifischen Grenzen von Computern Rechnung tragen. Abstraktion dieser Art kann also für Unternehmen sehr hilfreich sein, weil sie effizientere Formen der Nutzung von Informationssystemen aufzeigt. Das zweite, unmittelbar daran anknüpfende Argument für Wissenschaftlichkeit zum Zweck der Praxisunterstützung leitet sich aus der Frage ab, wie denn brauchbare Abstraktionen entdeckt werden können. Auch wenn dafür kein Rezept bekannt ist, gibt es doch Voraussetzungen, die diese Art von Erkenntnis eher begünstigen als andere. Das betrifft vor allem die Arbeitsbedingungen des Wissenschaftlers. Muße, also Zeit für Kontemplation, ist nach wie vor hilfreich bei der „Betrachtung" (Aristoteles). In Unternehmen, die häufig in einem harten Wettbewerb stehen, sind die Möglichkeiten dazu beschränkt. Insofern stellt Forschung, die weit über das Tagesgeschäft hinausgeht, eine wertvolle Alternative zu den zwangsläufig vor allem auf ökonomische Verwertung zielenden Aktivitäten in der Praxis dar. Der viel geschmähte Elfenbeinturm hat deshalb auch in einer anwendungsorientierten Disziplin seine Berechtigung (vgl. dazu [Fran02]).

Mit diesem Bekenntnis zu zweckfreier Erkenntnis soll gewiss nicht der Vorstellung das Wort geredet werden, dass sich Wirtschaftsinformatiker nur noch in weltabgewandter Kontemplation üben sollten. Es ist vielmehr als Hinweis mit regulativem Charakter gedacht: Gerade eine Disziplin wie die Wirtschaftsinformatik läuft Gefahr, sich auf die Untersuchung konkreter - durchaus komplexer - Probleme zu beschränken. Gleichzeitig setzt aber die Suche nach tragfähigen Abstraktionen eine intensive Auseinandersetzung mit konkreten Erscheinungsformen der Praxis voraus: Man kann nur von solchen Sachverhalten abstrahieren, die man wenigstens der Möglichkeit nach kennt. Wissenschaft wird in diesem Sinne einer sie erst ermöglichenden Praxis bescheiden und aufrecht gegenübertreten, um mit ihren bescheidenen Möglichkeiten eben diese Praxis anzuregen, sich ihrer eigenen Möglichkeiten zu besinnen.

Eine attraktive Forschungskultur ist zentrale Voraussetzung für das weitere Gedeihen der Disziplin. Wirtschaftsinformatiker erfreuen sich einer großen Nachfrage in der Praxis. Besonders qualifizierte Absolventen können i. d. R. aus einer Vielzahl attraktiver Angebote auswählen. Gleichzeitig haben sich die Arbeitsbedingungen von Nachwuchswissenschaftlern teilweise deutlich verschlechtert. Hier ist etwa an die zunehmende Bedeutung von Indikatoren und die damit verbundene Tendenz zu opportunistischem Handeln sowie den Druck zum Drittmittelerwerb zu denken. Um auch zukünftig den besten Absolventen eine reizvolle Perspektive zu bieten – und damit die Qualität von Forschung und Lehre zu sichern, ist in besonderem Maße auf die Entwicklung und Pflege einer attraktiven Wissenschaftskultur zu achten, denn nur dadurch kann eine überzeugende Differenzierung gegenüber den Verlockungen anderer Kulturen erreicht werden. Dazu gehört die Wertschätzung von Erkenntnisinteresse wie auch die Erfahrung gemeinsamer Lernprozesse in wissenschaftlichen Diskursen, in denen allein der „eigentümlich zwanglose Zwang des besseren Arguments" (Habermas) zählt. Dazu ist es angeraten, Doktoranden durch eine gezielte Qualifizierung frühzeitig mit den Vorzügen einer wissenschaftlichen Sichtweise vertraut zu machen und sie zu befähigen, sich erfolgreich einzubringen. Auch hier gilt: Man kann durchaus von *Information Systems* lernen, sollte sich aber davor hüten, das dort übliche Modell der verschulten Doktorandenausbildung zu kopieren. Eine attraktive Wissenschaftskultur bedarf keiner spezifischen Anreize – sie ist selbst Anreiz genug. Es genügt eine angemessene Würdigung derjenigen, die sich um eine solche Kultur besonders verdient machen.

Die spezifischen Herausforderungen der Wirtschaftsinformatik erfordern neue Formen der Organisation von Forschung. Die Verbesserung der Leistungsfähigkeit und Wirtschaftlichkeit betrieblicher Informationssysteme empfiehlt die Fokussierung auf Konzepte und Methoden, die die (organisationsübergreifende) Integration sowie die Wiederverwendung fördern. Ein wichtiger Ansatz dazu sind Referenzmodelle, also Modelle von Informationssystemen und des sie umgebenden Handlungskontextes, die nicht nur für einzelne Unternehmen, sondern für eine Klasse von Unternehmen eine Orientierung zur Realisierung von Informationssystemen darstellen. Während die Entwicklung und Verbreitung von Referenzmodellen erhebliche Vorteile verspricht, übersteigt sie jedoch die Möglichkeiten einzelner Forschungseinrichtungen bei weitem. Wenn entsprechende Entwicklungen nicht versäumt werden sollen bzw. nicht allein außerwissenschaftlichen Einrichtungen überlassen werden sollen, sind neue Formen der Forschungsorganisation erforderlich. Dabei ist auch an die Organisation des notwendigen Austausches mit der Praxis zu denken. Ein möglicher Ansatz dazu stellt die kooperative Entwicklung offener Referenzmodelle nach dem Vorbild der ‚Open Source Software'-Bewegung dar (vgl. dazu einen entsprechenden Vorschlag in [FrSt07]).

Abschließende Bemerkungen

Der Gegenstand der Wirtschaftsinformatik, – Informations- und Kommunikationssysteme in Unternehmen und öffentlicher Verwaltung – wird auch in Zukunft von großer Bedeutung für die Wettbewerbsfähigkeit von Unternehmen und den volkswirtschaftlichen Wohlstand sein. Gleichzeitig ist davon auszugehen, dass der anhaltende technische Fortschritt sowie ihn begleitende Prozesse des sozialen Wandels der Wirtschaftsinformatik neue reizvolle Forschungsthemen und Gestaltungsoptionen ermöglichen werden. Um die damit verbundenen Potentiale für die Weiterentwicklung der Disziplin zu nutzen, ist es allerdings angezeigt, dass sich die Wirtschaftsinformatik den dargestellten Herausforderungen stellt. Noch kann dies aus einer Position der Stärke heraus geschehen.

Literatur

[BaLa92] Banville, C.; Landry, M.: Can the Field of MIS be Disciplined? In: Galliers, R. (Ed.): Information Systems Research: Issues Methods and Practical Guidelines. Blackwell: London et al. 1992, S. 61-88

[BeOT05] Bennis, W. G.; O'Toole, J.: How Business Schools Lost Their Way. In: Harvard Business Review, May 2005, S. 96-104

[BeS+06] Benamati, J.; Serva, M.A;. Galletta, D.; Harris, A.; Niederman, F.: The Slippery Slope of MIS Academia: A Discussion of The Quest For Relevance In Our Discipline. In: Communications of AIS, Vol. 18, 2006, Article 32

[BeWe96] Benbasat, I.; Weber, R.: Research Commentary: Rethinking Diversity in Information Systems Research. In: Information Systems Research. Vol. 7, No. 4, 1996, S. 389-399

[BeZm03] Benbasat, I.; Zmud, R.W.: The Identity Crisis Within the Information Systems Discipline: Defining and Communicating the Disciplines Core Properties. In: MIS Quarterly, Vol. 27, No. 2, 2003, S. 183-194

[Fran02] Frank, U.: Forschung in der Wirtschaftsinformatik: Profilierung durch Kontemplation – ein Plädoyer für den Elfenbeinturm. Arbeitsberichte des Instituts für Wirtschaftsinformatik, Nr. 30, Koblenz 2002

[Fran06] Frank, U.: Towards a Pluralistic Conception of Methods in Information Systems Research. ICB Research Report No. 7, Universität Duisburg-Essen 2006

[Fran07] Frank, U.: Ein Vorschlag zur Konfiguration von Forschungsmethoden in der Wirtschaftsinformatik. In: Lehner, F.; Zelewski, S. (Hrsg.): Wissenschaftstheoretische Fundierung und wissenschaftliche Orientierung der Wirtschaftsinformatik. GITO: Berlin 2007, S. 158-185

[FrSt07] Frank, U.; Strecker, S.: Open Reference Models – Community-driven Colaboration to Promote Development and Dissemination of Reference Models. In: Enterprise Modelling and Information Systems Architectures. Vol. 2, No. 2, 2007, S. 32-41

[Hein05] Heinrich, L.J.: Forschungsmethodik einer Integrationsdisziplin: Ein Beitrag zur Geschichte der Wirtschaftsinformatik. In: NTM International Journal of History and Ethics of Natural Sciences, Technology and Medicine, 13. Jg., 2005, S. 104-117

[HeWi97] Heinrich, L.J.; Wiesinger, I.: Zur Verbreitung empirischer Forschung in der Wirtschaftsinformatik. In: Grün, O.; Heinrich, L.J. (Hrsg.): Wirtschaftsinformatik – Ergebnisse empirischer Forschung. Springer: Wien, New York 1997, S. 37-49

[Keen80] Keen, P.G.W.: MIS Research: Reference Disciplines and a Cumulative Tradition. In: Proceedings of the First International Conference on Information Systems, 1980, S. 9-18

[Lee91] Lee, A. S.: Architecture as a Reference Discipline for MIS. In: Nissen, H.-E.; Klein, H. K.; Hirschheim, R. (Hrsg.): Information Systems Research: Contemporary Approaches and Emergent Traditions. North-Holland: Amsterdam et al. 1991, S. 573-592

[LyKi04] Lyytinen, K.; King, J.L.: Nothing at The Center? Academic Legitimacy in the Information Systems Field. In: Journal of the Association for Information Systems. Vol. 5, No. 6, 2004, S. 220 - 246

[Mitt82] Mittelstraß, J.: Wissenschaft als Lebensform: Reden über philosophische Orientierungen in Wissenschaft und Universität. Suhrkamp: Frankfurt/M. 1982

[Pal+04] Palvia, P. et al.: A Meta Analysis of MIS Research. In: Proceedings of the Tenth Americas Conference on Information Systems. 2004, pp. 4221-4231

[ScFr04] Schauer, C.; Frank, U.: Information Systems - einführende Lehrbücher : Vergleichende Buchbesprechung. In: Wirtschaftsinformatik, 46. Jg., Nr. 5, 2004, S. 228-237

[Schm70] Schmalenbach, E.: Die Privatwirtschaftslehre als Kunstlehre. In: Zeitschrift für betriebswirtschaftliche Forschung, 22. Jg., 1970, S. 490-498 (zuerst erschienen in: Zeitschrift für handelswissenschaftliche Forschung, 6. Jg., 1911/12, S. 304-316).

[ScFr07] Schauer, C.; Frank, U.: Wirtschaftsinformatik und Information Systems: ein Vergleich aus wissenschaftstheoretischer Sicht. In: Lehner, F.; Zelewski, S. (Hrsg.): Wissenschaftstheoretische Fundierung und wissenschaftliche Orientierung der Wirtschaftsinformatik. GITO: Berlin, 2007, S. 122-155

[ScSc07] Schauer, C.; Schmeing, T.: Development of Information Systems Teaching in North-America: An Analysis of Model Curricula. ICB Research Reports, Institut für Informatik und Wirtschaftsinformatik (ICB), Universität Duisburg-Essen, Nr. 17, 2007

[ScSt07] Schauer, C.; Strecker, S.: Vergleichende Literaturstudie: Einführende Lehrbücher der Wirtschaftsinformatik. In: Wirtschaftsinformatik, 19. Jg., Nr. 2, 2007, S. 136-147

[WKWI94] Wissenschaftliche Kommission Wirtschaftsinformatik: Profil der Wirtschaftsinformatik. In: Wirtschaftsinformatik, 36 Jg., Nr. 1, 1994, S. 80-81

Thomas Hess / Thomas Wilde

Potenzial experimenteller Forschung in der Wirtschaftsinformatik –

Ein Beitrag zur methodischen Fundierung

Prof. Dr. Thomas Hess
Direktor des Instituts für Wirtschaftsinformatik
und neue Medien
Ludwig-Maximilians-Universität München
Ludwigstr. 28
D-80539 München
thess@bwl.lmu.de

Dipl. Kfm. Thomas Wilde, MBR
Wissenschaftlicher Mitarbeiter am Institut für
Wirtschaftsinformatik und neue Medien
Ludwig-Maximilians-Universität München
Ludwigstr. 28
D-80539 München
wilde@bwl.lmu.de

Motivation und Aufbau des Beitrags

Die methodische Fundierung stellt generell ein essenzielles Abgrenzungskriterium der Wissenschaften dar, für die Wirtschaftsinformatik (WI) insbesondere zu Beratungsunternehmen und Softwarehäusern.[1] Hierbei ist zu betonen, dass ein methodisches Fundament nicht als Anhäufung übermäßig präziser Verfahrensanleitungen verstanden werden sollte. Vielmehr soll es als Wissensbasis das Instrumentarium der Disziplin dokumentieren und dessen Eignung im Hinblick auf verschiedene Gegenstandsbereiche festhalten. Ziel ist die Weiterentwicklung und Anpassung wissenschaftlicher Erkenntnisprozesse und –werkzeuge, um den Herausforderungen zu entsprechen, die sich aus dem Fortschritt im Gegenstandsbereich ergeben.[2] In Übereinstimmung mit diesen Überlegungen ist einer Interviewstudie mit führenden Fachvertretern der Wirtschaftsinformatik zu entnehmen, dass die methodische Fundierung, insbesondere die Analyse der Eignung und die Anpassung von Methoden an die Erfordernisse der Wirtschaftsinformatik als wichtig eingeschätzt werden.[3]

In der deutschsprachigen Wirtschaftsinformatik besteht bezüglich der methodischen Fundierung ein Defizit.[4] Durch ihre methodenpluralistische Ausrichtung können zwar viele Methoden aus den Referenzdisziplinen Betriebswirtschaftslehre und Informatik übernommen werden, welche dies aber sein sollten bzw. sind und wie sie im Kontext der Wirtschaftsinformatik anzuwenden sind, wird nur wenig thematisiert. Dies ist nach unserer Einschätzung zunehmend problematisch, da in den vergangenen Jahren Defizite der Wirtschaftsinformatikforschung moniert wurden, die u. a. auf methodische Fragen zurückge-führt werden können. So kritisiert beispielsweise Scheer, dass wichtige Trends wie die Prozesskostenrechnung oder der Einsatz

---

[1] Vgl. Goeken (2003), S. 6, Frank (2006), S. 5.
[2] Vgl. Goeken (2003), S. 4-5.
[3] Vgl. Lange (2006), S. 82.
[4] Vgl. Frank (2006), S. 5, Becker et al. (2003), S. 3-4.

von ERP-Systemen zunächst „verschlafen" und oft nur unzureichend bearbeitet wurden, Mertens sieht die Wirtschaftsinformatik Modewellen nachjagen und dabei oft wissenschaftliche Halbfabrikate entstehen.[5] Auch dass viele Fachvertreter von der Dot-com-Krise ebenso überrascht waren wie die Börse, zeigt, dass die Wirtschaftsinformatik ihrem Erklärungs- und Prognoseziel zumindest nicht vollkommen gerecht wird.[6]

Dieser Beitrag greift mit experimenteller Forschung eine Methode heraus, die in der WI derzeit eine bestenfalls marginale Rolle einnimmt.[7] In angrenzenden Disziplinen wie der Betriebs- oder Volkswirtschaftslehre, aber auch dem englischsprachigen Pendant, dem „Information Systems Research" ist das Experiment hingegen weit verbreitet und konnte sehr erfolgreich eingesetzt werden. Nicht zuletzt ist der 2002 an Kahnemann und Smith verliehene Wirtschaftsnobelpreis ein starkes Indiz für die Leistungsfähigkeit des Experiments, da die Begründung explizit deren Laborexperimente als wegweisend hervorhebt.

In einem ersten, intuitiven Zugang scheint das Experiment für die Wirtschaftsinformatik aus mehreren Gründen geeignet. Die Evaluation von IT-Artefakten (z. B. eines Softwareprototyps oder eines Prozessmodells) ist eine zentrale Aufgabe und erfordert die kausale Rückführbarkeit von Artefakteffekten auf deren Einsatz bzw. Implementierung.[8] Die hierfür erforderliche empirische Kausaluntersuchung kann ideal in einer Experimentalanordnung umgesetzt werden.[9] Auch eröffnet der soziotechnische Untersuchungsgegenstand diesbezüglich einige Möglichkeiten. Die involvierten Informations- und Kommunikationssysteme können dem Untersuchungsleiter als „verlängerter Arm" dienen. Nicht nur die für das Experiment ty-

---

[5] Vgl. Mertens (2005), (2003).
[6] Vgl. hierzu Goeken (2003), S. 6.
[7] Vgl. Wilde/Hess (2007).
[8] Vgl. Frank (2000).
[9] Vgl. Hevner et al. (2004), S. 86 und Heinrich et al. (2007), S. 274.

pische Manipulation und Kontrolle von Gegenstand und Umfeld kann durch IT unterstützt werden, auch die Datenerhebung wird durch Techniken wie beispielsweise der Logfile-Analyse in etlichen Fällen stark vereinfacht. Neben derartigen Laborexperimenten könnte die Wirtschaftsinformatik, anders als beispielsweise die Soziologie, auf diese Weise Feldexperimente mit enormer Reichweite durchführen. Auch wenn diese Faktoren nicht für jeden Gegenstand gleichermaßen zutreffen mögen, eröffnet die experimentelle Forschung durch ihre Eignung zur kausalen Artefakteevaluation in relativ großen Untersuchungsbereichen der Wirtschaftsinformatik interessante Möglichkeiten.

Vor diesem Hintergrund rückt der Beitrag die Frage nach dem disziplinspezifischen Potenzial dieser Methode in den Mittelpunkt.[10] Im Folgenden wird auf einige der Ergebnisse zurückgegriffen, um ein plastisches Bild des Potenzials experimenteller Forschung für die Wirtschaftsinformatik vermitteln zu können. Für Details sei auf Wilde (2008) verwiesen.

Abgrenzung, Einordnung und Anwendungsfelder von Experimenten

Abgrenzung und Varianten der Experimentalmethode

Das Ausgangsproblem des Experiments besteht darin, dass zwar Ursache und Wirkung, nicht aber kausale Zusammenhänge selbst beobachtbar sind. Das experimentelle Forschungsdesign versucht dieses Problem nach dem Ausschlussprinzip zu lösen, indem es alle Einflüsse außer der zu untersuchenden Ursache eliminiert. Wenn die Umgebungskontrolle zwischen Ausgangssituation (vor der Manipulation, gemessen im „Pretest") und Endsituation (gemessen im „Posttest") ein vollkommenes ceteris-paribus Verhältnis herstellen kann, ist die

---

[10] Vgl. Wilde (2008).

gemessene Wirkung auf den Stimulus zurückzuführen. Es kann definiert werden als eine Untersuchung,[11]

- die einen Kausalzusammenhang zum Gegenstand hat,
- in einer kontrollierten Umgebung stattfindet, wobei
- die Experimentalvariable (Ursache oder Wirkung[12] der Hypothese)
- auf wiederholbare Weise manipuliert (Stimulus) und
- die Wirkung der Manipulation (Response) gemessen wird.

Abbildung 1 zeigt diese Konstellation in schematischer Darstellung.

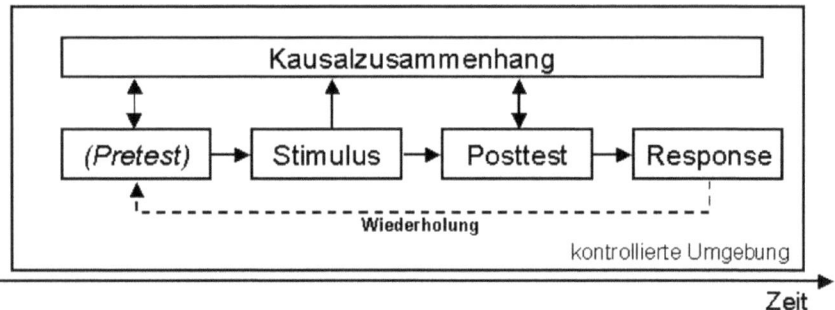

Abbildung 1: Schemadarstellung Experiment

Um Varianten der Experimentalmethode abzugrenzen, sind zunächst quasiexperimentelle Anordnungen von „echten Experimenten" abzugrenzen, da sie mindestens eine Definitionskomponente verletzen. Die bekanntesten quasiexperimentellen Formen sind Naturexperimente, Simulationen und Tests,[13] die aus den folgenden Überlegungen jedoch ausgeklammert werden. Zur Systematisierung der Varianten „echter Experimente" ist generell zwischen Labor- und Feldexperimenten sowie zwischen Entscheidungs- und Erkundungsexperimenten zu unterscheiden.

---

[11] Zur Definition des Experiments vgl. z. B. Schnell et al. (2005), S. 224.
[12] Zur Richtungsbestimmung eines Kausalzusammenhangs ist die Wirkungsvariable zu manipulieren.
[13] Vgl. Shadish et al. (2002), S. 12-18.

Während das Laborexperiment den Untersuchungsgegenstand aus der natürlichen Umgebung herauslöst und ihn in eine kontrollierte Umgebung transferiert, versucht das Feldexperiment in der natürlichen Umgebung eine ceteris-paribus Anordnung zu etablieren, um die Untersuchung dort durchzuführen.[14] Zur Untersuchung simuliert das Laborexperiment die Umgebung des Untersuchungsgegenstands. Über den geringeren Anteil der Virtualisierung der Anordnung hebt es sich von der Simulationsmethode ab, der der Gegenstand nur in virtualisierter Form vorliegt. Die adäquate Umsetzung der Umgebungssimulation ist von essentieller Bedeutung für das Laborexperiment, da durch sie Kontrolle und Realitätsbezug gewährleistet werden müssen. Das Feldexperiment sieht sich hingegen dem zentralen Problem ausgesetzt, dass zunächst gleiche oder bekannte Ausgangsbedingungen für alle Probanden und ggf. Versuchsgruppen zu schaffen sind und als Kontrollmaßnahme der untersuchte Realitätsausschnitt von Störeinflüssen abzuschirmen ist.[15]

Anhand des Hypotheseninputs können ferner Entscheidungs- und Erkundungsexperiment unterschieden werden.[16] Das Entscheidungsexperiment (oder konfirmatorische Experiment) orientiert sich im Forschungslebenszyklus „rückwärts" und prüft die auf verschiedene Weisen gewonnenen Theorien und Hypothesen. Das Erkundungsexperiment (oder explorative Experiment) ist „vorwärtsorientiert", es versucht neue Aspekte eines Gegenstands zu entdecken. Anders als das Entscheidungsexperiment prüft es nicht, es hat neue Hypothesen zum Ergebnis.

Zur weiteren Differenzierung können gängige Versuchsanordnungen herangezogen werden, die prinzipiell in allen Varianten des Experiments einsetzbar sind. Die einfachste Form ist das „Pretest-Stimulus-Posttest-Design", die in den Naturwissenschaften gebräuchlich ist. Da das naturwissenschaftliche Experiment in der Regel einfacher

[14] Vgl. Atteslander (2003), S. 186.
[15] Vgl. Schulz (1970), S. 119-120.
[16] Vgl. Schulz (1970), S. 117-118.

isoliert und unter starker Kontrolle durchgeführt werden kann, sind keine weiteren Vorkehrungen nötig. Im Gegensatz dazu wurden von Campbell und Stanley bereits 1969 drei aufwändigere Versuchsanordnungen für die Sozialwissenschaften beschrieben, die sie als bewährt und typisch ansehen:[17]

- Eine einfache Umsetzung des Kontrollgruppenkonzepts findet sich im „Pretest-Postest Control Group Design". Pre- und Posttest werden parallel in Experimental- und Kontrollgruppe durchgeführt, der Stimulus jedoch nur in der Experimentalgruppe gesetzt. Der Vergleich beider Gruppen ermöglicht u. a. die statistische Kontrolle von Störeffekten.

- Das „Solomon four group design" arbeitet identisch, jedoch mit zwei weiteren Kontrollgruppen, bei denen kein Pretest durchgeführt wird. Der Stimulus wird in der Experimental- und einer der weiteren Kontrollgruppen gesetzt. Auf diese Weise können mögliche Interaktionseffekte zwischen dem Pretest und der Experimentalvariable festgestellt werden.

- Das „Posttest-only control group design" arbeitet mit einer Kontrollgruppe, führt aber keinen Pretest durch. Um sicherzustellen, dass beide Gruppen zu Beginn gleiche Merkmalsausprägungen aufweisen, sind die Probanden nach dem Zufallsprinzip den beiden Gruppen zuzuordnen (Randomisierung).

Diese Anordnungen sind bis heute aktuell und vermitteln einen ersten Eindruck von den zahlreichen möglichen Konfigurationen der Experimentalmethode. Ein Blick in die jüngere Literatur zeigt, dass eine enorme Vielfalt von Versuchsanordnungen existiert, die auch eingesetzt und diskutiert wird.[18] Abbildung 2 zeigt die hier beschriebenen Anordnungen in der diesbezüglich typischen Notation. Hierbei stellt jede Tabellenzeile eine Versuchsgruppe dar, die Messungen (M)

[17] Vgl. Campbell/Stanley (1969), S. 13 und 24-25.
[18] Vgl. Shadish et al. (2002), S. 106,137.

und ggf. Stimuli (X, bzw. X_i) unterzogen werden. Wird die Versuchsgruppennummer mit einem (R) versehen, wird die zufallsbasierte Zuordnung (Randomisierung) von Probanden zu den Gruppen gefordert. Bei mehreren sequentiellen Testzeitpunkten werden die „M" indiziert.

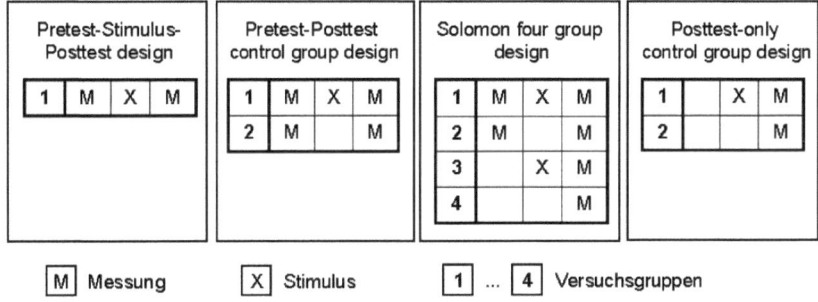

Abbildung 2: Typische Experimentalanordnungen

Einordnung in das Methodenprofil der Wirtschaftsinformatik

Wie bereits ausgeführt, verfolgt die deutschsprachige Wirtschaftsinformatik eine methodenpluralistische Erkenntnisstrategie und arbeitet in diesem Rahmen vorwiegend mit sechs Kernmethoden. Es handelt sich hierbei um argumentativ-, konzeptionell- und formaldeduktive Analysen, Prototyping, Fallstudien und quantitative Querschnittsanalysen.[19] Abbildung 3 zeigt das Methodenprofil in Portfoliodarstellung, wobei auch Methoden eingeordnet werden, die nur am Rande zum Einsatz kommen.

---

[19] Vgl. Wilde/Hess (2007), S. 280. Diese Aussagen basieren auf einer Analyse von 296 Artikeln in Ausgaben der Zeitschrift WIRTSCHAFTSINFORMATIK von 1996-2006 (Vollerhebung).

Auch wenn sich das Methodenprofil in den letzten zehn Jahren ständig veränderte, zeichnet sich deutlich der qualitativ-konstruktive Schwerpunkt der Disziplin ab. Es zeigt sich, dass das Laborexperiment mit 3% nahezu nicht eingesetzt wird. Feldexperimente wurden in den zehn ausgewerteten Jahrgängen der Zeitschrift nicht veröffentlicht. Der deutliche und kontinuierliche Trend zu quantitativen Methoden[20] steht allerdings für eine Neuorientierung zumindest eines Teils der Disziplin. Während dies eine zunehmende Formalisierung konstruktiver Arbeiten bedeutet, würde eine konsequente Weiterentwicklung in dieser Richtung für die empirische Forschung eine Orientierung zu Experimenten implizieren. Während die reine Querschnittserhebung den Gegenstand quantitativ greifen kann, dehnt das Experiment die Formalisierung auf die Verfahrensweise aus: Mit den ausführlichen Diskussionen um Experimentaldesigns, mögliche Invaliditätsursachen und Gegenmaßnahmen steht hinter dieser Methode ein umfangreicher, interdisziplinärer methodischer Erfahrungsschatz.

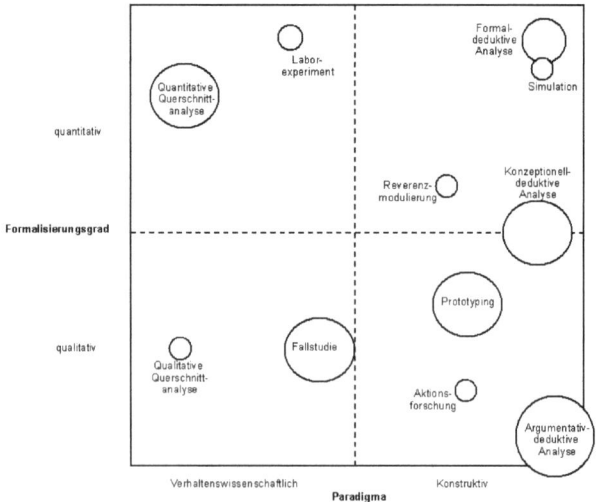

Abbildung 3:   Methodenprofil der Wirtschaftsinformatik[21]

[20] Vgl. Wilde/Hess (2007), S. 285.
[21] Entnommen aus Wilde/Hess (2007), S. 284.

Eine Besonderheit zeichnet das Experiment aus, die sich auch in obiger Portfoliodarstellung andeutet. Mit der möglichst strukturierten und kontrollierten Beobachtung soziotechnischer Systeme stellt es grundsätzlich eine verhaltenswissenschaftliche Methode dar. Sowohl die manipulierenden Eingriffe (Stimuli) als auch die Möglichkeiten der prototypgestützten Umgebungssimulation oder Gegenstandsevaluation verleihen der somit implizit verankerten Erkenntnisstrategie konstruktive Züge. Aus dieser Perspektive stellt sich das Experiment als ein methodischer Berührpunkt beiden Paradigmen dar. So stellt sich die Frage, ob und ggf. wie es gelingen kann, aus den Vorteilen beider Welten zu schöpfen.

Mögliche Anwendungsfelder

Ferstl charakterisiert die Wirtschaftsinformatik als „sozial- und wirtschaftswissenschaftliche Disziplin mit starker ingenieurwissenschaftlicher Durchdringung"[22]. Ihr Gegenstand wurde 1994 durch die wissenschaftliche Kommission Wirtschaftsinformatik (WKWI) im Verband der (deutschsprachigen) Hochschullehrer für Betriebswirtschaft (VHB) auf „Informations- und Kommunikationssysteme in Wirtschaft und Verwaltung" festgelegt.[23] Sie ist somit als Lehre von der Erklärung und Gestaltung dieser soziotechnischen Systeme zu verstehen,[24] die sich stark an Betriebswirtschaftslehre und Informatik anlehnt.[25] Abbildung 4 zeigt eine Gegenstandssystematik, die als Informatik-nahe Teilgegenstände Informations- und Kommunikationstechnologien sowie die Entwicklung von Anwendungssystemen abgrenzt. Eher betriebswirtschaftlich orientiert sind nach dieser Systematik das Informationsmanagement sowie die technologiezentrierte, ökonomisch orientierte Wirkungsanalyse. Die Anwendungssysteme als „Anker" der Wirtschaftsinformatik stehen

---

[22] Ferstl et al. (1996), S. 6.
[23] Vgl. WKWI (1994), S. 80, auch Mertens et al. (2005), S. 4-5. Zu dessen Aktualität vergleiche auch Lange (2006), S. 17-18.
[24] Vgl. Mertens et al. (2005), S. 3.
[25] Vgl. Mertens et al. (2005), S. 5.

dagegen genau am Schnittfeld beider Disziplinen und bilden daher nicht zu Unrecht den Kern der Wirtschaftsinformatik.

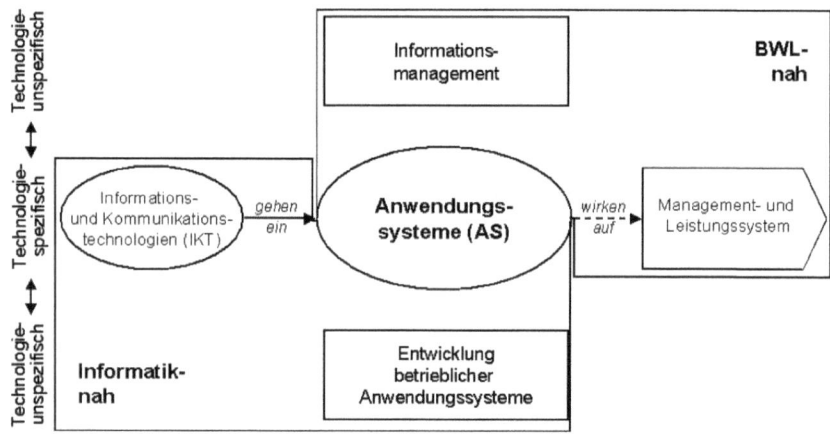

Abbildung 4: Gegenstandsbereich der Wirtschaftsinformatik[26]

Allein aus dieser fachlichen Perspektive kann allerdings noch keine Aussage über die Eignung bestimmter Forschungsmethoden und damit über das Bestehen eines Anwendungsfelds für Experimente getroffen werden. Aus diesem Grund ist darüber hinaus das Zielsystem der Disziplin in die Überlegung einzubeziehen. Die Wirtschaftsinformatik verfolgt vor diesem fachlichen Hintergrund das Ziel der „Gewinnung von Theorien, Methoden [und] Werkzeugen"[27]. Als visionäres Ziel der gesamten Disziplin schlägt Mertens die sinnvolle Vollautomation des Betriebes vor.[28] Dies ist fachlich als Übertragung von Aufgaben von Menschen auf Anwendungssysteme zu verstehen, wo immer dies ökonomisch sinnvoll ist. Becker unterscheidet in diesem Kontext den inhaltlich-funktionalen Auftrag Wirtschaftsinformatik, der die Analyse und Gestaltung von Anwendungssystemen betrifft und den methodischen Auftrag, der die Analyse und Gestal-

[26] Entnommen aus Kink/Hess (2008).
[27] WKWI (1994), S. 81.
[28] Vgl. Mertens et al. (2005), S. 4.

tung von Methoden der Informationssystemgestaltung betrifft.[29] Der Schwerpunkt der WI lag bisher deutlich auf der Erfüllung des Gestaltungsziels, was die Wirtschaftsinformatik von ihrem internationalen Pendant, dem „Information Systems Research" deutlich unterscheidet.[30]

Es ist zu betonen, dass der operativ-gestaltende Eingriff in die Praxis nur dann dem Wissenschaftsprogramm zuzurechnen ist, wenn er als Mittel zur Generierung neuer Aussagen dient.[31] Die Entwicklung von IT-Artefakten als wissenschaftliche Tätigkeit von Wirtschaftsinformatikern ist damit vereinbar, wenn nach der Konstruktion das Artefakt einem Evaluationsschritt unterzogen wird. Diese Verfahrensweise entspricht der Erkenntnisstrategie der Konstruktionswissenschaft (engl. „Design Science"). Auch die Konstruktionswissenschaft verfolgt das Ziel Aussagen zu generieren, in diesem Fall zu Mittel-Zielbeziehungen. Erst die Evaluation des Artefakts kann aber die Frage nach der Güte und damit dem Erfolg der Konstruktionsleistung beantworten.[32] Sie ist damit Grundlage für die Generierung sinnhafter, nämlich nützlicher konstruktionswissenschaftlicher Aussagen.

In diesem Zusammenhang sind empirische Beiträge sowohl zur Bildung und Prüfung von Theorien als Basis von Erklärungsbeiträgen als auch zur Artefaktevaluation als Basis von Erklärungs- und Gestaltungsbeiträgen denkbar.[33] Zur Bildung von Theorien wird u. a. eine positivistisch orientierte, empirische Explorationsstrategie verfolgt. Die Theorieprüfung kann anknüpfend und einer Verifikationsstrategie folgend versuchen, in einem möglichst großen Geltungsbereich die Gültigkeit der Theorie zu demonstrieren. Alternativ kann anhand der kritisch rationalistisch orientierten Falsifikationsstrategie versucht

---

[29] Vgl. Becker et al. (2003), S. 11. Die Begriffe des theoretischen und pragmatischen Wissenschaftsziels sind ebenfalls gebräuchlich.
[30] Vgl. Lange (2006), S. 27-28.
[31] Vgl. hierzu ausführlich Wilde (2008), S. 23,61-65.
[32] Vgl. Hevner et al. (2004), S. 85-86, Heinrich et al. (2007), S. 75-77.
[33] Vgl. Wilde (2008), S. 27-35,65-66.

werden, in kleinen Geltungsbereichen Widersprüche zwischen Theorie und beobachtbarer Realität aufzuzeigen. Beide Prüfungsstrategien zielen auf die Gewinnung eines möglichst bewährten Theorieschatzes. Die Artefaktevaluation ist hingegen anders gelagert. Da hier nicht Wahrheit, sondern Nützlichkeit festzustellen ist,[34] zielt die Evaluationsstrategie für typische IT-Artefakte wie Sprachen, Modelle, Methoden und Implementierungen auf die Gewinnung von Güteaussagen, z. B. zu Nutzen oder Akzeptanz des jeweiligen Artefakts.

Damit sind insgesamt vier potenzielle Anwendungsgebiete für experimentelle Forschung in der Wirtschaftsinformatik festzuhalten: die Verifikation und die Falsifikation von Theorien, die Exploration und die Artefaktevaluation.

Methodenpotenzial und Anwendungsbeispiele

Experimentelle Evaluation von Artefakten

Frank stellt übergeordnet die kausale Rückführbarkeit gemessener Effekte (bzw. realisierter Gütekriterien) auf den Artefakteinsatz als zentrale Anforderung einer Evaluationsmethode heraus.[35] Dass dieses methodische Problem bisher nicht hinreichend gelöst sei, zeige der zunehmende Rückgriff auf den „Best Practice"-Status als Gütekriterium eines Artefakts.

Ein Evaluationsdesign kann durch das Evaluationsobjekt, Evaluationsziele, entsprechende Evaluationskriterien und jeweils empirischen Indikatoren oder Metriken beschrieben werden (vgl. auch Abb. 5).[36]

---

[34] Gestaltungsaussagen sind qua definitionem nicht „wahrheitsfähig". Sie sind entweder geeignet um das inhärente Ziel zu erreichen – oder eben nicht.
[35] Vgl. Frank (2000), S. 44. Er relativiert dies jedoch etwas, indem er auf die Schwierigkeiten der kausalen Rückführbarkeit vor dem Hintergrund der Komplexität von Evaluationssituationen verweist.
[36] Vgl. Heinrich/Häntschel (2000), S. 9.

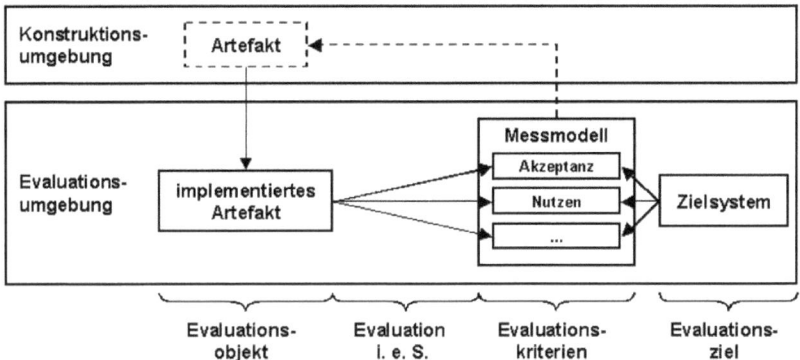

Abbildung 5: Empirische Evaluation von Artefakten (schematisch)[37]

Je nach Artefakttyp ist das Experiment in verschiedenem Ausmaß zur Evaluation geeignet.[38] Sprachen und konzeptionelle Modelle sind bezüglich ihres Anwendungs- und Anwenderbezugs sowie ihrer formalen Konsistenz zu evaluieren. Der Anwendungsbezug umfasst die Eignung, den intendierten Gegenstandsbereich abzubilden, der Anwenderbezug betrifft die „Usability" des Artefakts, also Kriterien wie die Verständlichkeit und Eindeutigkeit von Syntax, Semantik und Notation. Durch ihre Berührpunkte mit dem Gegenstandsbereich und dem Anwender sind sie grundsätzlich empirisch greifbar, während formale Kriterien qua definitionem diesbezüglich nicht relevant sind. Analog der gängigen Usability-Experimente kann auch die „Usability" eines Sprach- oder Modellartefakts beurteilt werden, indem sie von Probanden in Laborsituationen begutachtet oder ausgewertet werden. Die experimentelle Evaluation hinsichtlich Kriterien des Anwendungsbezugs ist für Sprachen und viele Modelle in Feldanordnungen denkbar, wenn Probanden Sprachen oder Modelle anwenden und das Ergebnis dieses Prozesses objektiv bewertbar ist. Als Stimuli könnten Sprach- oder Modellcharakteristika manipuliert werden.

---

[37] Entnommen aus Wilde (2008), S. 91.
[38] Vgl. hierzu ausführlich Wilde (2008), S. 90-104.

Analog zur Differenzierung zwischen Anwendungs- und Anwenderbezug wird hinsichtlich Methoden zwischen deren internen Konsistenz und deren Zweckbezug unterschieden.[39] Da Methoden in der Regel als Modelle abgefasst sind, kann die Evaluation der internen Konsistenz analog zur Modellevaluation durchgeführt werden. Werden im Feld verschiedene Methodenvarianten unter vergleichbaren (kontrollierten) Rahmenbedingungen miteinander verglichen, so handelt es sich dabei um eine experimentelle Evaluation.

Ein weiterer Artefakttyp, der in der Wirtschaftsinformatik häufig anzutreffen ist, sind Implementierungen. Zu Strukturierung der Evaluation von Implementierungen kann das 1992 von DeLone und McLean entwickelte „Model of Information Systems Success" herangezogen werden, das über zehn Jahre hinweg weiterentwickelt und 2003 in einer neuen Version veröffentlicht wurde.[40] Ursächlich für den Erfolg eines IS ist demnach die Informations-, System- und Servicequalität, wobei in der Erfolgsdimension zwischen Nutzungsabsicht, Nutzerzufriedenheit und betrieblichem Erfolgsbeitrag differenziert wird. Durch das fallbezogene herausgreifen relevanter Kriterien lässt sich aus diesem Framework ein empirisch messbares Evaluationsmodell ableiten. Somit können durch Stimuli erstellte Varianten einer Implementierung nicht nur als „Black Box" anhand ihrer Performance evaluiert werden. Stattdessen können, je nach konkretem Gegenstandsbereich in Labor- oder Feldanordnungen, Teilnutzenwerte einzelner Designentscheidungen experimentell herausgearbeitet werden.

Ein Beispiel hierfür ist die Studie zur Akzeptanz vom interaktivem Fernsehen in Deutschland bei . Hier wurde ein Applikationsprototyp für eine interaktive Teleshopping-Applikation entwickelt und Probanden in einer Wohnzimmerumgebung zur fragebogengestützten Evaluation präsentiert. Als Stimulus wurde einem Teil der Proban-

---

[39] Vgl. Greiffenberg (2003), S. 143.
[40] Vgl. DeLone/McLean (2003).

den (der Kontrollgruppe) der Prototyp nicht zugänglich gemacht, um festzustellen, ob das Prototyperlebnis die Einschätzung von interaktivem Fernsehen verbessert, verschlechtert oder nicht beeinflusst. So konnte gezeigt werden, welche Erwartungen verschiedene Probandengruppen an die neue Technologie haben und ob eine mögliche Ausprägung den Erwartungen gerecht wird.

Experimentelle Exploration von Kausalzusammenhängen

„Das Experiment kann nicht nur, wie oft angenommen wird, präzis vorformulierte Erwartung bestätigen oder verwerfen und damit im Grunde genommen nur noch das, was man längst weiß, mit empirische Sicherheit ausstatten; es kann stattdessen – als Erkundungsexperiment – völlig unerwartete Ergebnisse und neue wissenschaftliche Erkenntnisse zu Tage fördern."[41]

Auf diese Weise stellt das Experiment ein Werkzeug zur strukturierten Beobachtung dar, wie es positivistische Forschungsstrategien erfordern. Es kann damit zur Aufdeckung von Kausalzusammenhängen eingesetzt werden und Bausteine für Theoriebildungsprozesse liefern. Erkundungsexperimente in der Wirtschaftsinformatik sind zudem besonders begünstigt, da sich die zentrale Herausforderung – die Abgrenzung des relevanten, zu messenden Realitätsausschnitts – einfacher gestaltet. Da der Untersuchungsgegenstand in der Regel Informations- und Kommunikationssysteme umfasst, können diese zu Datenerhebung oder Umgebungskontrolle genutzt werden. Beispielsweise können E-Commerce Websites leicht für ausgewählte Kunden geringfügige Änderungen an ihrem Shopsystem vornehmen und das Verhalten dieser Testkunden mit dem Restkundenbestand vergleichen. Für Gegenstände außerhalb des Internets besteht ebenso ein Vorteil. Wo ein Soziologe für weitere Aspekte der Umgebungsmessung weitere Fragebögen oder Beobachter benötigt, kann der

---

[41] Schulz (1970), S. 118.

Wirtschaftsinformatiker oft ein weiteres System anbinden und dessen Daten (z. B. Logfiles) auswerten.

Ein Beispiel für ein Erkundungsexperiment in der Wirtschaftsinformatik findet sich bei . Die Autoren untersuchen den Einfluss monetärer Anreize auf Superdistributionssysteme. Unter Superdistribution ist die Distribution digitaler Inhalte nicht nur vom Anbieter zum Nachfrager, sondern auch zwischen Nachfragern zu verstehen (Peer-to-Peer). Der monetäre Anreiz wurde durch Auslobung einer Prämie für den Probanden implementiert, der auf einer prototypisch implementierten Plattform am meisten Musikstücke erfolgreich (das heißt, mit anschließendem Kauf) weiterempfohlen hat. Die Probanden konnten mit PCs und Mobiltelefonen auf die Plattform über den Zeitraum von einer Woche zugreifen. Durch Logfileanalysen und ergänzende Befragungen konnte gezeigt werden, dass sich monetäre Anreize negativ auf das Superdistributionsverhalten auswirken. Ein Grund wird darin gesehen, dass Probanden es als moralisch fragwürdig einstufen, auf diese Weise an ihrem sozialen Umfeld Geld zu verdienen.

Experimentelle Verifikation von Theorien

Diese Variante der Prüfung von Theorien ist den positivistischen Forschungsstrategien zuzuordnen. Sie zielt auf die Bestätigung der Theorie indem sie durch statistische Inferenz möglichst starke empirische Evidenz schafft.[42] So sind zur Verifikation von Theorien bei Erhaltung von interner Validität und Reliabilität alle Mittel zur Erweiterung der externen Validität, also der Generalisierbarkeit auszureizen. Shadish et al. unterscheiden verschiedene Prinzipien auf denen die Generalisierung von Kausalzusammenhängen beruhen kann,[43] die sich im Kern zu drei Punkten verdichten lassen: Auswahl einer zielkonfor-

---

[42] Vgl. Calder et al. (1982), S. 240-241.
[43] Vgl. Shadish et al. (2002), S. 353-354. Sie merken an, dass keines dieser Prinzipien für sich genommen ausreichend oder zwingend erforderlich ist.

men Stichprobe und Theoriebasis, Präzision von Messung und Anordnung und klare Begrenzung des Geltungsbereichs.

Das alleinige Streben nach der Maximierung dieser Faktoren wird gemeinhin als „Rigor-Paradigma" bezeichnet und im Rahmen der „Rigor versus Relevance" Debatte kritisch hinterfragt.[44] Man geht davon aus, dass aufgrund der Eigendynamik gegenwärtiger Wissenschaftssysteme diese Fokussierung auf methodische und theoretische Stringenz zu abnehmender Relevanz von Forschungsarbeiten führt. Als Lösungsansatz wird im anglo-amerikanischen Information Systems Research oft eine weniger strikte Ausrichtung auf empirisch-quantitative Methoden zugunsten von alternativen, beispielsweise interpretativen oder konstruktionsorientierten Vorgehensweisen propagiert, die bei etwas geringerer „rigorness" des Erkenntnisprozesses die Praxisrelevanz der Ergebnisse stärken, aber auch Einschränkungen hinsichtlich der Generalisierbarkeit mit sich bringen.[45]

Dieser Effekt soll an dieser Stelle als Nebeneffekt einer positivistischen Forschungsstrategie behandelt werden, um in der gebotenen Kürze das Potenzial von Experimenten in diesem Bereich zu diskutieren. Aus diesem Verständnis heraus ist die Beurteilung des Potenzials von Experimenten für diesen Kontext über dessen Einfluss auf die externe Validität anhand der genannten Kriterien Stichprobe, Theoriebasis, Messung und Anordnung zulässig. Hinsichtlich der Stichprobe sind Feldexperimente hier grundsätzlich vorzuziehen. Zwar sind auch größere Laborstudien mit strukturähnlichen Stichproben denkbar, doch sind insbesondere im Hinblick auf die Replikation und Simulation der natürlichen Umgebung im Labor der externen Validität klare Grenzen gesetzt. Das Kriterium der Theoriebasis ist der Generalisierbarkeit ebenfalls zuträglich, doch vorwiegend als plausibilisierende Argumentationsstütze. Die Möglichkeiten des Experiments zur Nachbildung dieser Kausalstrukturen wirken

---

[44] Vgl. überblicksartig Nicolai (2004), Hodgkinson et al. (2001).
[45] Vgl. z. B. Hevner et al. (2004).

sich zwar positiv auf die interne Validität aus, die externe Validität bleibt jedoch weitgehend unberührt. Dagegen können Messverfahren aus einer Experimentalanordnung heraus grundsätzlich präzisiert werden, indem die Wirkung von Varianten des Messinstruments in verschiedenen Gruppen verglichen wird (z. B. Split-Ballot-Verfahren). Analog können die Möglichkeiten des Experiments zur Umgebungskontrolle genutzt werden, um irrelevante Einflüsse (z. B. statistisches Rauschen) vom zu generalisierenden Kausalzusammenhang abzugrenzen. Über verschiedene Anordnung, insbesondere mit mehreren Kontrollgruppen, können Störeinflüsse erkannt und zumindest statistisch kontrolliert werden.

Ein typisches Beispiel findet sich bei , die für den Fall von problembehafteten Softwareentwicklungsprojekten untersuchen, ob sich Teile der Risk-Taking Theory eignen, um das Entscheidungsverhalten von Managern bei verschiedenen Graden von Sunk Costs zu erklären. Hierzu testen Sie aus der Theorie gewonnene Hypothesen in einem Laborexperiment, welches als Stimulus den Umfang der Sunk Costs verändert. Design differenziert zur Gruppenbildung zunächst zwischen verschiedenen Nationalitäten (zur statistischen Kontrolle) und spaltet jede dieser Gruppen wiederum in vier Subgruppen auf, in denen je eine Variante des Stimulus getestet wird. Auf diese Weise konnte gezeigt werden, dass Risikoneigung und Risikowahrnehmung als weitere erklärende Faktoren für das Verhalten von Software-Projektmanagern hinsichtlich der Abbruchsentscheidung geeignet sind. Zudem konnte die Vermutung bestätigt werden, dass zumindest durch die verschieden starke Tendenz zur Risikovermeidung zwischen verschiedenen Nationalitäten ein signifikanter Unterschied besteht.

Experimentelle Falsifikation von Theorien

Diese Variante der Prüfung von Theorien geht auf kritisch-rationalistische Forschungsstrategien zurück. Sie zielen auf die Widerlegung einer Theorie, um in einer Art „Theoriendarwinismus" bewährte Theorien im Sinne von vorerst nicht widerlegbaren Theorien zu generieren. Die Verfahrensweise sieht hierzu die Deduktion von Prognosehypothesen vor, falls die zu prüfende theoretische Aussage zu empirischen Prüfung „portioniert" werden muss.

Da Entscheidungsexperimente die sicherste Methode darstellen, Kausalzusammenhänge zu prüfen,[46] sind sie unter diesem Aspekt anderen Methoden vorzuziehen. Ob es sich hierbei um Labor- oder Feldanordnungen handelt, hängt von der Simulierbarkeit bzw. Replizierbarkeit des Hypothesenkontexts ab. Typischerweise wird ein theorieprüfendes Experiment die hypothetische Ursache durch Stimuli auslösen um das Eintreten der Wirkung zu beobachten. Zur Untermauerung wird oftmals die hypothetische Wirkung separat über Stimuli ausgelöst. Reagieren die Ursachenvariablen nicht, so konnte die Richtung des Kausalzusammenhangs ebenfalls demonstriert werden. Interessant ist an dieser Konstellation, dass die charakteristisch niedrige Generalisierbarkeit experimenteller Befunde für den kritischen Rationalismus weitgehend unproblematisch ist, da die Widerlegung einer Theorie bereits mit einer „lokalen Momentaufnahme" möglich ist, während die Verifikation sehr große Geltungsbereiche der empirischen Aussagen erfordert.

Frank beschreibt die Verbreitung des kritischen Rationalismus in der Wirtschaftsinformatik treffend als „well known, however […] hardly been followed"[47], weshalb hier kein entsprechendes Beispiel präsentiert werden kann.

Fazit und Ausblick

Es konnte gezeigt werden, dass Experimente in mehreren für die Wirtschaftsinformatik relevanten Bereichen anwendbar und vor verschiedenen erkenntnistheoretischen Hintergründen geeignet sind. Dies ermöglicht dem Forscher in den diskutierten Bereichen Artefaktevaluation, Exploration, Theorieverifikation und -falsifikation auf

---

[46] Vgl. z. B. Atteslander (2003), S. 184.
[47] Frank (2006), S. 17.

den umfangreichen interdisziplinären Erfahrungsschatz zur experimentellen Forschung zurückzugreifen. Das Experiment verspricht im Allgemeinen eine hohe Präzision und interne Validität der Ergebnisse, was einem beschränkten Generalisierungsgrad gegenübersteht. Vor dem Hintergrund der Methodenprofilbetrachtung aus Abschnitt 2 sind diese Überlegungen als vergleichsweise abstrakte Empfehlung zur experimentellen Forschung zu verstehen – was die Frage aufwirft, wie das Experiment in bestehende Forschungsprozesse einbezogen werden kann.

Wir schlagen vor, dass gerade Anwendungssysteme als ein wichtiges Betrachtungsobjekt der Wirtschaftsinformatik im Verlauf ihres Lebenszyklus aus verschiedenen Perspektiven (fachlicher Fokus, Methodik, erkenntnistheoretische Position) untersucht werden. So wird vermutlich in vielen Fällen zunächst eine informatik- bzw. implementierungsnahe Perspektive eingenommen, die die (technische) Leistungsfähigkeit eines Artefakts für einen bestimmten Anwendungsbereich ermittelt und ggf. Anpassungen vornimmt. Darauf könnte in idealer Weise eine eher organisatorisch-ökonomische Perspektive aufbauen und Fragen der Interaktion zwischen Organisation und Artefakt bearbeiten. Damit ergeben sich theoretisch auch implizite forschungsmethodische Lebenszyklen, die für die verschiedenen Gegenstandsbereiche charakteristisch verschieden ausgeprägt sein müssten.

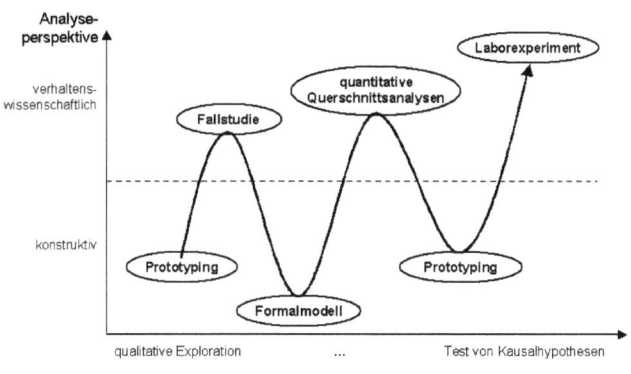

Abbildung 6: Differenzierter Methodeneinsatz im Lebenszyklus

Abbildung 6 deutet als Ausblick und erste Grobidee einen beispielhaften forschungsmethodischen Lebenszyklus an. Er könnte zunächst technologisch – dem technologischen Imperativ der WI folgend – durch Prototyping für den betrieblichen Kontext erschlossen werden. Mit Fallstudien ließen sich anschließend erste Einsatzmöglichkeiten in der Praxis systematisieren, was wiederum die Entwicklung von Formalmodellen erlaubt, die die wesentlichen Wechselwirkungen im relevanten Kontext abbilden. Eine empirische Validierung dieser hypothetischen Zusammenhänge erlaubt die Spezifizierung eines besseren Prototyps, auf dessen Evaluationsergebnis ein Laborexperiment zur exakten Quantifizierung der erwarteten Zusammenhänge aufbauen kann. Überlegungen wie diese könnten einen wichtigen Beitrag zum eingangs angesprochenen methodischen Fundament leisten. Dieses noch exemplarisch und abstrakt dargestellte Zusammenspiel von Wirtschafts-, Sozial- und Ingenieurswissenschaft stellt einen der Eckpfeiler des Selbstverständnisses der Wirtschaftsinformatik dar, weshalb die Arbeit an dessen methodischer Ausdifferenzierung ein wichtiges Forschungsobjekt darstellen könnte.

Literatur

Ahrens, S./Pfister, T./Hess, T./Freese, B. (2008): Critical Assumptions in Superdistribution based Business Models – Empirical Evidence from the User Perspective, in: Proceedings of the 41th Hawaii International Conference on System Sciences (akzeptiert), Hawaii.

Aram, J. D./Salipante, P. F. (2003): Bridging Scholarship in Management: Epistemological Reflections, in: British Journal of Management, 14. Jg., Nr. 3, S. 189-205.

Atteslander, P. (2003): Methoden der empirischen Sozialforschung, 10. Auflage, Berlin u.a.

Becker, J./Holten, R./Knackstedt, R./Niehaves, B. (2003): Forschungsmethodische Positionierung in der Wirtschaftsinformatik - epistemologische, ontologische und linguistische Leitfragen, Arbeitsbericht Nr. 93 des Instituts für Wirtschaftsinformatik der Westfälischen Wilhelms-Universität Münster.

Calder, B. J./Phillips, L. W./Tybout, A. M. (1982): On the Concept of External Validity, in: Journal of Consumer Research, 9. Jg., Nr. 9, S. 240-244.

Campbell, D. T./Stanley, J. C. (1969): Experimental und Quasi-Experimental Designs for Research, 5. Auflage, Chicago.

DeLone, W. H./McLean, E. R. (2003): The DeLone und McLean Model of Information Systems Success: A Ten-Year Update, in: Journal of Management Information Systems, 19. Jg., Nr. 4, S. 9-30.

Ferstl, O. K./Sinz, E. J./Amberg, M. (1996): Stichwörter zum Fachgebiet Wirtschaftsinformatik, Bamberger Beiträge zur Wirtschaftsinformatik, Otto-Friedrich-Universität Bamberg.

Frank, U. (2000): Evaluation von Artefakten in der Wirtschaftsinformatik, in: Häntschel, I./Heinrich, L. J. (Hrsg.): Evaluation und Evaluationsforschung in der Wirtschaftsinformatik, München u.a., S. 35-48.

Frank, U. (2006): Towards a Pluralistic Conception of Research Methods in Information Systems, ICB Research Report No. 7, Universität Duisburg-Essen.

Goeken, M. (2003): Die Wirtschaftsinformatik als anwendungsorientierte Wissenschaft. Symptome, Diagnose und Therapievorschläge, Arbeitsbericht des Instituts für Wirtschaftsinformatik, Phillips-Universität Marburg.

Greiffenberg, S. (2003): Methoden als Theorien der Wirtschaftsinformatik, in: Uhr, W./Esswein, W./Schoop, E. (Hrsg.): Wirtschaftsinformatik 2003 / Band 2 - Proceedings zur 6. internationalen Tagung Wirtschaftsinformatik, Dresden, S. 947-968.

Heinrich, L. J./Häntschel, I. (2000): Evaluation und Evaluationsforschung in der Wirtschaftsinformatik: Handbuch für Praxis, Lehre und Forschung, München u.a.

Heinrich, L. J./Heinzl, A./Roithmayr, F. (2007): Wirtschaftsinformatik - Einführung und Grundlegung, 3. Auflage, München u.a.

Hevner, A. R./March, S. T./Park, J./Ram, S. (2004): Design Science in Information Systems Research, in: MIS Quarterly, 28. Jg., Nr. 1, S. 75-105.

Hodgkinson, G. P./Herriot, P./Anderson, N. (2001): Re-aligning the Stakeholders in Management Research: Lessons from Industrial, Work und Organizational Psychology, in: British Journal of Management, 12. Jg., S. S41-S48.

Keil, M./Tan, B. C. Y./Wei, K.-K./Saarinen, T. (2000): A Cross-Cultural Study on Escalation of Commitment Behavior in Software Projects, in: MIS Quarterly, 24. Jg., Nr. 2, S. 299-325.

Kink, N./Hess, T. (2008): Wirkungsanalyse von Informations- und Kommunikationstechnologien: Positionierung des Forschungsansatzes, Arbeitsbericht Nr. 1/2008 des Instituts für Wirtschaftsinformatik und Neue Medien der Ludwig-Maximilians-Universität München.

Lange, C. (2006): Entwicklung und Stand der Disziplinen Wirtschaftsinformatik und Information Systems, ICB Research Report Nr. 4, Universität Duisburg-Essen.

Mertens, P. (2005): Gefahren für die Wirtschaftsinformatik - Risikoanalyse eines Faches, Arbeitsbericht 1/2005 des Bereichs Wirtschaftsinformatik I, Universität Erlangen-Nürnberg.

Mertens, P./Bodendorf, F./König, W./Picot, A./Schumann, M./Hess, T. (2005): Grundzüge der Wirtschaftsinformatik, 9. Auflage, Berlin u.a.

Nicolai, A. (2004): Der "trade-off" zwischen "rigour" und "relevance" und seine Konsequenzen für die Managementwissenschaften, in: Zeitschrift für Betriebswirtschaft, 74. Jg., Nr. 2, S. 99-118.

Schnell, R./Hill, P. B./Esser, E. (2005): Methoden der empirischen Sozialforschung, 7. Auflage, München u.a.

Schulz, W. (1970): Kausalität und Experiment in den Sozialwissenschaften: Methodologie und Forschungstechnik, Mainz.

Shadish, W. R./Cook, T. D./Campbell, D. T. (2002): Experimental and Quasi-Experimental Designs for Generalized Causal Inference, Boston u.a.

Wilde, T. (2008): Experimentelle Forschung in der Wirtschaftsinformatik (im Druck)

Wilde, T./Hess, T. (2007): Forschungsmethoden der Wirtschaftsfinformatik - Eine empirische Untersuchung, in: Wirtschaftsinformatik, 49. Jg., Nr. 4, S. 280-287.

Wilde, T./Hess, T./Hilbers, K. (2008): Akzeptanzforschung bei nicht marktreifen Technologien: typische methodische Probleme und deren Auswirkungen, in: Proceedings der Multikonferenz Wirtschaftsinformatik 2008, München.

WKWI (1994): Profil der Wirtschaftsinformatik. Ausführungen der Wissenschaftlichen Kommission der Wirtschaftsinformatik., in: Wirtschaftsinformatik, 36. Jg., Nr. 1, S. 80-81.

Karl Kurbel

Internationalisierung der Wirtschaftsinformatik

Weiter auf der Erfolgsspur – oder in die Sackgasse?

Prof. Dr. Karl Kurbel
Europa-Universität Viadrina Frankfurt (Oder)
Lehrstuhl für Wirtschaftsinformatik
Postfach 1786
D-15207 Frankfurt (Oder)
kurbel.BI@uni-ffo.de

Die heutige Stellung der Wirtschaftsinformatik

Die Wirtschaftsinformatik (WI) hat sich in ihrer 40-jährigen Geschichte nicht nur zu einer eigenständigen Disziplin, sondern auch zu einem Erfolgsmodell im Spannungsfeld ihrer Mutterdisziplinen, den Wirtschaftswissenschaften und der Informatik, entwickelt.

In den Wirtschaftswissenschaften war die Wirtschaftsinformatik von Anfang an etabliert. Sie wurde überwiegend als Teil der *Betriebswirtschaftslehre* angesehen, was sich etwa in betriebswirtschaftlichen Studienordnungen dahingehend niederschlug, dass Wirtschaftsinformatik als "Spezielle Betriebswirtschaftslehre" im Hauptstudium gewählt werden konnte.

Von der *Informatik* wurde die Wirtschaftsinformatik in der Anfangszeit eher gering geschätzt, belächelt oder auch bekämpft, jedoch setzte vor etwa 20 Jahren ein Umschwung ein. Insbesondere gelang es der Wirtschaftsinformatik in Deutschland 1989 mit aktiver Unterstützung der Gesellschaft für Informatik, in den Förderkatalog des HSP I ("Hochschulsonderprogramm I") aufgenommen zu werden. Dies führte zu einem massiven Mittelzufluss und leitete den schnellen Aufschwung des Fachs ein. Da auch die Informatik allmählich die Notwendigkeit stärkerer Anwendungsorientierung erkannte, stieg die Wertschätzung der Wirtschaftsinformatik durch die Informatik deutlich an.

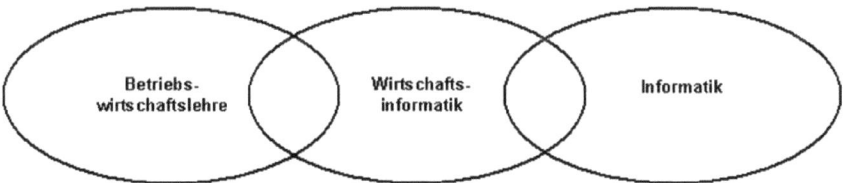

Abb. 1:   Stellung der Wirtschaftsinformatik

Das seit mehreren Jahrzehnten bekannte Drei-Eier-Schema (vgl. Abbildung 1) bringt den interdisziplinären Ansatz der Wirtschaftsinformatik kompakt zum Ausdruck [Kurbel 1988, S. 4]. In dem Venn-Diagramm gibt es durchaus Überschneidungen mit den Mutterdisziplinen, aber auch signifikante Bereiche, die originäre Wirtschaftsinformatik-Gegenstände beinhalten.

Die starke Ausdifferenzierung der Wissenschaftsgebiete einerseits und die erreichte Eigenständigkeit der Wirtschaftsinformatik andererseits blieben nicht ohne Konsequenzen für ihre Stellung und ihr Selbstverständnis.

Institutionell verzeichnet die Wirtschaftsinformatik dort ihre größten Erfolge, wo sie als Schwerpunkt eingerichtet ist, etwa in Form eines Instituts mit mehreren WI-Lehrstühlen, in Form eines eigenen Fachbereichs und vor allem in Form eines eigenständigen Studiengangs. Dies kommt z.B. darin zum Ausdruck, dass Wirtschaftsinformatik-Studiengänge stark nachgefragt werden und häufig besser ausgelastet sind als Informatik-Studiengänge.

Während die Wertschätzung der Wirtschaftsinformatik in der Informatik gestiegen ist, scheint sie in der Betriebswirtschaftslehre tendenziell zurückzugehen. Dies zeigt sich z.B. in neuen Studienordnungen, in denen das Fach Wirtschaftsinformatik zurückgedrängt wird, und punktuell sogar in der Umwidmung von Wirtschaftsinformatik-Lehrstühlen.

Auch die Zahlen der Studierenden, die im Rahmen eines betriebswirtschaftlichen Studiums "freiwillig" Wirtschaftsinformatik-Veranstaltungen wählen, sinken – und dies um so stärker, je näher an der Informatik sich die Studieninhalte bewegen. Studierende, denen die Nachrichtenmedien tagtäglich die Faszination eines Börsen- und Analystenlebens vor Augen führen, scheinen geringes Interesse zu verspüren, sich mit der Technologie zu beschäftigen, auf denen dieses Leben basiert.

Mit ihrem Wachstum hat sich auch die Wirtschaftsinformatik ausdifferenziert. Es gibt verschiedene Strömungen, sowohl was die Untersuchungsgegenstände als auch was die Untersuchungsmethoden angelangt. Als gereiftes und gefestigtes Fachgebiet scheint die Wirtschaftsinformatik nun in einem Stadium angelangt zu sein, in dem sie sich mit sich selbst und ihrer Position im Wissenschaftsgefüge beschäftigen kann.

Ein kurzer Rückblick

Die Wirtschaftsinformatik hat sich regional, in Mitteleuropa, entwickelt. Vermutlich ist es auf die speziellen Gegebenheiten im deutschsprachigen Raum vor drei oder vier Jahrzehnten zurückzuführen, dass die Entwicklung derart erfolgreich verlief. Drei Einflussfaktoren können hervorgehoben werden:

1. Die Informatik wurde im deutschsprachigen Raum in den sechziger und siebziger Jahren überwiegend von Fachvertretern aufgebaut, die das Fach mathematik- und grundlagenorientiert gestalteten. Dies wurde ihnen häufig als Theorielastigkeit vorgeworfen. Anders als in den USA und anderen Ländern, in denen die Informatik (Computer Science) von Anfang an zumindest in Teilen durchaus anwendungsorientiert war, entstand eine Lücke zwischen den Grundlagen – Theorien, Modelle, Methoden, Werkzeuge – und ihrer Anwendung auf praktische Probleme.

2. Es bestand dringender Bedarf, die Lücke zu füllen. Hierzulande entstanden die "Bindestrich"-Informatiken: Betriebsinformatik, Verwaltungsinformatik, Rechtsinformatik, Medizininformatik, Volkswirtschaftsinformatik u.a. Die mit Abstand erfolgreichste, die Betriebsinformatik, benannte sich später in Wirtschaftsinformatik um.

3. Die Betriebs- bzw. Wirtschaftsinformatik hatte von Anfang an stark konstruktivistische Züge. Die erste Habilitationsschrift in

Wirtschaftsinformatik nahm sich des Problems an, wie die zwischenbetriebliche Kooperation und Integration bei der automatisierten Datenverarbeitung gelöst werden kann [Mertens 1966]. Ein prägendes Merkmal der Wirtschaftsinformatik war stets die starke Einbeziehung von Informatikinhalten (insbes. Praktische Informatik) und das Angehen von konkreten betrieblichen Problemen (z.B. Produktionsplanung, Business Intelligence). In diesem Sinne sucht die Wirtschaftsinformatik nach Problemlösungen und weniger nach Erklärungen, warum die Realität so ist, wie sie ist (d.h., sie arbeitet überwiegend gestaltungsorientiert und weniger erklärungsorientiert).

Globalisierung und andere Einflüsse

Internationale Sichtbarkeit von Forschungsergebnissen ist ein disziplinenübergreifendes Ziel. Im Zuge der fortschreitenden Globalisierung wachsen heute nicht nur Volkswirtschaften, sondern verstärkt auch Scientific Communities enger zusammen. Für die Wirtschaftsinformatik stellt sich somit die Frage, wie sie sich international einordnen und sichtbar machen kann.

Neben dem intrinsischen Wunsch der Forscher nach internationaler Präsenz gibt es auch externe Zwänge, die die Internationalisierung vorantreiben. Anreiz- und Evaluierungssysteme benutzen zunehmend international orientierte Indikatoren. Dazu gehören insbesondere Veröffentlichungen in internationalen Publikationsorganen, deren Renommee einschlägigen Zeitschriften- und Konferenzrankings entnommen wird und die gegenüber den heimischen Organen i.d.R. deutlich höhere Wertschätzung genießen. Diese Rankings und die daraus folgende Bevorzugung internationaler Veröffentlichungen beeinflussen zunehmend das akademische Leben:

In einer steigenden Zahl von Berufungs- und Habilitationsverfahren wird die Veröffentlichungsleistung von Bewerberinnen und Bewerbern anhand eines Punktesystems berechnet, das auf Rankings basiert (z.B. mit Kategorien A, B und C).

Bei Anträgen auf Forschungsförderung werden die Antragsteller (Individuen, Einrichtungen) anhand ihrer internationalen Veröffentlichungen beurteilt.

Bei Akkreditierungsverfahren wird die Reputation einer Fakultät unter anderem anhand der internationalen Veröffentlichungen ihrer Mitglieder gemessen und bewertet.

Forschungsrichtungen: Information Systems als Leitbild?

Den Vertretern der deutschsprachigen Wirtschaftsinformatik, seien sie extrinisch oder intrinsisch motiviert, stellt sich die Frage, in welchen internationalen Publikationsorganen sie veröffentlichen können. Dies ist nur vordergründig die Frage nach der Wahl des geeigneten Organs. Bei genauerer Betrachtung geht es um die Frage, wo sich die Wirtschaftsinformatik im internationalen Forschungsgefüge einordnet.

Viele Jahre lang erschien es als selbstverständlich, dass die angelsächsische Disziplin "Information Systems" (IS) die internationale Schwester der Wirtschaftsinformatik darstellt. So bezeichnen sich etwa zahlreiche Lehrstühle der Wirtschaftsinformatik bei englischsprachigen Auftritten als Chair oder Department of Information Systems. Diese Übersetzung erschien vielen so lange selbstverständlich, wie daraus kein Zwang resultierte, sich inhaltlich mit Information Systems auseinanderzusetzen und sich wie die IS-Fachvertreter zu verhalten.

Information Systems versteht sich überwiegend als Disziplin, in der verhaltenswissenschaftlich geforscht und veröffentlicht wird. Das bevorzugte Forschungsinstrumentarium ist quantitativ-empirisch, mit starkem Gewicht auf Umfragen zu realen Phänomenen und ihrer Erklärung mit Hilfe statistischer Methoden.

Wirtschaftsinformatik ist hingegen überwiegend gestaltungsorientiert, wobei neue Erkenntnisse häufig explorativ gewonnen werden. Dazu wird oft ein Prototyp entwickelt, der zum Nachweis der Machbarkeit der zugrundeliegenden Konzepte dient – ein typischer Ansatz, wie er in den Ingenieurwissenschaften anzutreffen ist. In der Definition des Profils der Wirtschaftsinformatik, auf die sich die Wissenschaftliche Kommission Wirtschaftsinformatik bereits 1993 verständigte, wird dieser Ansatz deutlich hervorgehoben: Die Wirtschaftsinformatik habe eine Gestaltungsaufgabe, und sie sei in diesem Sinne (auch) eine Ingenieurwissenschaft[1].

Dass die Gleichsetzung von Wirtschaftsinformatik mit Information Systems heute von einem großen Teil der deutschsprachigen Wirtschaftsinformatiker in Frage gestellt wird, dürfte zumindest teilweise auf den gegenwärtigen Druck zur inhaltlichen Auseinandersetzung mit Information Systems zurückzuführen sein. Dieser Druck resultiert nicht zuletzt aus den o.g. externen Einflussfaktoren und der Notwendigkeit, in internationalen Organen zu publizieren.

Da es im IS-Bereich eine große Zahl sog. A- und B-Journals gibt, käme also in Betracht, in diesen Organen zu veröffentlichen. Hier zeigt sich aber das Dilemma der Wirtschaftsinformatik: Zwischen Wirtschaftsinformatik und Information Systems bestehen entscheidende Unterschiede – sowohl in den Forschungsgegenständen als auch insbesondere in den Forschungsmethoden.

Dies gilt gleichermaßen für die IS-Zeitschriften und -Proceedings, deren Gutachter eingereichte Beiträge meist entsprechend dem verhaltenswissenschaftlichen Forschungsstil beurteilen. Für die Mehrzahl der Wirtschaftsinformatiker bedeutet dies, dass sie entweder

---

[1] "Die Wirtschaftsinformatik ist weiterhin eine Ingenieurwissenschaft, da insbesondere die Gestaltung von IKS eine Konstruktionssystematik verlangt. ... Die Gestaltung verlangt nach der ingenieurwissenschaftlichen Erstellung von Gestaltungshilfsmitteln (Methoden, Werkzeuge, Anwendungsprototypen) für den "Gestalter" in Wirtschaft und Verwaltung." [WKWI 1994, S. 81]

ihren Forschungsstil anpassen müssen oder auf Einreichungen verzichten. Die Untersuchungen von Wilde und Hess (vgl. Abbildung 2) deuten darauf hin, dass die Mehrzahl der Wirtschaftsinformatiker nicht den ersteren Weg einschlagen, da sie überwiegend konstruktionsorientiert arbeiten. Wenn man ohnehin davon auszugehen hat, dass gestaltungsorientierte Beiträge von den IS-Organen abgelehnt werden, zieht man diese für eine Veröffentlichung erst gar nicht Betracht.

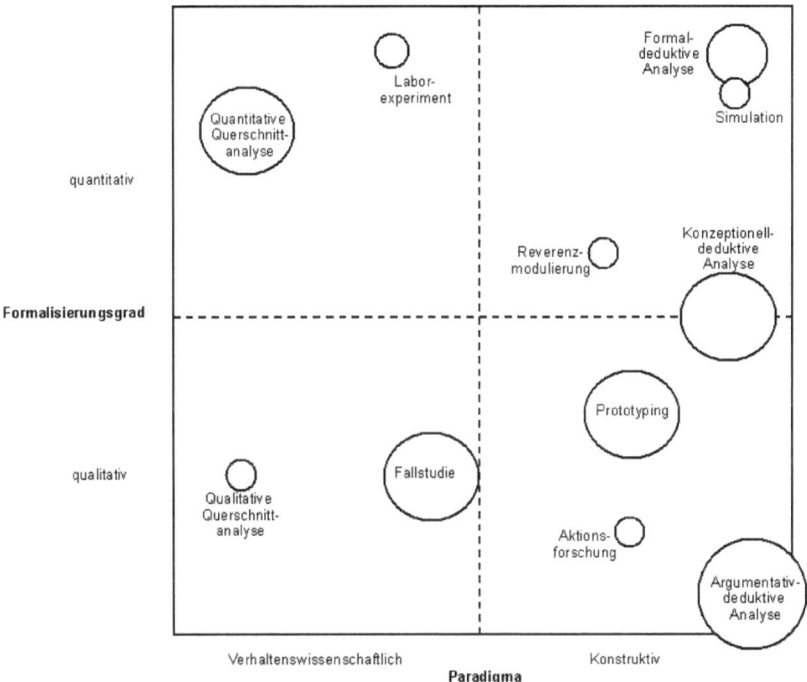

Abb. 2: Forschungsmethoden in der Wirtschaftsinformatik
[Wilde, Hess 2007, S.284]

Forschungsrichtungen: Eine Alternative und zwei Antworten

Für die Weiterentwicklung der Wirtschaftsinformatik eröffnet die Enthaltsamkeit in Sachen IS-Publikationsorgane die Chance, den Gang in die Sackgasse Information Systems zu vermeiden.

Dem Erfolg und der Reputation, die die Wirtschaftsinformatik im deutschsprachigen Raum genießt, kommt die angelsächsische Disziplin Information Systems in ihrer Heimat nicht nahe. Viele IS-Fachvertreter klagen darüber, dass an ihren Schools oder Colleges die IS-Abteilungen zurückgefahren oder sogar geschlossen und die Mittel gekürzt werden. Die Position der Information Systems-Disziplin in den Management- und Business-Departments ist schwach, und die Wertschätzung durch die Informatik (Computer Science) ist so gering wie eh und je. Der Einbruch der Studentenzahlen, der die Informatik traf, schlug in Nordamerika auch auf die IS-Programme durch, während hierzulande die Wirtschaftsinformatik praktisch keine Auswirkungen verspürte.

Wenn Information Systems nicht als internationales Leitbild für die Wirtschaftsinformatik taugt, wo könnte dann ein solches zu finden sein? Die konstruktivistische Seite der Wirtschaftsinformatik findet sich wohl am ehesten in den Ingenieurwissenschaften wieder; allerdings dürften sich die wenigsten Wirtschaftsinformatiker unmittelbar als Ingenieure verstehen.

Die Frage "Braucht die Wirtschaftsinformatik ein internationales Vorbild?" hat eine einfache Antwort: Eigentlich nicht! Ihren Erfolg kann die Wirtschaftsinformatik, wie eingangs dargelegt, darauf zurückführen, dass sie eine bestimmte Ausrichtung und Gestalt hat, die in einer bestimmten historischen Situation entstanden sind. Warum sollte sie ihre "Unique Selling Proposition" ohne Not aufgeben?

Davon losgelöst besteht jedoch weiterhin das Problem der internationalen Sichtbarkeit und des Publizierens. Wenn die Organe der Information Systems-Disziplin ausscheiden, wo kann man dann als Wirtschaftsinformatiker Forschungsergebnisse international publizieren? Zwei Antworten liegen nahe:

1. Die deutschsprachige Wirtschaftsinformatik erfindet ihre eigenen internationalen Publikationsorgane. Dieser Weg wird von einigen Verlagen und Herausgebern beschritten. Beispiele sind die von Jörg Becker herausgegebene Zeitschrift "Information Systems and e-Business Management" und eine aus der Zeitschrift "Wirtschaftsinformatik" ausgegründete englischsprachige Fassung der Zeitschrift. Ob dieser Weg in der Zukunft zielführend sein wird, steht dahin.

2. Es gibt international durchaus seriöse und hoch bewertete Publikationsorgane, die dem konstruktivistischen Wirtschaftsinformatik-Ansatz deutlich näher stehen als die IS-Organe. Dies sind i.d.R. informatiknähere Organe – so etwa verschiedene von ACM (Association for Computing Machinery) und IEEE (Institute of Electrical and Electronics Engineers) herausgegebene Zeitschriften. Typische und qualitativ hochstehende Wirtschaftsinformatik-Beiträge findet man z.B. häufig in IEEE Software, in den Communications of the ACM und in den zahlreichen "Transactions"-Zeitschriftenreihen dieser Institutionen.

Schlussfolgerung

Es besteht kein Mangel an geeigneten internationalen Publikationsorganen für Wirtschaftsinformatik-Aufsätze. Woran es eher fehlt, sind Beiträge in entsprechender Zahl und Qualität, die bei wirtschaftsinformatiknahen Zeitschriften und Konferenzen eingereicht werden. Die internationale Sichtbarkeit der Wirtschaftsinformatik muss verbessert werden, sei es aufgrund intrinsischen Drangs der Forscher oder auch nur aufgrund der externen Zwänge. Hierin sind sich wahrscheinlich die Vertreter aller Strömungen in der Wirtschaftsinformatik einig.

Die sich der Information Systems-Diszplin näher fühlenden verhaltenswissenschaftlich arbeitenden Forscher mögen dies ebenso als Aufforderung verstehen wie die Mehrzahl der Wirtschaftsinformatiker, die bisher und auch zukünftig konstruktionsorientiert arbeiten. Statt sich nur im heimischen Erfolg zu sonnen, könnte es durchaus ein Ansporn sein, das Erfolgsmodell einer gestaltungsorientierten Wirtschaftsinformatik weltweit zu exportieren. In einer globalisierten Welt lässt sich dieses Ziel aber nur erreichen, wenn die Wirtschaftsinformatik ihre Ergebnisse auch global präsentiert.

Literatur

[Kurbel 1988] Kurbel, K.: Was ist Wirtschaftsinformatik? in: Heinrich, L., Kurbel, K. (Hrsg.), Studien- und Forschungsführer Wirtschaftsinformatik; Berlin, Heidelberg 1988, S. 3-9.

[Mertens 1966] Mertens, P.: Die zwischenbetriebliche Kooperation und Integration bei der automatisierten Datenverarbeitung; Schriften zur wirtschaftswissenschaftlichen Forschung, Band 18; Meisenheim am Glan 1966.

[WKWI 1994] Wissenschaftliche Kommission Wirtschaftsinformatik: Profil der Wirtschaftsinformatik; Wirtschaftsinformatik 36 (1994) 1, S. 80-81.

[Wilde, Hess 2007] Wilde, T., Hess, T.: Forschungsmethoden der Wirtschaftsinformatik – Eine empirische Untersuchung; Wirtschaftsinformatik 49 (2007) 4, S. 280-287.

Thomas Myrach

Perspektiven auf die Wirtschaftsinformatik

Eine Disziplin im Spannungsfeld von Mensch und Maschine

Prof. Dr. Thomas Myrach
Universität Bern
IWI Abteilung Information Management
Engehaldestrasse 8
CH-3012 Bern
thomas.myrach@iwi.unibe.ch

Einleitung

Eines der bestimmenden Merkmale der Wirtschaftsinformatik ist weitgehend unbestritten die Interdisziplinarität. Dies drückt sich allein schon durch die Wortverbindung der Begriffe Wirtschaft und Informatik aus. Allerdings drängt sich die Vermutung auf, dass die Wirtschaftsinformatik sowohl im Spannungsfeld der wissenschaftlichen Disziplinen als auch in der betrieblichen Praxis vor allem unter dem Aspekt der Informatik wahrgenommen wird. Mit der Informatik teilt die Wirtschaftsinformatik die Beschäftigung mit Artefakten der Informationstechnologie (IT) und findet damit einen quasi natürlichen Anknüpfungspunkt.

Aus der Perspektive der Betriebswirtschaftslehre dürfte das Verhältnis zur Wirtschaftsinformatik vor allem unter dem Aspekt einer gewissen Entfremdung gesehen werden. Diese ist über die Jahre nicht geringer geworden, sondern hat vielleicht sogar zugenommen. Die von August-Wilhelm Scheer in den 80'er Jahren des letzten Jahrhunderts postulierte Herausbildung einer EDV-orientierten Betriebswirtschaftslehre (Scheer 1985), d.h. das Eindringen von DV-technischen Fragestellungen in den Fächerkanon der allgemeinen und speziellen Betriebswirtschaftslehre(n), hat zwischenzeitlich kaum stattgefunden. Die Beschäftigung mit dem Einfluss von Informations- und Kommunikationstechnologien (IKT) in Betrieben ist nach wie vor ein fast alleiniges Spezifikum der Wirtschaftsinformatik geblieben.

Das Interesse an IT-Artefakten und ihrer Nutzung im betriebswirtschaftlichen Kontext ist vielfach sowohl bei Dozierenden als auch Studierenden der Betriebswirtschaftslehre verhalten und teilweise sogar durch offene Ablehnung bestimmt. Dabei scheint die Wahrnehmung der Wirtschaftsinformatik durch eine Mischung von Unwissenheit und Stereotypen geprägt zu sein. Diffuse Ängste von Betriebswirtschaftsstudenten äußern sich etwa in der Frage vor der

Wahl einer (fakultativen) Lehrveranstaltung der Wirtschaftsinformatik, ob man dabei etwa programmieren müsse, oder in der abwehrenden Reaktion auf die Werbung für eine Spezialisierung in Wirtschaftsinformatik, dass man ja eigentlich lieber etwas mit Menschen machen wolle.

Nimmt man diese Beobachtungen als Ausdruck eines allgemeinen Empfindens, so leitet sich daraus die Vermutung ab, dass die Wirtschaftsinformatik in der Außendarstellung ein Problem hat. Dies dürfte nicht zuletzt gegenüber der Betriebswirtschaftslehre bestehen, was in mehrfacher Hinsicht als misslich zu werten ist. Zum einen ist die Betriebswirtschaftlehre historisch gesehen die eigentliche Mutterdisziplin der Wirtschaftsinformatik. Dies manifestiert sich darin, dass die deutliche Mehrheit der Wissenschaftler, die dieses Fach vertreten, einen ausgeprägten betriebswirtschaftlichen Hintergrund hat. Zum anderen ist die Wirtschaftsinformatik bezüglich der institutionellen Verankerung an den Hochschulen in vielen Fällen den Fachbereichen der Betriebswirtschaftslehre angegliedert oder zumindest mit ihr zusammen in einer gemeinsamen Fakultät organisiert.

Die Wirtschaftsinformatik ist herausgefordert, sich nicht für sich selbst zu erklären, sondern ihre Anliegen und Methoden auch aus den jeweiligen Perspektiven der mit ihr verbundenen Disziplinen angemessen und für jene nachvollziehbar darzustellen. Dies gilt angesichts der geschilderten Problemlage in besonderem Maße für die Betriebswirtschaftslehre. Wenn die Wirtschaftsinformatik für sich das Herausbilden von Kompetenzen in Anspruch nimmt, mit denen sie bzw. ihre Vertreter eine Brückenfunktion zwischen der Betriebswirtschaft und der Informatik einnehmen können, so steht dies mit einer Entfremdung von der Betriebswirtschaftslehre in Wissenschaft und Praxis im offensichtlichen Widerspruch.

Informationssysteme als Gegenstand der Wirtschaftsinformatik

Betriebliche Informationssysteme werden von der Wirtschaftsinformatik üblicherweise ins Zentrum gerückt. Sie sind jedoch keineswegs eindeutig zu definieren und einfach abzugrenzen, wie nachfolgend gezeigt werden soll.

Definition Informationssystem

Der Gegenstandsbereich der Wirtschaftsinformatik ist praktisch unbestritten und lässt sich in ähnlicher Form in verschiedenen einschlägigen Lehrbüchern nachlesen. Er ist einerseits gekennzeichnet durch ein Erkenntnisobjekt, nämlich Informationssysteme, und andererseits durch einen Anwendungsbereich, nämlich Wirtschaft und Verwaltung. Einige relativ geringfügige Unterschiede betreffen zum einen die Präzisierung des Erkenntnisobjektes: statt Informationssysteme erscheinen etwa Informations- und Kommunikationssysteme (IKS) oder Anwendungssysteme (AS) als alternative Begriffe. Zum anderen sind Unterschiede daran festzumachen, ob explizit auf die Gestaltungsaufgabe oder die Erklärungsaufgabe bezüglich des Gegenstandsbereiches hingewiesen wird.

Wiewohl also die Definition des Gegenstandsbereichs der Wirtschaftsinformatik relativ unstrittig und damit unproblematisch zu sein scheint, ist sie relativ generell gehalten und gibt für sich allein noch kaum Hinweise auf die Anliegen und Vorgehensweisen der Wirtschaftsinformatik. Dazu trägt der Umstand bei, dass der Begriff Informationssystem erklärungsbedürftig ist und im praktischen Gebrauch unscharf und mit unterschiedlichen Präzisierungen verwendet wird. In einem generischen Verständnis können Informationssysteme zum einen über den Zweckbezug und zum anderen über den Objektbezug definiert werden.

Vom Zweckbezug her lässt sich ein Informationssystem als ein System definieren, das Aufgabenträger mit für sie relevanten Informationen versorgt. Informationssysteme werden also primär über ihre Ausbringung definiert. Diese Sichtweise ist aus einer ökonomischen Perspektive überaus interessant. Informationssysteme sind kein Selbstzweck, sondern sollen betriebswirtschaftliches Handeln verbessern. Ihr Nutzen misst sich darin, inwieweit Aufgabenträger mittels der gelieferten Informationen zu besserem Handeln befähigt werden, als dies ohne die Informationen der Fall wäre. Als Adressaten der Information werden implizit vor allem Menschen unterstellt.

Vom Objektbezug her lässt sich ein Informationssystem als ein System definieren, durch das Informationen manipuliert werden. In diesem Sinne wäre mit größerer begrifflicher Präzision von einem Informations- bzw. Datenverarbeitungssystem zu reden. Ausgehend von dieser Definition ist klar, dass jede Computer-Anwendung im Kern ein Informationssystem darstellt, da in ihr letztlich immer Daten verarbeitet werden. Allerdings können auch Menschen oder Gruppen von Menschen die Rolle eines Informationssystems einnehmen.

Abgrenzung Informationssystem und Informationstechnologie

Informationstechnologien sind für sich genommen keine Informationssysteme, sondern lediglich technische Mittel, um Informationssysteme aufzubauen. Jedoch können Informationssysteme ohne weiteres auch ganz ohne Nutzung von Informationstechnologien funktionieren (Piccoli 2008, S. 23 f). Derartige Informationssysteme bestehen aus menschlichen Handlungsträgern, papiergebundenen Datenträgern sowie manuellen Prozessen. Die obige Generaldefinition, wonach sich die Wirtschaftsinformatik mit Informationssystemen in Wirtschaft und Verwaltung befasst, würde prinzipiell auch rein manuell aufgebaute Informationssysteme einbeziehen. Obwohl ein solcher gener-i scher Ansatz ohne weiteres denkbar wäre, entspricht er doch nicht dem typischen Verständnis der Wirtschaftsinformatik in Theorie und Praxis.

Allgemein dürfte unstrittig sein, dass die Wirtschaftsinformatik die Beschäftigung mit der Verwendung von Informationstechnologien, insbesondere Computern, als konstituierendes Merkmal von Informationssystemen für ein zentrales Anliegen hält. Die von der Wirtschaftsinformatik betrachteten Informationssysteme beinhalten also auf jeden Fall technische Komponenten. Sie werden jedoch in der Regel nicht ausschließlich aus diesen gebildet, sondern beziehen auch menschliche Akteure ein, die als Benutzer von Maschinen mit diesen interagieren, aber auch mittelbar über diese Maschinen und unmittelbar mit anderen menschlichen Akteuren zusammenwirken. Der Gegenstand der Wirtschaftsinformatik geht damit über die technischen Artefakte hinaus und bezieht Menschen und ihre organisatorische Einbettung in die Betrachtungen ausdrücklich ein. In diesem Sinne werden Informationssysteme in der Wirtschaftsinformatik auch als sozio-technische Systeme definiert (Piccoli 2008, S. 24). Dies bedeutet, dass die betrachteten Informationssysteme sowohl technische Komponenten wie auch menschliche Akteure umfassen und dass diese technischen und menschlichen Elemente arbeitsteilig zusammenwirken.

Angesichts des Einbezugs von Menschen im Rahmen eines soziotechnischen Begriffsverständnisses stellt sich die Frage, unter welchen Umständen und inwieweit Menschen in ihrer jeweiligen Rolle als Teil des Informationssystems anzusehen sind. Am ehesten wird dies für die Rolle von Menschen als Informationsgeber und Informationsmittler gelten. Diese Frage ist jedoch nicht immer eindeutig zu beantworten und hängt auch von der gewählten Betrachtungsebene ab.

Die Abgrenzungsproblematik im Zusammenhang mit Informationssystemen soll anhand eines Beispiels illustriert werden: Ein nützliches Hilfsmittel im Zusammenhang der Nutzung von Telefondiensten besteht darin, Auskünfte über alle am Telefonnetz angeschlossenen Personen mit ihren Telefonnummern zu geben. Dadurch werden Informationsnachfrager in die Lage versetzt, auch Personen anzurufen, deren Nummern ihnen zuvor unbekannt gewesen sind. Hierbei handelt es sich um ein Informationssystem im generischen Sinne. Dieses kann verschiedenartig realisiert werden.

Ein herkömmliches Instrument für derartige Auskünfte sind auf Papier gedruckte Telefonbücher. Diese konstituieren für sich eine rein schriftlich niedergelegte Informationssammlung, die sich der Informationssuchende über eigene Aktivitäten erschließen muss. Typischerweise werden solche Suchaktivitäten über eine geeignete Organisation der Inhalte erleichtert, wie etwa eine alphabetische Sortierung in einem Telefonbuch. Ausgehend von dieser Anordnung muss sich der Suchende selbst eine mehr oder weniger strukturierte Suchstrategie überlegen und durch Hin- und Herblättern der Seiten den gewünschten Eintrag finden.

Als Alternative zu Telefonbüchern kommt als Auskunftssystem ein elektronisches Telefonverzeichnis in Betracht, welches sich mit Hilfe von Informationstechnologien realisieren lässt. In einem elektronischen Telefonverzeichnis übernimmt die Maschine einen Teil der Suchaktivitäten beim Auffinden der gewünschten Einträge; dafür muss sich der Suchende der Suchbegriffe entäußern und diese sachgerecht in die Maschine eingeben. Das technische Informationssystem besteht aus einer Datenbasis und Funktionalitäten zur Vermittlung zwischen Benutzern und den digitalen Inhalten.

Eine weitere Alternative besteht darin, die Telefonauskunft anzurufen. Die Kontaktperson vermittelt bei der Suche nach der gewünschten Information. Dies geschieht typischerweise unter Zuhilfenahme eines elektronischen Telefonverzeichnisses oder von Telefonbüchern. Die Auskunft gebende Person hat kein eigenes Informationsbedürfnis sondern ist praktisch ein Informationsmittler. Sie präsentiert sich der Auskunft suchenden Person gegenüber quasi als Teil des Informationssystems. Damit konstituiert sich ein sozio-technisches System, welches menschliche und technische Komponenten umfasst.

Abgrenzung Informationssystem und Handlungssystem

In betrieblichen Organisationen finden zielgerichtete Handlungen statt, die auf eine systematische Erbringung von Leistungen gerichtet sind. In diesem Sinne kann eine Organisation als ein Handlungssystem (*work system*) angesehen werden (Alter 2002, S. 45 ff). In diesem werden bestimmte Objekte durch bestimmte Verrichtungen manipuliert, die durch bestimmte Akteure ausgeführt werden. Ein Informationssystem ist ein spezielles Handlungssystem, in dem die zu manipulierenden Objekte Informationen sind.

Ein Mensch kann als eine Einheit von Informationssystem und Handlungssystem angesehen werden. Er nimmt durch seine Sinne Informationen über die Umwelt auf und kann diese so bei seinen Handlungen berücksichtigen. Durch externe Informationssysteme hat ein Mensch die Möglichkeit, auf anderem Wege als über die eigenen Sinne an Informationen zu gelangen. Ein zentrales Instrument dafür ist die Verbalisierung von Aussagen über gesprochene oder verschriftete Sprache. Ein Mensch kann sich dann direkt oder indirekt durch andere Menschen informieren. Dadurch zerfällt die Einheit von Informations- und Handlungssystem.

Informationssysteme sind typischerweise ein Teil des betrieblichen Handlungssystems. Sie sind in dieses eingebettet und unterstützen es. Gemäß dem zweckorientierten Verständnis werden durch das Informationssystem Informationen generiert, die Handlungen unterstützen sollen. In diesem Sinne wäre ein Informationssystem als unterstützendes Element idealtypisch dem „eigentlichen" Handlungssystem vorgelagert. Eine derartig einfache Abgrenzung ist jedoch vielfach nicht möglich. Informationsbezogene und nicht informationsbezogene Tätigkeiten sind vielfältig miteinander verwoben und bedingen sich wechselseitig. Zudem können auch informationsbezogene Handlungen direkte realwirtschaftliche Auswirkungen haben, die über die reine Informationsfunktion hinausgeht.

Diese Abgrenzungsproblematik möge man sich am Beispiel eines Billett-Automaten verdeutlichen, an dem Fahrscheine für einen Bus oder einen Zug gelöst werden können. Faktisch wird ein (Papier-)Dokument mit einigen Daten ausgestellt. Jedoch ist dieses Dokument ein Beleg für einen rechtlich gültigen Beförderungsvertrag und damit integraler Bestandteil des Leistungsprozesses des Transportunternehmens. Der Beleg ist sehr wichtig, denn er dient etwaigen Kontrolleuren als Information, ob eine bestimmte Beförderungsleistung rechtmäßig in Anspruch genommen wird. Sollte diese Information nicht vorliegen, so hat dies für den Fahrgast negative Konsequenzen. In diesem Sinne kann der Billett-Automat als Element sowohl eines Informationssystems als auch des Leistungssystems angesehen werden.

Perspektiven der Wirtschaftsinformatik

Nachfolgend sollen gedankliche Ansatzpunkte der Wirtschaftsinformatik als verschiedene Perspektiven systematisiert werden. Leitgebend ist dabei das Spannungsfeld zwischen einerseits betriebswirtschaftlichen Handlungen und andererseits Menschen und Maschinen als Handlungsträgern.

Substitutionsperspektive

Der bekannte Wirtschaftsinformatiker Peter Mertens hat als leitgebendes und langfristiges Ziel der Wirtschaftsinformatik die sinnhafte Vollautomation eines Betriebes bezeichnet (Mertens 1995, S. 48 f). Dabei wird Sinnhaftigkeit anhand ökonomischer Kriterien beurteilt:

Eine Aufgabe ist dann von einem Menschen auf ein Anwendungssystem zu übertragen, wenn die Maschine diese unter betriebswirtschaftlichen Maßstäben wie Kosten oder Qualität besser erledigen kann.

Mit der Formulierung dieser Leitidee führt Mertens die Wirtschaftsinformatik zumindest implizit als eine Automatisierungslehre ein. Die Vollautomatisierung kennzeichnet einen theoretischen, anzustrebenden Endzustand. Um diesen zu erreichen, muss die Wirtschaftsinformatik ihre Erkenntnis- und Gestaltungstätigkeit darauf richten, die Möglichkeiten (und auch Grenzen) der Automatisierung betrieblichen Handelns (bei gegebener Technologie) zu erforschen. Zentral ist dabei die Konzeption neuer IT-Artefakte, insbesondere Anwendungssysteme, mit denen ein höherer Automatisierungsgrad innerhalb eines Betriebes erreicht werden kann. Dieses Anliegen führt tendenziell dazu, dass menschliche Tätigkeiten durch maschinelle Tätigkeiten ersetzt werden. Deshalb lässt sich hierbei auch von einer Substitutionsperspektive der Wirtschaftsinformatik reden.

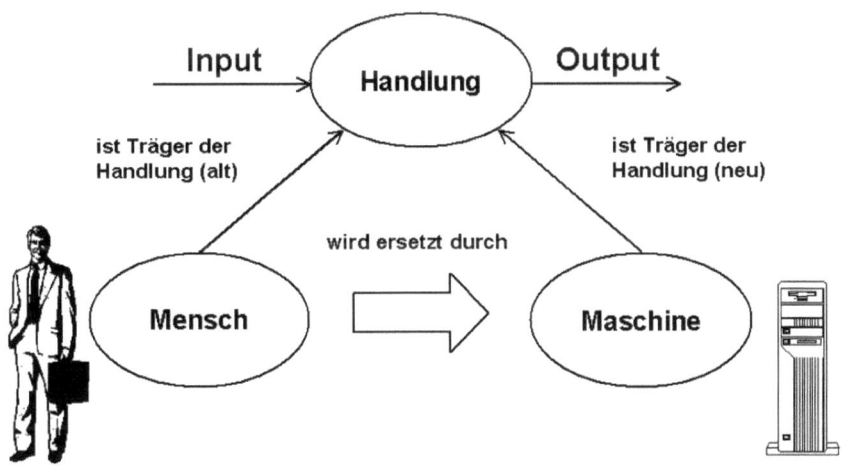

Abbildung 1.: Substitutionsperspektive der Wirtschaftsinformatik

Die Stoßrichtung der Substitutionsperspektive kommt einem konstruktionsorientierten Verständnis der Wirtschaftsinformatik entgegen. Von zentraler Bedeutung ist die maschinelle Umsetzung von betrieblichen Prozessen und Methoden mit den dabei entstehenden gestalterischen Herausforderungen. Wegen der Randbedingung, dass eine ökonomisch sinnvolle Automatisierung im Betrieb vorangetrieben werden soll, ist neben der technischen Machbarkeit unbedingt auch die sozio-ökonomischen Wünschbarkeit zu betrachten.

Die Mechanisierung und Automatisierung industrieller Produktionsprozesse ist ein wesentliches Kennzeichen der wirtschaftlichen Entwicklung im Industriezeitalter gewesen. Sie lässt sich vom Einsatz von Maschinen mit eigenem Antrieb bis hin zur Durchführung der erforderlichen Verrichtungen durch eigenbewegte und selbstgesteuerte Roboterarme nachzeichnen. Ihren vorläufigen Höhepunkt findet diese Entwicklung in weitgehend menschenleeren Fabriken, etwa bei der Herstellung von Automobilen. Die klassische Automatisierung von Produktionsprozessen durch Maschinen im Zuge der Industrialisierung wird auch als *blue collar automation* bezeichnet, da hierbei die menschliche Arbeit von Arbeitern im sprichwörtlichen „Blaumann" durch maschinelle Arbeit ersetzt wird. Dabei steht die Manipulation physischer Güter im Vordergrund.

Ein anderes Feld der Automatisierung richtet sich auf betriebswirtschaftliche Prozesse der Administration und Führung. Mit Referenz auf die stereotypische Bekleidung der Angestellten und Kader in diesem Bereich wird dabei auch von *white collar automation* gesprochen. Bei dieser Automatisierung kommt der Manipulation von Informationen eine zentrale Bedeutung zu. Während die Erscheinungsformen von Automatisierung bei physischen Verrichtungen vielfach anschaulich vorstellbar sind, ist im Zusammenhang mit der Manipulation von Informationen im Zuge von Bürotätigkeiten und Führungsaufgaben oftmals weniger einfach nachzuvollziehen, worin sich die Automatisierung eigentlich konkret äußert.

Gelegentlich könnte man den Eindruck gewinnen, dass das Merkmal Automatisierung allein durch die Nutzung einer Computer-Anwendung begründet ist. Im Zusammenhang mit der Unterstützung von Bürotätigkeiten durch Computer-Anwendungen wird zumindest vereinzelt von Büroautomatisierung gesprochen (Stahlknecht/Hasenkamp 2002, S. 414 f). Darunter fallen als wesentliche Vertreter Werkzeuge der individuellen Arbeitsunterstützung wie Textverarbeitungssysteme, Tabellenkalkulationssysteme und Präsentationssysteme. Mit Fug und Recht darf gefragt werden, inwiefern durch den Einsatz derartiger Systeme eine Automatisierung der Bürotätigkeit erfolgt.

Durch ein Textverarbeitungssystem beispielsweise wird ein Text für sich keineswegs automatisch geschrieben, sondern muss vom Autoren/Benutzer selbst formuliert und beim gegenwärtigen Stand der Technik auch noch händisch über eine Schreibmaschinen-Tastatur eingegeben werden. Deshalb erscheint es nicht ganz passend, von einer automatisierten Textverarbeitung zu sprechen (Hansen/Neumann 2005, S. 344). Im Prozess der Texterstellung lassen sich gewisse Elemente der Automatisierung ausmachen, etwa eine automatische Trennfunktion, eine automatische Rechtschreibprüfung oder gar Rechtschreibkorrektur. Alle diese Funktionen sind unter Umständen nützlich, gelegentlich gemeingefährlich, in keinem Fall jedoch von zentraler Bedeutung für den Erfolg der computerbasierten Textverarbeitung, welche die klassische Schreibmaschine praktisch ins Museum verwiesen hat. Dieser Erfolg dürfte vor allem auf der Möglichkeit zur Digitalisierung von Texten beruhen, welche deren Loslösung von Papierdokumenten und damit eine praktisch beliebige Änderbarkeit erlaubt.

Die relativ leichte Änderbarkeit ist eines der zentralen Wesensmerkmale digitaler Informationen. Diese birgt eine Reihe von potentiellen Vorteilen in sich. Im Falle der computerbasierten Textverarbeitung ist als ein zentraler Vorteil zu sehen, dass Schreibfehler weniger gravierende Konsequenzen haben, als dies bei herkömmlichen Schreibmaschinen der Fall gewesen ist. Notwendige Korrekturen führten dazumal in schwereren Fällen zum erneuten Schreiben einer Seite, in leichteren Fällen zum Auslöschen fehlerhafter Buchstaben mit dem berühmt-berüchtigten *Tipp-Ex* und dem Überschreiben der entsprechenden Textstelle. Mit einem Textverarbeitungssystem können Korrekturen und auch weitgehende Umformulierungen ohne grosse Mühen in der Textdatei vorgenommen werden. Wurde bereits ein fehlerhafter Ausdruck gemacht, so muss der Text im schlechtesten Fall erneut über den Drucker geschickt werden.

Die Änderbarkeit führt praktisch zu einer Arbeitserleichterung bei der Erstellung von maschinengeschriebenen Texten, die weitgehende organisatorische Konsequenzen gehabt hat. Vormals waren im Umgang mit klassischen Schreibmaschinen erhebliche Spezialfertigkeiten erforderlich, um einen Text mit hinreichender Geschwindigkeit und mit geringer Quote an Tippfehlern zu schreiben. Dieser Umstand hat zu einer Herausbildung von speziellen Schreibmaschinenkräften für die Erfassung von Texten geführt, häufig im Zusammenhang mit dem Berufsbild einer Sekretärin. Durch die computerbasierte Textverarbeitung ist die Zuverlässigkeit bei der maschinellen Erfassung von Texten nicht mehr von gleicher Bedeutung, da Tippfehler ohne große Folgen leicht korrigiert werden können, mittlerweile in gewissen Grenzen sogar automatisch. Dies hat in gewissem Sinne zu einer Entprofessionalisierung der Texterfassung geführt, die heutzutage in weit stärkerem Maße von den Autoren selber vorgenommen wird. Dadurch ist es zu einem gewissen Grade zu einer Desintermediation von Spezialisten gekommen, deren Wertbeitrag bei geänderter Technologie nicht mehr so hoch wie vorher ist. Die Einsparung dieser spezialisierten Arbeitskraft dürfte die Mehrbelastung der Textautoren in vielen Fällen überkompensiert haben, besonders wenn im Redaktionsprozess mehrfache Überarbeitungen der Inhalte üblich sind. Gleichzeitig wird die Möglichkeit der einfacheren Änderung in etlichen Fällen zu einer Erhöhung der Überarbeitungen geführt haben, die sich idealerweise in Texten höherer Qualität niederschlagen sollten, auch wenn der Mehrwert einer wiederholten Überarbeitung von Texten in manchen Fällen kritisch hinterfragt werden kann.

In dem hier vorgetragenen Verständnis hat ein Textverarbeitungssystem mehr die Rolle eines Interaktionsmediums zum Umgang mit digitalisierten Texten denn die eines Trägers automatisierter Handlungen. Dies kann auch von anderen Typen von Anwendungssystemen gesagt werden. Dennoch lassen sich durch ihren Einsatz prinzipiell die gleichen Vorteile realisieren, wie sie der Automation zugeschrieben werden. Dies sind etwa geringerer Arbeitseinsatz, höhere Qualität insbesondere durch Senkung der Fehlerquote, kürzere Bearbeitungszeit.

Computerbasierte Informationssysteme sind nicht einfach an sich Träger automatisierter Handlungen, sondern mischen typischerweise Elemente der Automatisierung mit Mechanismen zum Umgang mit digitalen Daten. In diesem Sinne erscheint die alleinige Fixierung auf Automatisierung als bestimmendes Element einer Leitgebung für die Wirtschaftsinformatik nicht ausreichend. Ihr ist mindestens noch die Digitalisierung der Informationsflüsse hinzu zu fügen. Der Vision der Vollautomatisierung eines Betriebes ist dann die des papierlosen Büros bzw. des papierlosen Betriebs beiseite zu stellen.

Unterstützungsperspektive

Bei der Unterstützungsperspektive ist der Mensch der Angelpunkt der Betrachtung. Menschen treten als Benutzer von Anwendungssystemen auf. Anwendungssysteme haben in dieser Perspektive einen Werkzeugcharakter. Sie werden nicht als eigenständige Handlungsträger gesehen, sondern wirken indirekt über ihre Nutzung. Durch die Nutzung von Anwendungssystemen streben Menschen in einer idealisierten Betrachtungsweise die Verbesserung ihrer Handlungen an. Verbesserungen können wiederum an ökonomischen Kriterien gemessen werden. Diese intendierte und – so zumindest unterstellt –

von den Benutzern auch angestrebte ökonomische Verbesserung der eigenen Arbeitsleistung durch IT-Werkzeuge wird etwa durch die gelegentlich gebrauchte Bezeichnung *Productivity Tools* für Werkzeuge der individuellen Unterstützung der Büroarbeit idealtypisch zum Ausdruck gebracht.

Eine derartige Perspektive unterliegt implizit oder explizit den Ansätzen der verhaltensorientierten Wirtschaftsinformatik, welche in der anglo-amerikanisch geprägten IS-Forschung den konstruktionsorientierte Ansatz dominiert (Hevner et al. 2004). Bei ihnen wird die Interaktion zwischen Menschen und computerbasierten Informationssystemen in den Mittelpunkt gestellt. Das IT-Artefakt ist Produkt eines zielgerichteten Gestaltungsprozesses und in diesem Sinne erklärbar. Der Mensch als Benutzer und sein Verhalten im Umgang mit Informationssystemen ist hingegen keine gestaltbare, wohl aber beeinflussbare Größe, die es zu erklären gilt. In diesem Sinne steht bei der verhaltensorientierte Wirtschaftsinformatik der Aspekt der Erklärungslehre im Vordergrund.

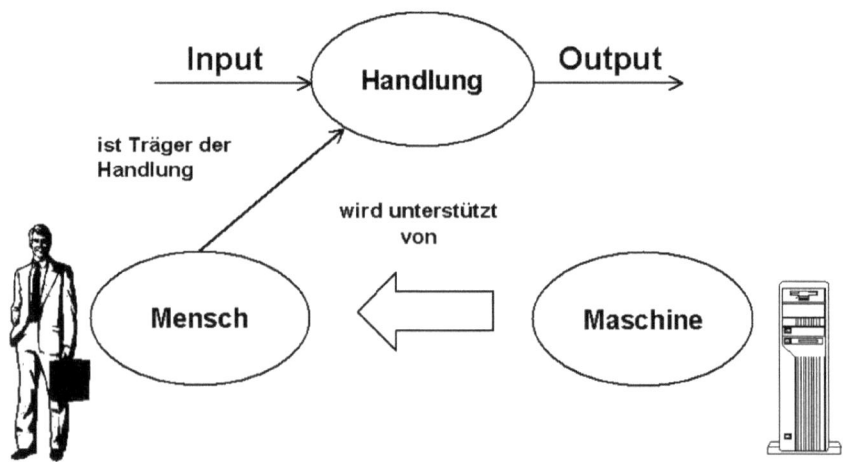

Abbildung 2.:   Unterstützungsperspektive der Wirtschaftsinformatik

Das Wirken bzw. die sozio-ökonomischen Auswirkungen von Informationssystemen werden wesentlich vom Verhalten von Menschen bestimmt. Ein Informationssystem kann keine Wirkung entfalten, wenn es nicht von Menschen sinnhaft genutzt wird. In dieser Perspektive ist es dann ein wesentliches Anliegen, die Reaktion von Menschen auf Informationssysteme zu erklären und daraus Erkenntnisse für die Gestaltung, die Einführung und den Betrieb von Informationssystemen zu gewinnen.

Als Beispiel für die Unterstützungsperspektive kann das in der IS-Forschung populäre *Technology Acceptance Model* (TAM) angeführt werden (Davis 1986). Dieses Modell versucht die (freiwillige) Benutzung von Anwendungssystemen zu prognostizieren. Dies geschieht auf der Basis einer Bewertung des Systems durch die Benutzer. Dabei ist die zentrale Aussage, dass sich die tatsächliche spätere Nutzung weitgehend auf der Basis der Bewertung von nur zwei Konstrukten vorhersagen lässt: Der Nützlichkeit (*Usefulness*) und der Benutzerfreundlichkeit (*Ease-of-Use*). Betrachtet man die einzelnen Fragen für die Erhebung des Konstrukts Nützlichkeit (Davis 1989, S. 340), so wird deutlich, dass ausschließlich Einschätzungen zu ökonomischen Auswirkungen des Systemeinsatzes auf die eigene Arbeitsleistung (*job performance*) erhoben werden. Weiterhin lässt sich in einer ökonomisch orientierten Sichtweise die Bedienung des Systems inklusive der Einarbeitung als ein Kostenfaktor ansehen, der in Abhängigkeit von der Benutzerfreundlichkeit mehr oder minder hoch ausfällt. Somit wird beim TAM zumindest implizit unterstellt, dass der Entscheid für die Nutzung eines Informationssystems durch einen Benutzer im Wesentlichen anhand einer rational-ökonomischen Abwägung der Vor- und Nachteile des Systemeinsatzes für die eigene Arbeit erfolgt. Diese Abwägung beruht allerdings auf subjektiven, qualitativen Einschätzungen.

Wie anhand des TAM deutlich wird, haben die Ansätze der verhaltensorientierten Wirtschaftsinformatik vielfach einen zumindest impliziten sozio-ökonomischen Bezug. Ihre Beschränkung besteht darin, dass sie den Erfolg oder Misserfolg von Informationssystemen vor allem auf die Einstellung bzw. die Reaktion menschlicher Benutzer auf diese Systeme zurückführen. Diese Perspektive ist nicht von der Hand zu weisen, da doch allgemein anerkannt wird, dass IT-Projekte vielfach vor allem am Faktor Mensch scheitern. Dabei werden allerdings Informationssysteme und ihre Eigenschaften als exogen vorgegebene Größen angesehen, deren Wirkung erforscht werden soll. Dieser Ansatz vernachlässigt damit tendenziell, dass computerbasierte Informationssysteme gestaltbare Artefakte sind und dass durch die konkrete Gestaltung wesentlich bestimmt wird, wie Menschen auf sie reagieren.

Wesentliches Ziel einer gestaltungsorientierten Wirtschaftsinformatik ist es, Systeme zu konstruieren, die in einer betrieblichen Organisation nützlich sind und damit das Wirken dieser Organisation zu fördern. Eine proaktive Sicherung der Akzeptanz von Informationssystemen müsste darin bestehen, dass diese mit Eigenschaften ausgestattet werden, die für Benutzer und deren Arbeit potenziell nützlich sind. Wenn dann Benutzer diese potentielle Nützlichkeit nicht erkennen, so kann dies zwei Gründe haben: Zum einen den, dass die Benutzer das Potenzial des Informationssystems (noch) nicht erkennen; zum anderen, dass das Potenzial des Informationssystems nicht den tatsächlichen Bedürfnissen entspricht. Je nachdem, welcher der Interpretationen zutrifft, sind andere Maßnahmen erforderlich.

Kollaborationsperspektive

Als integrierende Sichtweise zu den beiden vorgenannten Ansätzen kann eine Kollaborationsperspektive eingenommen werden. Diese muss eigentlich nicht neu in den Diskurs eingeführt werden. Sie klingt in der Definition von Informations- und Kommunikationssystemen (IKS) als sozio-technische Systeme an. Sozio-technisch meint gemäß der Definition der Wissenschaftlichen Kommission Wirtschaftsinformatik des Verbandes der Hochschullehrer für Betriebswirtschaft, dass IKS menschliche und maschinelle Komponenten als Aufgabenträger umfassen, die voneinander abhängig sind, ineinandergreifen und/oder zusammenwirken.

Damit ist der Leitgedanke der Kollaborationsperspektive skizziert: Informationssysteme umfassen typischerweise sowohl Menschen als auch Maschinen. Dabei repräsentiert die Vollautomatisierung als Endpunkt ein rein technisches IKS, die vollständig manuelle Organisation als Endpunkt ein rein soziales IKS. Sowohl Menschen als auch Maschinen sind in einer instrumentellen Sichtweise als Aufgaben- bzw. Handlungsträger anzusehen.

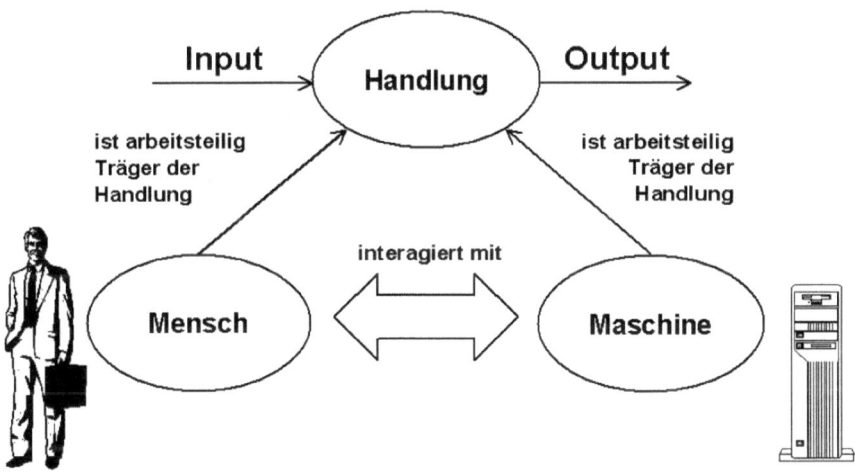

Abbildung 3.: Kollaborationsperspektive der Wirtschaftsinformatik

Im Zentrum der Betrachtung steht die (betriebswirtschaftliche) Aufgabe. Sie soll nach ökonomischen Kriterien möglichst gut erfüllt werden. Dazu bedarf es bestimmter, zielgerichteter Handlungen. In der heutigen Terminologie ist es üblich, eine Handlungsfolge mit dem Ziel des Hervorbringens eines gewünschten, wohldefinierten Ergebnisses als Prozess zu bezeichnen. Prozesse können ungeplant und ad hoc durchgeführt werden. Häufig folgen sie jedoch bestimmten vorgegebenen, generalisierten Handlungsregeln. Diese werden auch als Programme bezeichnet.

In der betriebswirtschaftlichen Organisationslehre werden Programme im allgemeinen Sinne als festgelegte Verfahrensrichtlinien bzw. generelle Handlungsvorschriften aufgefasst, nach denen sich die Akteure einer Organisation richten sollen (Kieser/Kubicek, S. 119 ff). Es handelt sich um eines der denkbaren Koordinationsinstrumente innerhalb einer Organisation, zu denen auch persönliche Weisungen, Selbstabstimmung oder Pläne gehören. Programme können die Anweisungen von Vorgesetzten verringern oder ersetzen. Da Programme generelle Verfahrensrichtlinien sind und der unpersönlichen Koordination dienen, sind sie in der Regel schriftlich fixiert. Programme können jedoch auch informal sein, besonders wenn sie sich als Ergebnis von Lernprozessen beim betreffenden Akteur als sich verfestigendes Handlungsmuster bilden, die diese Person als vernünftige und sinnvolle Vorgehensweise zur Lösung ihrer Aufgaben begreift. Diese informalen Programme können im Rahmen von Anlernprozessen an andere Mitarbeiter weitergegeben werden.

In der Informatik ist der Begriff des Programms von zentraler Bedeutung und wird prinzipiell in ähnlicher Weise wie in der Organisationslehre definiert (Wirth 1985, S. 13 ff). Der grundlegende Unterschied ist der, dass sich die Organisationslehre vor allem auf menschliche Prozessoren konzentriert, wohingegen sich die Informatik auf maschinelle Prozessoren ausrichtet. Jedoch weist Niklaus Wirth mit Recht darauf hin, dass aus der neutralen Bezeichnung Prozessor nicht hervorgeht, ob es sich um einen Menschen oder einen Automaten handelt. Programme haben grundsätzlich auch ohne Bezugnahme auf einen bestimmten Typ von Prozessoren einen Sinn.

Die Grundaussage, dass Programme als formalisierte Prozesse sowohl Menschen als auch Maschinen betreffen können, gilt es sich vor Augen zu führen. Während Programme als Koordinationsinstrument zwischen Menschen nur eine von mehreren Möglichkeiten sind, haben sie bei der Steuerung von Maschinen eine zentrale Bedeutung. Die unterschiedlichen Charakteristika von menschlichen und maschinellen Prozessoren haben einen Einfluss darauf, wie die Programme gestaltet werden müssen. Die zu Grunde liegende Sprache muss für den Prozessor verständlich und genügend genau definiert sein, so dass der Prozessor in der Lage ist, das Programm zu verstehen und sinngemäß auszuführen. Hier bestehen zwischen Menschen und Maschinen einige fundamentale Unterschiede, die sich auf die Formulierung der Programme auswirken.

Bei organisatorischen Programmen, die zumindest implizit vor allem auf Menschen abstellen, kann der Grad der Detaillierung, mit der sie Aktivitäten festlegen, unterschiedlich sein. Sie können nur global einige Richtlinien vorgeben oder Verfahren sehr detailliert festlegen. Dies ist möglich, da Menschen vernunftbegabt sind und über einen mehr oder weniger großen Vorrat an angeeignetem Wissen und Fertigkeiten verfügen. Diese Eigenschaft menschlicher Handlungsträger erlaubt es, unvollständige Handlungsanweisungen auf einem relativ hohem Abstraktionsniveau zu geben. Menschen sind innerhalb gewisser Grenzen in der Lage, diese Anweisungen sinngemäß zu interpretieren, sie allenfalls zweckmäßig zu ergänzen und sie vernünftig auszuführen. Je detaillierter und genauer die Vorgaben sind, umso mehr wird ein Mensch in die Rolle eines mechanistischen Aufgabenerfüllers versetzt.

Ein Computer als Handlungsträger ist nicht in der Lage, mit unvollständigen Handlungsanweisungen zu arbeiten. Daher ist es erforderlich, alle Handlungsschritte genau, präzise und vollständig niederzulegen. Hinzu kommt noch, dass der maschinelle Prozessor nur über einen sehr eingeschränkten Satz an vorgegebenen Operationen verfügt. Deshalb müssen Handlungen typischerweise auf sehr elementare Handlungsfolgen herunter gebrochen werden. Ein Computer-Programm muss bis ins kleinste Detail festgelegt sein und genau festgelegten Sprachregeln genügen (Wirth 1985, S. 17 f). Diese Eigenschaft erfordert im Umgang mit dem Computer ein hohes Maß an Pedanterie. Programmierer können nicht an einen „gesunden Menschenverstand" appellieren, der Ungenauigkeiten oder gar Fehler in der Formulierung ausgleicht.

Neben der Problematik der korrekten Interpretation der vorgegebenen Programmanweisungen ist noch von Bedeutung, inwieweit diese Vorgaben auch eingehalten werden. Menschen können grundsätzlich von Programmvorgaben abweichen, wobei dies je nach Situation als positiv oder negativ zu werten ist. Computer führen die angenommenen Befehlsfolgen dagegen mit absolutem Gehorsam und totaler Kritiklosigkeit aus (Wirth 1985, S. 18). Dieser Umstand lässt sich als Vorteil sehen: Das maschinengebundene Programm wird zuverlässig und ohne Abweichungen befolgt. Dieser Vorteil kommt jedoch nur dann zum Tragen, wenn das vorgegebene Programm auf die Aufgabenstellung passt. Ist dies nicht der Fall, so zeigt sich der Computer von der unangenehmen Seite, da er sich nicht an eine spezifische Problemsituation anpassen kann, sofern diese nicht durch die vorgegebenen Anweisungen abgedeckt wird.

Die angesprochene Problematik unzweckmäßiger Handlungsfolgen tritt jedoch keineswegs allein im Zusammenhang mit maschinellen Prozessoren auf, sondern ist ein Stück weit generell mit dem Konstrukt des Programms als organisationales Koordinationsinstrument verbunden (Kieser/Kubicek 1983, S. 123). Menschen haben zwar theoretisch die Möglichkeit, vorgegebene Anweisungen und Programme zu verlassen und damit besonderen, unerwarteten Situationen besser zu entsprechen. Jedoch ist keineswegs davon auszugehen, dass dies auch immer geschieht. Auch Menschen halten sich mitunter an die Vorgaben eines Programmes, selbst wenn diese unpassend oder sogar widersinnig erscheinen. Dabei können verschiedene Motive eine Rolle spielen, wie eigene Bequemlichkeit, die Organisationskultur oder Sanktionsmechanismen.

Mit Bezug auf die Ausgestaltung des Handlungssystems im soziotechnischen Kontext stellt sich die grundlegende Frage, welche Handlungen auf welche Handlungsträger (Mensch oder Maschine) unter Berücksichtigung ihrer spezifischen Möglichkeiten verteilt werden sollen. Von zentraler Bedeutung ist dabei, inwieweit eine Problemstellung geeignet ist, durch vorgegebene Handlungsfolgen (Programme) abgedeckt zu werden. Nur im generischen Sinne programmierbare Handlungsmuster eignen sich für eine maschinelle Abarbeitung. Der Aufwand für die Erstellung solcher maschinellen Programme ist jedoch tendenziell höher als der für an Menschen gerichtete Programme. Dies ist damit zu begründen, dass Computerprogramme vollständige und elementare Befehlsfolgen verlangen, während entsprechende Vorgaben für Menschen unter Umständen viel weniger detailliert sein müssen. Der Vorteil von Computerprogrammen ist dann jedoch der, dass die Vorgaben zuverlässig eingehalten werden, was bei Menschen nicht ohne weiteres angenommen werden kann. Jedoch wird dieser prinzipielle Vorteil unter Umständen in sein Gegenteil verkehrt, wenn ein Programm nicht vollständig auf die gegebene Situation passt. Diese Überlegungen geben den grundsätzlichen Rahmen, innerhalb dessen Zuordnungsentscheide von Aufgaben auf Menschen und Maschinen getroffen werden müssen.

In der Kollaborationsperspektive wird davon ausgegangen, dass eine arbeitsteilige Aufgabenerfüllung durch maschinelle und menschliche Handlungsträger erfolgt. Diese manifestiert sich vor allem in einer Echtzeit-Dialogverarbeitung, durch die heutige Anwendungssoftware vielfach charakterisiert ist. Diese führt zu einer engen Verzahnung zwischen menschlichen und maschinellen Aktionsteilen, die zusammen den unterliegenden betrieblichen Prozess charakterisieren. Eine

Folge der Aufgabenteilung zwischen Mensch und Maschine ist, dass jeder der beteiligten Handlungsträger spezifische Sichtweisen auf den unterliegenden Prozess hat, an dem er in seiner Rolle mitwirkt.

Die Teilperspektive eines kollaborativen Mensch-Maschine-Prozesses manifestiert sich beim Computer in Programmen. Menschen erleben ihren Prozessanteil aus der Perspektive von Benutzern eines Anwendungssystems. Diese drückt sich in unmittelbaren Interaktionen mit dem technischen System aus. Dazu gehören der Aufruf von Funktionen, die Eingabe von Daten und die Aufnahme von Systemausgaben. Darüber hinaus sind für menschliche Prozessoren auch Aktionsteile relevant, die ohne Kontakt zu dem technischen System geschehen. Solche Aktionsteile hingegen, die automatisiert durch das Programm erfolgen, bleiben den Benutzern unter Umständen verborgen. Natürlich muss sichergestellt sein, dass die Teilperspektiven menschlicher und maschineller Handlungsträger kompatibel zueinander sind und sich zum übergeordneten Prozess zusammenfügen. Über eine Beschränkung auf die automatisierten bzw. maschinellen Elemente würde sich der unterliegende Prozess in vielen Fällen nur bruchstückhaft erschließen.

Intermediärsperspektive

Um die Diskussion der verschiedenen Perspektiven der Wirtschaftsinformatik zu vervollständigen, soll als weiterer Ansatz die Intermediärsperspektive aufgeführt werden. Hierbei geht es nicht zentral um die Positionierung von Mensch und Maschine im Wirkungsgefüge der betrieblichen Wertschöpfung. Vielmehr setzt diese Perspektive beim arbeitsteiligen Zusammenwirken von IT-Spezialisten und IT-Benutzern im Zuge einer Leistungserstellung mit Hilfe von Informationstechnologien an.

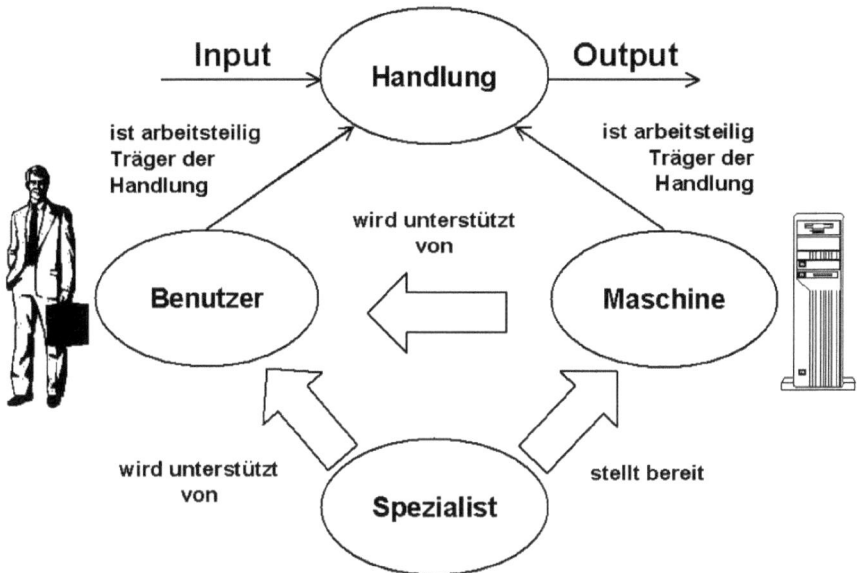

Abbildung 4.:   Intermediärsperspektive der Wirtschaftsinformatik

Geht man von der Unterstützungsperspektive aus, so sind Menschen die eigentlichen Träger der betrieblichen Handlungen und damit der betrieblichen Wertschöpfung. Maschinen haben einen Werkzeugcharakter, indem sie den menschlichen Leistungsprozess unterstützen. Sie leisten damit keinen Wertbeitrag aus sich selbst heraus, sondern tragen nur indirekt zur Wertschöpfung bei. Der Wertbeitrag der maschinellen Komponenten kann dementsprechend nur indirekt gemessen werden. Er lässt sich allenfalls anhand der Produktivitätssteigerung der menschlichen Arbeit im Leistungsprozess begründen. Sie sind damit im eigentlichen Sinne *Productivity Tools*.

Der einzelne Anwender dürfte von der Auswahl geeigneter Werkzeuge für seine Arbeit und deren zweckgemäßer Aneignung überfordert sein. Dies zum einen, weil die wenigsten IT-Werkzeuge einen individuellen Charakter haben sondern vielmehr übergreifende Systeme darstellen. Zum anderen jedoch, da heutige IT-Infrastrukturen von einer hohen Komplexität sind, welche der einzelne Anwender kaum mehr durchschauen dürfte. Zudem stellen der Betrieb der IT-Infrastruktur und damit die Aufrechterhaltung der Leistungsbereitschaft der eingesetzten IT-Werkzeuge eine große Anforderung dar, die von den individuellen Benutzern bestenfalls sehr eingeschränkt geleistet werden kann und sollte.

Die Nutzung von IKT in Organisationen findet in einer arbeitsteiligen Struktur statt, in der die eigentlichen Benutzer (und idealtypisch auch Nutznießer) des IT-Einsatzes als IT-Anwender den IT-Spezialisten gegenüberstehen, welche primär dafür zuständig sind, dass eine geeignete IT-Infrastruktur aufgebaut und betrieben wird. Der IT-Anwender delegiert damit praktisch Aufgaben, die bei der Bereitstellung und Nutzung von IKT anfallen, und kann sich damit auf seine eigentliche Arbeit konzentrieren. Damit entsteht aber eine eigentliche Abhängigkeit von der Arbeit der IT-Spezialisten, die letztlich bestimmen, welche Leistungspotentiale dem IT-Anwender überhaupt zur Verfügung stehen und zu einem gewissen Maße sogar, wieweit ein IT-Anwender die verfügbaren Leistungspotentiale auch nutzen kann.

In einer ökonomischen Perspektive handelt es sich bei der beschriebenen Situation um ein Verhältnis, das durch das Prinzipal-Agent-Modell beschrieben werden kann (Mertens/Knolmayer 1998, S. 4 ff). Der IT-Anwender tritt dabei prinzipiell in der Rolle des Prinzipals auf, der eine Aufgabe an eine andere Person vergibt, der IT-Spezialist hat die Rolle des Agenten, der die IT-Unterstützung für den Prinzipal organisiert. Das Verhältnis ist geprägt von einer Informationsasymmetrie zwischen den beiden Rollen. Da der IT-Anwender sich gerade nicht mit der gegebenen Technologie so gut auskennt, kann er kaum beurteilen, inwieweit das Potential der Technologie durch die zur Verfügung gestellten Anwendungen optimal ausgeschöpft wird bzw. ob die aufgebaute IT-Infrastruktur für die betrieblichen Anfoderungen richtig dimensioniert ist. Informationsasymmetrie besteht jedoch auch in die andere Richtung. Da der Agent die Arbeit des Prinzipals nur unzureichend kennt, kann er selbst bei bestem Willen nur unvollkommen ermessen, welche IT-Konfiguration für den Anwender den besten Wertbeitrag verspricht. Somit ist der IT-Spezialist nur beschränkt in der Lage, von sich aus eine optimale Versorgung mit Informationsdienstleistungen zu garantieren. Dieses Problem wiegt umso schwerer, je unvollkommener der IT-Anwender seine Anforderungen und Ansprüche an die IT artikulieren kann.

Hier zeigt sich also ein Dilemma bei der Konzeption optimaler Anwendungssysteme, da beide beteiligten Anspruchsgruppen nicht über die dafür erforderliche übergreifende Perspektive verfügen. Dieses Dilemma kann nur durch eine enge Kooperation beider Parteien überwunden oder zumindest gemildert werden. Die Umsetzung dieser Erfordernis wird praktisch dadurch erschwert, dass die beteiligten Parteien aufgrund ihrer unterschiedlichen beruflichen Spezialisierung typischerweise verschiedene Bezugssysteme haben und mit verschiedenen Begriffswelten arbeiten, die von der anderen Seite nicht ohne weiteres durchschaut werden. Zudem ist natürlich nicht auszuschließen, dass beide Seiten aufgrund ihrer unterschiedlichen Rollen in der Organisation zumindest partiell mit verschiedenen Zielsystemen operieren.

Die geschilderte Problemlage kann als eine der zentralen Herausforderungen der Wirtschaftsinformatik begriffen werden. Sie macht es sich zu einem Kernanliegen, zwischen den IT-Benutzern und IT-Spezialisten, zwischen der Betriebswirtschaft und Informatik zu vermitteln. Dazu muss sie nicht nur beide Seiten verstehen, sondern auch von beiden Seiten verstanden werden. Hierfür werden Begriffssysteme und Methoden benötigt, die in den Bezugssystemen der betroffenen Gruppen verankert sind oder zumindest an diese anknüpfen. Wie weiter oben ausgeführt, ist die Prozessorientierung ein Ansatzpunkt, der das Potential zur Brückenbildung zwischen Betriebswirtschaft und Informatik hat.

Fazit

Die vorhergehenden Ausführungen hatten zum Ziel, die Erkenntnisgegenstände der Wirtschaftsinformatik kritisch zu hinterfragen und damit zu einer besseren Verortung der Disziplin im Spannungsfeld zwischen Betriebswirtschaftslehre und Informatik beizutragen. Ein besonderes Anliegen ist dabei gewesen, Bezüge zur Mutterdisziplin Betriebswirtschaftslehre herauszuarbeiten und damit Anknüpfungspunkte für ein besseres Verständnis der Anliegen der Wirtschaftsinformatik aus der betriebswirtschaftlichen Perspektive zu bieten und einer unterstellten Entfremdung entgegenzuwirken.

Im Allgemeinen ist es üblich, die Wirtschaftsinformatik an dem Erkenntnisobjekt Informationssystem und dem Bezugsobjekt Wirtschaft und Verwaltung festzumachen. Dies ist vorderhand eingängig und bietet auch den Bezug zu dem anglo-amerikanischen Pendant *Information Systems*. Jedoch zeigt sich bei einer näheren Analyse, dass der Begriff des Informationssystems in mehrfacher Hinsicht unscharf und damit schlecht abzugrenzen ist. Diese Problematik dürfte zu einem beträchtlichen Teil wesensimmanent sein und nicht allein auf definitorische Unzulänglichkeiten zurückzuführen sein. Damit darf die Frage aufgeworfen werden, inwieweit es im Sinne einer sauberen Grundlegung weise ist, das Konstrukt des Informationssystems als zentrales Erkenntnisobjekt der Wirtschaftsinformatik zu postulieren.

Ausgangspunkt einer alternativen Grundlegung der Erkenntnisziele der Wirtschaftsinformatik ist die Orientierung an betrieblichen Handlungen, die durch die Nutzung von Informations- und Kommunikationstechnologien verbessert werden sollen, wobei sich diese Handlungen im engeren Sinne auf die Manipulation von Informationen beschränken. Handlungen (Prozesse) müssen ausgeführt werden, was durch Handlungsträger (Prozessoren) geschieht. Als Handlungsträger kommen Menschen und/oder Maschinen in Frage.

Die Wirtschaftsinformatik untersucht Handlungsverbesserungen im Spannungsfeld von Mensch und Maschine. Dabei können verschiedene Perspektiven eingenommen werden. In einer *Substitutionsperspektive* erfolgt eine Übertragung von Handlungen auf maschinelle Handlungsträger, was zu einer Automatisierung führt. In einer *Unterstützungsperspektive* wird dagegen der Mensch als primärer Handlungsträger gesehen und die computerbasierten Anwendungssysteme haben den Charakter von Werkzeugen, die Menschen bei der Bewältigung ihrer Aufgaben unterstützen. In einer *Kollaborationsperspektive* werden Menschen und Maschinen als Elemente eines sozio-technischen Systems aufgefasst, die arbeitsteilig zusammenwirken. Leitgedanke ist dabei, dass der betriebliche Prozess nur dann vollständig erfasst werden kann, wenn sowohl die maschinellen als auch die menschlichen Verrichtungen berücksichtigt und als eine Gesamtheit betrachtet werden. Schließlich wird in einer *Intermediärsperspektive* darauf abgestellt, dass die Bereitstellung und Nutzung von IT-bezogenen Leistungen in einem arbeitsteiligen Wirkungsgefüge erfolgen, in der Menschen in der Rolle von IT-Benutzern und IT-Spezialisten miteinander kooperieren.

Die hier vorgestellten Gedankengänge sind in vielen Aspekten nicht grundlegend neu und damit auch nur beschränkt originell. Wenn dieser Beitrag eine besondere Leistung für sich in Anspruch nehmen kann, so liegt dieser in der ausdrücklichen Betonung der menschlichen und maschinellen Anteile an einem Prozess und dass diese klar herauszuarbeiten sind. Nur eine ganzheitliche Erfassung von Prozessen im Rahmen eines sozio-technischen Handlungssystems kann diese adäquat wiedergeben und ein umfassendes Verständnis erzeugen. In der Prozessmodellierung wird der Verteilungsaspekt von Handlungen auf Mensch und Maschine sowie deren Interaktion vielfach vernachlässigt bzw. mehr oder weniger deutlich unterstellt, dass Prozessaktivitäten durch Maschinen abgewickelt werden (Piccoli 2008, S. 25). Die Entwicklung eines ganzheitlichen Prozessverständnisses, welches Mensch und Maschine umfasst, bietet auch noch bessere Anknüpfungspunkte zur betriebswirtschaftlichen Organisationslehre. Damit kann sich die Wirtschaftsinformatik auch in der Außendarstellung als eine spezifische Organisationslehre des Informationszeitalters positionieren, der im Zuge der fortschreitenden Technisierung eine Schlüsselposition zukommt.

Literatur

Alter, S.: Information Systems: The Foundation of E-Business. Fourth Edition, Upper Saddle River: Prentice Hall 2002.

Davis, F. D.: A Technology Acceptance Model for Empirically Testing New End-User Information Systems: Theory and Results. Doctoral dissertation, Sloan School of Management, Massachusetts Institute of Technology 1986.

Davis, F.D., Perceived Usefulness, Perceived Ease of Use, and User Acceptance of Information Technology, MIS Quarterly 13 (1989), 3, S. 319-340.

Davis, F.D.; Bagozzi, R.P.; Warshaw, P.R.: User Acceptance of Computer Technology: A Comparison of two Theoretical Models, Management Science 35 (1989), 8, S. 982-1003.

Hansen, H.R.; Neumann, G.: Wirtschaftsinformatik 1: Grundlagen und Anwendungen. 9. Auflage, Stuttgart: Lucius & Lucius 2005.

Hevner, A.R.; March, S.T.; Park, J.; Ram, S.: Design Science in Information Research, in: MIS Quarterly 28 (2004), 1, S. 75 – 105.

Kieser, A.; Kubicek, H.: Organisation. Zweite Auflage, Berlin, New York: de Gruyter 1983.

Mertens, P.: Wirtschaftsinformatik – Von den Moden zum Trend. In: König, W. (Hrsg.): Wirtschaftsinformatik '95, Wettbewerbsfähigkeit, Innovation, Wirtschaftlichkeit. Physica: Heidelberg 1995, S. 25-64.

Mertens, P.: Gefahren für die Wirtschaftsinformatik – Risikoanalyse eines Faches, Arbeitspapier 1/2005 Wirtschaftsinformatik 1 der Universität Erlangen-Nürnberg 2005.

Mertens, P.; Knolmayer, G.: Organisation der Informationsverarbeitung: Grundlagen – Aufbau – Arbeitsteilung. 3. Auflage, Wiesbaden: Gabler 1998.

Piccoli, G.: Information Systems for Managers: Text & Cases. John Wiley & Sons 2008.

Scheer, A.-W.: EDV-orientierte Betriebswirtschaftslehre. 2. Auflage, Berlin et al.: Springer 1985.

Stahlknecht, P.; Hasenkamp, U.: Einführung in die Wirtschaftsinformatik. 10. Auflage, Berlin, Heidelberg: Springer 2002.

Wirth, N.: Systematisches Programmieren. 5. Auflage, Stuttgart: Teubner 1985.

René Riedl / Friedrich Roithmayr

Zur Fallstudienforschung in der Disziplin Information Systems:
Eine quantitative Inhaltsanalyse[1]

---

[1] Die Autoren bedanken sich bei den Teilnehmern des 6. Workshops Qualitative Inhaltsanalyse, 23.-24. Juni 2006, Alpen-Adria-Universität Klagenfurt, für die wertvollen Kommentare zu einer früheren Beitragsversion, die online auf *PsyDok* im Jahr 2006 erschienen ist.

Mag. Dr. René Riedl
Institut für Wirtschaftsinformatik – Information Engineering
Johannes Kepler Universität Linz
A-4040 Linz
rene.riedl@jku.at

o. Univ.-Prof. Mag. Dr. Friedrich Roithmayr
Institut für Wirtschaftsinformatik – Information Engineering
Johannes Kepler Universität Linz
A-4040 Linz
friedrich.roithmayr@jku.at

Einleitung

Die wissenschaftliche Disziplin *Information Systems (IS)* befasst sich mit der Beschreibung von Informations- und Kommunikationssystemen in Organisationen aus Wirtschaft und Verwaltung, der Erklärung solcher Systeme, der Prognose des Systemverhaltens sowie mit der Gestaltung neuartiger Systeme (Keen, 1980; Ives, Hamilton & Davis, 1980; Avgerou, Siemer & Bjørn-Andersen, 1999). Informations- und Kommunikationssysteme sind dabei als sozio-technische Systeme aufzufassen, die aus den Komponenten Mensch/Aufgabe/Technik bestehen (Heinrich, Heinzl & Roithmayr, 2007).

Das Pendant zur IS ist in den deutschsprachigen Staaten die *Wirtschaftsinformatik (WI)*. Trotz der Tatsache, dass IS und WI einen mehr oder weniger identischen Gegenstandsbereich haben, unterscheiden sich die beiden Schwesterdisziplinen in ihrer Forschungsausrichtung. Während die IS empirisch orientiert ist, herrscht in der WI ein konstruktionsorientiertes Paradigma vor (Lange, 2005a; Lange, 2006). IS-Forscher verfolgen eher ein theoretisches Erkenntnisziel (*Warum* sind bestimmte Sachverhalte genau so und nicht anders?), während sich WI-Forscher eher an einem pragmatischen Erkenntnisziel orientieren (*Wie* ist in einem bestimmten Sachverhalt zu verfahren?).

Forschungsmethodische Fragestellungen sind für IS und WI, zwei Disziplinen, die kaum 50 Jahre alt sind und noch um Anerkennung als Wissenschaft ringen, von besonderem Interesse. Neben der Diskussion grundsätzlicher epistemologischer Fragestellungen[2] hat der wissenschaftliche Diskurs über Forschungsmethoden im Allgemeinen[3] und über die Fallstudie im Speziellen (Benbasat, Goldstein & Mead, 1987; Lee, 1989; Dubé & Paré, 2003; Riedl, 2006) insbesondere in der IS einen hohen Stellenwert.

---

[2] Beispielsweise interessiert die Frage, ob IS bzw. WI das Erkenntnismodell des Kritischen Rationalismus anwenden sollen; siehe dazu z. B. Gadenne (1997) und Frank (1997).
[3] Siehe dazu z. B. die Ausgabe der Zeitschrift *MIS Quarterly* vom März 1999.

Die Fallstudie ist eine empirische Forschungsmethode (Yin, 2003), die in vielen Realwissenschaften (z. B. Psychologie, Medizin, Soziologie, Volkswirtschafslehre, Betriebswirtschaftslehre und nicht zuletzt IS und WI) zum Einsatz kommt. In der Fachliteratur besteht jedoch kein Konsens darüber, welchen Beitrag die Fallstudie zum Erkenntnisfortschritt leisten kann. Auf der einen Seite existiert die Meinung, dass der durch Fallstudien erzielbare Erkenntnisfortschritt gering ist – mit anderen Worten: der wissenschaftliche Wert der Fallstudie liegt im heuristischen Bereich (Heinrich, Heinzl & Roithmayr, 2007). Verschärft wird dieser Umstand durch die Tatsache, dass vielfach die Auffassung vertreten wird, Fallstudien sollten lediglich in frühen Forschungsphasen zum Einsatz kommen (explorativer Charakter der Fallstudie). Yin (2003) erläutert in seinem Werk im Vorwort die Vorbehalte gegenüber der Fallstudie als empirische Forschungsmethode ausführlich. Neben dieser kritischen Sichtweise wird jedoch auf der anderen Seite die Meinung vertreten, dass der durch Fallstudien erzielbare Erkenntnisfortschritt genau so hoch wie bei anderen Forschungsmethoden sein kann, weil durch Fallstudienforschung sowohl die Generierung von Hypothesen als auch der Test von Theorien möglich ist (Eisenhardt, 1989; Yin, 2003)

Riedl & Roithmayr (2007) haben dreizehn Literaturanalysen aus der IS[4] untersucht und aus den einzelnen Fallstudien-Verbreitungsgraden eine durchschnittliche Verbreitung der Fallstudie von 15 Prozent errechnet (Median: 16 Prozent, Standardabweichung: 7 Prozent, Maximum: 27 Prozent, Minimum: 1 Prozent). Die Ausprägungen der Streuungsparameter Standardabweichung, Maximum und Minimum bringen die teilweise kontroversen Befunde der einzelnen Untersuchungen zum Ausdruck. Fazit der Metastudie von Riedl & Roithmayr (2007) ist jedenfalls, dass in etwa jede siebte IS-Publikation ein Fallstudien-Artikel ist.

---

[4] Eine Studie verwendet als Stichprobe nicht nur englischsprachige, sondern auch deutschsprachige Zeitschriften, die der WI zuzuordnen sind.

Der Beitrag ist wie folgt aufgebaut: Es folgt die Formulierung der beiden zentralen Forschungsfragen. Danach wird der Gang der Untersuchung beschrieben und es folgt die Darstellung ausgewählter Befunde. Abgeschlossen wird der Beitrag durch die Erläuterung einer These, die besagt, dass die Inhaltsanalyse als empirische Forschungsmethode in der IS und WI in Zukunft an Bedeutung gewinnen wird.

Forschungsfragen

Der kontrovers geführte Diskurs über das Erkenntnispotenzial von Fallstudien sowie die teilweise recht unterschiedlichen Befunde zur Verbreitung der Fallstudie in der IS wecken das Interesse, einerseits selbst die Verbreitung der Fallstudie im IS-Schrifttum festzustellen und andererseits bereits publizierte Zeitschriftenartikel, die die Fallstudie als Forschungsmethode verwenden (sog. Fallstudien-Artikel bzw. Fallstudien), inhaltsanalytisch näher zu untersuchen. Von besonderem Interesse sind dabei zwei Forschungsfragen:

1. Beschäftigen sich Fallstudien vorzugsweise mit bestimmten Themen?

2. Wie veränderten sich die von Fallstudien behandelten Themen im Zeitablauf?

Frage (1) ist von Interesse, weil die Dominanz bestimmter Themen ein Indiz dafür sein könnte, dass sich die Fallstudie für die Erforschung bestimmter Themen besser eignet als andere empirische Forschungsmethoden (z. B. Laborexperiment oder Feldstudie mit repräsentativer Stichprobe). Würde man feststellen, dass bestimmte Themen in hohem Ausmaß durch den Einsatz von Fallstudien erforscht worden sind, so muss jedoch berücksichtigt werden, dass der Einsatz einer Forschungsmethode nicht nur von der zu untersuchenden Thematik bzw. Fragestellung abhängt, sondern auch noch von anderen Faktoren wie beispielsweise der Ausbildung des Forschers oder dem zur Verfügung stehenden Forschungsbudget – kurzum: Die Methodenwahl hängt nicht nur vom Forschungsthema, sondern von vielen anderen Faktoren ab.

Frage (2) ist von Interesse, weil die Auseinandersetzung mit der eigenen Geschichte für jede wissenschaftliche Disziplin von Nutzen ist, unter anderem deshalb, weil Wissenschaftsgeschichte zeigen kann, wodurch und wie neue Forschungsprobleme entstehen und wie sie erkannt oder auch übersehen werden oder welche Wissenslücken bestehen und warum sie noch nicht beseitigt sind. Für IS und WI – Disziplinen, die permanent technologischen Innovationen ausgesetzt sind – ist Wissenschaftsgeschichte insbesondere von Bedeutung, weil sie zeigen kann, welchen Moden man aufgesessen war und welchen Trends man künftig folgen sollte (Heinrich, 2005).

Gang der Untersuchung

Stichprobe

Um die beiden formulierten Forschungsfragen zu beantworten, wurde eine Literaturanalyse durchgeführt. In einem ersten Arbeitsschritt wurden alle bis zum Ende des Jahres 2005 publizierten Forschungsartikel aus zwölf IS-Zeitschriften[5] untersucht, um Fallstudien-Artikel zu identifizieren. Dieser Arbeitsschritt wird in diesem Beitrag nicht näher beschrieben.[6] In Tabelle 1 ist das Ergebnis dieses Arbeitsschritts dargestellt. Es sind die zwölf Zeitschriften, die jeweiligen Analysezeiträume sowie die Anzahl der jeweils identifizierten Fallstudien-Artikel aufgelistet. Die Größe der Stichprobe beläuft sich auf 1.446 Fallstudien-Artikel. Weiters kann Tabelle 1 entnommen werden, dass Fallstudien-Artikel im Zeitraum 1955 bis 2005 analysiert wurden.

---

[5] Auf http://www.isworld.org/csaunders/rankings.htm (Abruf am 20.04.2008) sind verschiedene Ranking-Studien aufgelistet. Man kann diesen Studien entnehmen, an welcher Stelle die Zeitschriften im jeweiligen Ranking liegen.

[6] Es sei insbesondere darauf hingewiesen, dass in der Fachliteratur eine Vielzahl von Definitionen für den Begriff „Fallstudie" existiert. Die Anzahl identifizierter Fallstudien-Artikel hängt somit von der verwendeten Fallstudien-Definition ab.

IS-Zeitschriften	Analyse-zeitraum	Fallstudien-Artikel
Management Science	1955-2005	108
Communications of the ACM	1958-2005	200
Database	1969-2005	93
Information & Management	1977-2005	306
MIS Quarterly	1977-2005	151
ACM Transactions on Information Systems	1983-2005	66
Journal of Management Information Systems	1984-2005	143
Information Systems Research	1990-2005	19
European Journal of Information Systems	1991-2005	86
Journal of Strategic Information Systems	1991-2005	124
Communications of the AIS	1999-2005	128
Journal of the AIS	2000-2005	22
Gesamt	**1955-2005**	**1446**

Tabelle 1: Stichprobe der Untersuchung

Form der Inhaltsanalyse

In der Fachliteratur werden verschiedene Formen der Inhaltsanalyse beschrieben (siehe z. B. Mayring, 2003; Klammer, 2005): Frequenzanalyse, Kontingenzanalyse, Valenzanalyse und Intensitätsanalyse. Zur Bestimmung der Fallstudien-Themen wurde eine *Frequenzanalyse* durchgeführt. Es wurde dabei von der These ausgegangen, dass von der Häufigkeit der Nennung von Wörtern in den Fallstudien-Artikeln auf das zugrunde liegende Thema geschlossen werden kann. Kommt beispielsweise in einem Fallstudien-Artikel das Wort „Outsourcing" häufig vor, so liegt der Schluss nahe, dass der Artikel die Auslagerung bzw. Ausgliederung von Informationsverarbeitungsaufgaben untersucht.

Beim Pretest[7] wurde beispielsweise der Fallstudien-Artikel „Interpretation des Sourcings der Informationsverarbeitung: Hintergründe und Grenzen ökonomischer Einflussfaktoren" von Dibbern, Heinzl & Leibbrandt (2003) durch eine Frequenzanalyse untersucht. Ergebnis war, dass der Begriff „Outsourcing" 27 Mal und der Begriff „Informationsverarbeitung" 17 Mal im Text vorkommt.

Da bei der durchgeführten Frequenzanalyse ausschließlich die Häufigkeit von Wörtern durch Computerunterstützung gezählt und ausgewertet wurde (siehe dazu Abschnitt 3.3) und kein Kategoriensystem entwickelt und verwendet wurde (somit wurden keine manuellen oder maschinellen Kodierungen durchgeführt), kann die Untersuchung als eine *quantitative Inhaltsanalyse* angesehen werden (Bortz & Döring, 2002). Mitunter wird an ausschließlich quantitativen Inhaltsanalysen kritisiert, dass der Kontext und die Bedeutung von Texteinheiten ausgeblendet werden, so dass die Inhalte eines Textes (im gegenständlichen Fall die Themen der Fallstudien-Artikel) nur oberflächlich analysiert werden; siehe z. B. Klammer (2005).

Im Vergleich dazu wird bei qualitativen Inhaltsanalysen entweder auf der Basis theoretischer Konzepte (deduktives Vorgehen) und/oder auf der Basis der zu untersuchenden Dokumente (induktives Vorgehen) ein Kategoriensystem[8] entwickelt, das die Grundlage für die anschließende Kodierung ist (Bortz & Döring, 2002).

Im gegenständlichen Fall hätten also – um die Themen der Fallstudien-Artikel durch eine qualitative Inhaltsanalyse festzustellen – ein Kategoriensystem entwickelt und Zuordnungsregeln definiert werden müssen. Zuordnungsregeln könnten Beispielwörter definieren, die die Zuordnung eines Artikels zu einer bestimmten Kategorie be-

---

[7] Beim Pretest wurden sowohl englischsprachige als auch deutschsprachige Fallstudien Artikel untersucht.
[8] Sowohl in der IS (Barki, Rivard, & Talbot, 1988; Barki, Rivard, & Talbot, 1993) als auch in der WI (Herzwurm & Stelzer, 2003; Lange, 2005b) existieren Kategoriensysteme für die Klassifikation von Zeitschriftenartikeln, die den Qualitätsanforderungen an solche Kategoriensysteme (Atteslander 2003, S. 226 und die dort zitierte Literatur) mehr oder weniger gut entsprechen.

wirken (Atteslander, 2003). Praktisch unmöglich wäre hingegen eine erschöpfende Aufstellung von Wörtern, die die Zuordnung zu einer bestimmten Kategorie bewirken (siehe dazu z. B. Lisch & Kriz, 1978). Man stelle sich vor, man müsste für die Kategorie „Outsourcing" eine erschöpfende Aufstellung von Wörtern entwickeln – eine nicht lösbare Aufgabe, weil, wie es Klammer (2005, S. 253) treffend ausdrückt, „ein und derselbe Inhalt durch eine praktisch unendliche Zahl unterschiedlicher Ausdrücke bezeichnet werden kann. Die kombinatorische Struktur der Sprache ist dafür verantwortlich". Will man also die Themen der Fallstudien-Artikel durch eine qualitative Inhaltsanalyse feststellen, so kann eine Kategorisierung nur über Zuordnungsregeln erfolgen (Mayring, 2003). Eine solche Vorgehensweise lässt jedoch dem/den Kodierer/n einen kaum zu kontrollierenden Interpretationsspielraum bei der Zuordnung von Fallstudien-Artikeln zu den Themen der IS bzw. WI.

In der Fachliteratur werden verschiedene Verfahren zur Berechnung der Reliabilität (Genauigkeit und Zuverlässigkeit) von Kodierungen beschrieben (siehe Atteslander, 2003, S. 228f.; Bortz & Döring, 2002, S. 274ff.; Klammer, 2005, S. 266 und die jeweils dort zitierte Literatur). Den Verfahren liegt die Annahme zugrunde, dass eine hohe Übereinstimmung bei der Kodierung zwischen verschiedenen Personen (Intercoderreliabilität) sowie zwischen derselben Person, die den gleichen Text mindestens zweimal kodiert (Intracoderreliabilität), ein Indikator für hohe Reliabilität ist. Eine hohe Reliabilität zeigt an, dass die Klassifikationsergebnisse einer Untersuchung genau und zuverlässig sind – durch die Berechnung von Reliabilitätskennzahlen versucht man folglich, dem Vorwurf des nicht zu kontrollierenden Interpretationsspielraums beim Kodieren zu begegnen.

Auswahl des Softwarepakets

Seit Beginn der 1980er Jahre werden zur Durchführung von Inhaltsanalysen Softwarepakete eingesetzt. Die Entwicklung der Softwarepakete wurde zu Beginn im akademischen Bereich vorangetrieben; in den letzten Jahren war und ist jedoch eine zunehmende Kommerzialisierung feststellbar (Atteslander, 2003). In der Fachliteratur wird eine Vielzahl von Softwarepaketen zur Inhaltsanalyse beschrieben (siehe z. B. Atteslander, 2003; Lewins & Silver, 2005). Auf Basis der Aufgabenstellung wurden drei zentrale Leistungsanforderungen an das auszuwählende Softwarepaket gestellt: (1) Lauffähigkeit auf Basis des Betriebssystems Windows, (2) Verarbeitung von PDF-Dokumenten[9] und (3) Funktionalität zur Berechnung der absoluten und relativen Häufigkeiten der Wörter im Text. Insgesamt wurden sechs verschiedene Softwarepakete auf der Basis von Demoversionen evaluiert und schließlich wurde das Softwarepaket ATLAS.ti in der Version 5.0 (http://www.atlasti.de/) ausgewählt, obwohl mit dem Produkt erstens die Verarbeitung von PDF-Dokumenten nicht möglich ist und zweitens kann keine Ausgabe der relativen Häufigkeiten von Wörtern in einer Ergebnisdatei durchgeführt werden. Es sei hier angemerkt, dass keines der evaluierten Softwarepakete diese beiden Leistungsanforderungen erfüllt hat[10], so dass schließlich das beste Preis-/Leistungsverhältnis den Ausschlag für ATLAS.ti gegeben hat.

Das Problem, PDF-Dokumente nicht verarbeiten zu können, wurde wie folgt gelöst: Die Fallstudien-Artikel wurden mittels der Adobe-Reader-Funktion <Als Text speichern...>, die im Menüpunkt <Datei> enthalten ist, als „.txt" oder „.rtf" gespeichert. Danach wurden die Fallstudien-Artikel in das Softwarepaket ATLAS.ti geladen

---

[9] Hierbei handelt es sich um das "Portable Document Format" der Firma Adobe Systems, das sich besonders für den Informationsaustausch über das Internet eignet und in dem auch die zu analysierenden Fallstudien-Artikel vorlagen.

[10] Ausgenommen die Zusatzfunktionalität MAXDictio aus dem Softwarepaket MAXQDA (http://www.maxqda.de/), mit der man die relative Häufigkeit berechnen und zusätzlich in einer Ergebnisdatei ausgeben kann.

und konnten mit der Funktion „Word Cruncher"[11] (zählt die Wörter in einem Text) weiterbearbeitet werden. Die Ergebnisdateien von ATLAS.ti werden im CSV-Format (Comma Separated Values) ausgegeben, was die Weiterverarbeitung in Statistik- und Tabellenkalkulationsprogrammen erleichtert.

Das Problem, dass die relativen Häufigkeiten der Wörter eines Textes nicht in einer Ergebnisdatei ausgegeben werden können, wurde wie folgt gelöst: Das Auswertungsergebnis der absoluten Häufigkeiten wurde in das Tabellenkalkulationsprogramm Microsoft Excel geladen und die relativen Häufigkeiten wurden automatisiert nach der manuellen Eingabe der entsprechenden Formel berechnet.

Pretest

Nach der Auswahl des Softwarepakets wurde ein Pretest mit mehreren englisch- und deutschsprachigen Fallstudien-Artikeln durchgeführt. Vor der Durchführung des Pretests wurden zwei Thesen vertreten, die auf Basis der Ergebnisse des Pretests vor Durchführung der Hauptuntersuchung noch verändert wurden.

These (1): Ausschließlich Substantive (z. B. Outsourcing) und Verben (z. B. to outsource) haben das Potenzial, Aufschluss über das Fallstudien-Thema zu geben. Dies impliziert, dass ursprünglich die These vertreten wurde, dass alle anderen Wortarten (Adjektive, Pronomen, Konjunktionen, Adverbien, Präpositionen, Artikel, Interjektionen, Junktoren und Numerale) kein Potenzial haben, um einen Rückschluss auf das Thema des Artikels zuzulassen. Die These wurde jedoch revidiert, da der Pretest gezeigt hat, dass neben Substantiven und Verben auch Adjektive einen Hinweis auf die thematische Ausrichtung eines Fallstudien-Artikels geben können – ein Beispiel: ein Fallstudien-Artikel aus dem *Journal of Strategic Information Systems* im Jahr 2001 zeigt im Auswertungsergebnis das Wort „Electronic"

---

[11] Die Funktion „Stopliste" wurde nicht verwendet. Diese Funktion bereinigt die Zählung um Ausdrücke wie beispielsweise „und", „oder", „der" usw.

auf dem zweiten Rang aller inhaltsrelevanten Wörter. Ein anderes Adjektiv, das in der IS bzw. WI Inhaltsrelevanz hat, ist das Wort „Online".

These (2): Es reicht aus, bei jedem Fallstudien-Artikel die drei am häufigsten vorkommenden inhaltsrelevanten Wörter festzustellen, um auf das Thema schließen zu können. Der Pretest hat gezeigt, dass diese These nicht haltbar ist, weil oftmals abstrakte Wörter wie „Information" oder „Systems" auf den vordersten Rängen liegen und erst die auf den nachfolgenden Rängen liegenden Wörter tatsächliche Inhaltsrelevanz aufweisen. Es wurde schließlich festgelegt, die jeweils fünf am häufigsten vorkommenden inhaltsrelevanten Wörter zu erheben.

Ausgewählte Ergebnisse

Im Folgenden werden ausgewählte Ergebnisse der Inhaltsanalyse beschrieben. Bei der Ergebnisdarstellung wird entsprechend den in Abschnitt 2 formulierten Forschungsfragen eine Zweiteilung vorgenommen.

Beschäftigen sich Fallstudien vorzugsweise mit bestimmten Themen?

Insgesamt wurden in den 1.446 Fallstudien-Artikeln 1.782 verschiedene Wörter (Substantive, Verben und Adjektive) identifiziert, die Aufschluss über die Themen der Artikel geben. Die Summe der absoluten Häufigkeiten über alle 1.782 Wörter beträgt 7.230, so dass jedes Wort im Durchschnitt 4,06 Mal in der Stichprobe vorkommt.

Die Konzentration der Verteilung berechnet mit dem *Konzentrationsmaß nach Lorenz-Münzner*[12] beträgt 0,68 und liegt somit wesentlich näher bei Eins (Maximalkonzentration) als bei Null (Nullkonzentration). Die recht hohe Konzentration der Verteilung kommt auch in der auszugsweisen Darstellung des Gesamtanalyseergebnis-

[12] Zur Berechnung siehe beispielsweise Hafner (1992, S. 51ff.).

ses zum Ausdruck (Tabelle 2). Beispielsweise machen die sechs am häufigsten genannten Wörter (AH > 100) in etwa 23 Prozent aller Nennungen aus.

Um festzustellen, ob sich Fallstudien-Artikel vorzugsweise mit bestimmten Themen beschäftigen, wurde wie folgt vorgegangen: Wie in der Einleitung (Abschnitt 1) erläutert, ist die IS (bzw. WI) eine Querschnittsdisziplin, die entweder einen betriebswirtschaftlich-ökonomischen-sozialwissenschaftlichen oder einen technisch-informatiknahen Schwerpunkt hat. Ordnet man die in Tabelle 2 angeführten Wörter einem der beiden Schwerpunkte zu (in manchen Fällen ist keine eindeutige Zuordnung möglich) und addiert man danach die jeweiligen absoluten Häufigkeiten und bildet die Summe für jeden Schwerpunkt, so kann festgestellt werden, ob die IS eher betriebswirtschaftlich-ökonomisch-sozialwissenschaftlich oder technisch-informatiknahe orientiert ist.

In Tabelle 2 sind die Zuordnungen angegeben, die das Resultat eines Diskussionsprozesses[13] von drei Experten sind (● = betriebswirtschaftlich-ökonomisch-sozialwissenschaftlich / ↔ = technisch-informatiknahe). Ist keine Zuordnung angegeben, so war aus Sicht der Experten eine eindeutige Klassifikation nicht möglich; das bedeutet, dass der Begriff vielfach in der Fachliteratur sowohl im betriebswirtschaftlichen Kontext als auch im Informatik-Kontext benutzt wird. Für den betriebswirtschaftlich-ökonomisch-sozialwissenschaftlichen Schwerpunkt ergibt sich eine Gesamtsumme von 1.087, für den technisch-informatiknahen Schwerpunkt eine Gesamtsumme von 650. Fazit ist daher, dass Fallstudien-Artikel eher betriebswirtschaftlich-ökonomisch-sozialwissenschaftlich orientiert sind.

---

[13] Es sei an dieser Stelle erwähnt, dass die Zuordnung der Begriffe zu einer der beiden Klassen (bzw. die Nicht-Zuordnung zu einer der beiden Klassen) interpretativen Charakter hat und somit als qualitative Forschungsaktivität angesehen werden kann.

Wort	AH	RH	Fortsetzung der linken Spalte		
INFORMATION	509	7,04	ELECTRONIC	31	0,43
SYSTEMS	337	4,66	PRODUCT	30	0,41
SYSTEM	325	4,50	ORGANIZATIONAL •	29	0,40
MANAGEMENT •	211	2,92	OUTSOURCING •	27	0,37
DATA ↔	152	2,10	SERVICE	27	0,37
BUSINESS •	138	1,91	STRATEGIC •	27	0,37
PROJECT •	89	1,23	COST •	26	0,36
PROCESS •	84	1,16	INTERNET	26	0,36
DEVELOPMENT ↔	76	1,05	STUDENTS	26	0,36
MODEL ↔	74	1,02	COMPANY •	25	0,35
KNOWLEDGE •	71	0,98	IMPLEMENTATION ↔	25	0,35
RESEARCH	65	0,90	STRATEGY •	25	0,35
USER •	64	0,89	TEAM •	25	0,35
DESIGN ↔	62	0,86	COMMUNICATION	24	0,33
TECHNOLOGY ↔	61	0,84	OFFICE •	24	0,33
SOFTWARE ↔	60	0,83	CUSTOMER •	23	0,32
USERS •	56	0,77	MIS	23	0,32
COMPUTER ↔	53	0,73	PERFORMANCE	23	0,32
GROUP •	48	0,66	DATABASE ↔	22	0,30
DECISION •	45	0,62	ERP	22	0,30
TIME	44	0,61	PROBLEM	22	0,30
UNIVERSITY	41	0,57	VALUE	22	0,30
SUPPORT	40	0,55	BANK •	21	0,29
PLANNING	39	0,54	DSS	21	0,29
WORK	39	0,54	QUALITY	21	0,29
CASE	37	0,51	EXPERT	20	0,28
MARKET •	34	0,47	FIRMS	20	0,28
NETWORK ↔	33	0,46	MANAGERS •	20	0,28
PROGRAM ↔	32	0,44			

Legende:

AH Absolute Häufigkeit
RH Relative Häufigkeit
•   betriebswirtschaftlich-ökonomisch-sozialwissenschaftlicher Schwerpunkt
↔   technisch-informatiknaher Schwerpunkt

Tabelle 2:   Gesamtanalyseergebnis über alle IS-Zeitschriften

Eine weitere wichtige Erkenntnis, die aus Tabelle 2 abgeleitet werden kann, ist, dass sich Fallstudien-Artikel überproportional oft mit ganz bestimmten Themen der IS auseinandersetzen; nämlich Outsourcing, ERP (Enterprise Resource Planning) und DSS (Decision Support Systems). Es sei erwähnt, dass die beiden letztgenannten Wörter bekannte Akronyme in der IS- bzw. WI-Community sind. Daraus folgt, dass es für Frequenzanalysen, die mit dem Ziel durchgeführt werden, den Inhalt eines Textes festzustellen, besonders vorteilhaft ist, wenn Akronyme bei den am häufigsten vorkommenden Wörtern sind, weil sie mehrere Wörter in sich vereinen und somit Hinweise auf den Inhalt eines Textes in sich „bündeln".

Wie veränderten sich die von Fallstudien behandelten Themen im Zeitablauf?

Wie bereits erwähnt, ist die Auseinandersetzung mit der eigenen Geschichte für jede wissenschaftliche Disziplin von Nutzen – für die IS bzw. WI insbesondere deshalb, weil die Geschichte zeigen kann, welchen Moden man aufgesessen war und welchen Trends man künftig folgen sollte. Im Folgenden werden die zentralen Ergebnisse der durchgeführten Analyse zur Entwicklung der Themen im Zeitablauf[14] dargestellt. In Tabelle 3 sind für neun verschiedene Zeitcluster zu jeweils fünf Jahren die häufigsten zehn Begriffe angeführt.

Ein erster zentraler Befund ist, dass die Anzahl der Fallstudien-Artikel im Zeitablauf zugenommen hat; siehe dazu die absoluten Häufigkeiten (AH) für die einzelnen Zeitcluster in Tabelle 3. Weiters kann Tabelle 3 entnommen werden, zu welcher Zeit bestimmte Begriffe entstanden sind und vor allem ob sich die Begriffe zunehmend verbreitet und auch etabliert haben. Der Begriff „Information" tauchte beispielsweise erstmals im Zeitraum 1970-1974 auf und war von da an immer auf den drei vordersten Rängen positioniert. Ähnliches gilt für den Begriff „Management", der ebenfalls im Zeitraum 1970-1974 erstmalig aufscheint und danach immer auf den fünf vordersten Rängen liegt. Des Weiteren ist der Begriff „Business" im Zeitraum 1990-1994 entstanden und bis heute ist der Begriff auf den vordersten

---

[14] Auf eine Darstellung des Zeitraums 1955-1959 wird verzichtet, weil die Anzahl der identifizierten Fallstudien-Artikel sehr klein ist und somit die Aussagekraft gering ist. Zudem werden die Werte für das Jahr 2005 nicht dargestellt, weil dieser Einjahrescluster nicht mit Fünfjahresclustern vergleichbar ist.

Rängen etabliert; daraus kann geschlossen werden, dass sich in den letzten eineinhalb Jahrzehnten eine zunehmende Orientierung in Richtung Betriebswirtschaft entwickelt hat.

Bei anderen Begriffen wie beispielsweise „Computer" ist ein gegenteiliger Trend zu beobachten. Der Begriff taucht erstmalig in den frühen Jahren der IS-Disziplin auf (1965-1969) und verschwindet ab dem Beginn der 1990er Jahre vollständig. Interessant ist zudem, dass sich bestimmte Trends – wie beispielsweise die Entstehung des Prozessdenkens und des Business Process Reengineering (Kettinger, Teng & Guha, 1997) – gut aus den Ergebnissen der Inhaltsanalyse ableiten lassen (1995-1999).

1960-1964	AH	RH	1965-1969	AH	RH	1970-1974	AH	RH
PROGRAM	4	5,00	SYSTEM	6	5,22	SYSTEM	9	9,00
MACHINE	3	3,75	TIME	6	5,22	DATA	7	7,00
SYSTEM	3	3,75	COST	3	2,61	SYSTEMS	4	4,00
DATA	2	2,50	COMPUTER	2	1,74	COMPUTER	3	3,00
INVENTORY	2	2,50	DECISIONS	2	1,74	DESIGN	3	3,00
LINK	2	2,50	FILE	2	1,74	INFORMATION	3	3,00
NETWORK	2	2,50	INVESTMENT	2	1,74	RESEARCH	3	3,00
NUMBER	2	2,50	LIST	2	1,74	ALGORITHM	2	2,00
PROGRAMS	2	2,50	MEMORY	2	1,74	COURSE	2	2,00
STORE	2	2,50	MODEL	2	1,74	MANAGEMENT	2	2,00

1975-1979	AH	RH	1980-1984	AH	RH	1985-1989	AH	RH
SYSTEM	23	7,93	SYSTEM	40	7,21	SYSTEM	70	7,41
INFORMATION	16	5,52	DATA	29	5,23	INFORMATION	69	7,30
DATA	14	4,83	INFORMATION	21	3,78	SYSTEMS	54	5,71
SYSTEMS	14	4,83	SYSTEMS	20	3,60	MANAGEMENT	30	3,17
MANAGEMENT	9	3,10	MANAGEMENT	11	1,98	DATA	26	2,75
PLANNING	7	2,41	TIME	11	1,98	USERS	18	1,90
MODEL	6	2,07	COMPUTER	10	1,80	MODEL	17	1,80
MIS	5	1,72	MIS	9	1,62	DECISION	14	1,48
COMPUTER	4	1,38	OFFICE	9	1,62	DEVELOPMENT	14	1,48
COST	4	1,38	PROGRAM	9	1,62	COMPUTER	13	1,38

1990-1994	AH	RH	1995-1999	AH	RH	2000-2004	AH	RH
INFORMATION	98	8,56	INFORMATION	119	7,53	INFORMATION	152	7,79
SYSTEMS	70	6,11	SYSTEMS	76	4,81	SYSTEMS	82	4,21
SYSTEM	64	5,59	MANAGEMENT	53	3,35	MANAGEMENT	58	2,97
MANAGEMENT	33	2,88	SYSTEM	47	2,97	BUSINESS	55	2,82
BUSINESS	24	2,10	BUSINESS	43	2,72	SYSTEM	48	2,46
DATA	23	2,01	PROCESS	35	2,22	KNOWLEDGE	30	1,54
DEVELOPMENT	17	1,48	PROJECT	28	1,77	PROJECT	30	1,54
GROUP	16	1,40	DEVELOPMENT	24	1,52	RESEARCH	29	1,49
USER	14	1,22	TECHNOLOGY	20	1,27	DATA	27	1,38
MODEL	12	1,05	GROUP	16	1,01	UNIVERSITY	27	1,38

Legende:

AH ... Absolute Häufigkeit
RH ... Relative Häufigkeit

Tabelle 3: Gesamtanalyseergebnis über alle IS-Zeitschriften im Zeitablauf

Bei der Interpretation der Ergebnisse aus Tabelle 3 ist aus sprachwissenschaftlicher Perspektive zu berücksichtigen, dass es möglich ist, dass sich Begriffe im Zeitablauf verändern, der Sinngehalt jedoch unverändert bleibt. Dies bedeutet, dass Personen zwar andere Begriffe verwenden, sie jedoch damit das gleiche Phänomen bezeichnen. Beispielsweise ist der Begriff „Machine" nur im Zeitcluster 1960-1964 zu finden – denkbar ist, dass dieser Begriff danach durch den Begriff „Computer" ersetzt wurde.

Statt eines Fazits: Eine These zur Entwicklung der Inhaltsanalyse

In diesem Beitrag wurde über eine quantitative Inhaltsanalyse berichtet, deren Ziel es ist, Aussagen über die von Fallstudien-Artikeln behandelten Themen sowie deren Entwicklung im Zeitablauf zu machen. Der Beitrag soll durch eine These abgeschlossen werden, die sich aus den im Forschungsprozess gemachten Erfahrungen sowie aus allgemeinen Entwicklungen in der IS bzw. WI ableiten lassen.

Die Disziplinen IS und WI sind Realwissenschaften (Heinrich, Heinzl & Roithmayr, 2007). Daraus folgt, dass der empirischen Forschung eine hohe Bedeutung zukommen sollte (Grün & Heinrich, 1997). Die empirische Forschung bedient sich im Allgemeinen verschiedenster Techniken zur Datenerhebung und Datenanalyse. Heinrich & Wiesinger (1997) kommen nach einer IS- und WI-Literaturanalyse zu dem Schluss, dass die schriftliche Befragung mit Fragebögen unangemessen häufig als Datenerhebungstechnik verwendet wird, obwohl bekannt ist, dass die Validität von Befragungsergebnissen durch verschiedene Formen eines Informant Bias stark negativ beeinflusst werden kann (Ernst, 2003). Bedenkt man, dass sich zudem zunehmend mehr Organisationen aufgrund eines fehlenden oder nicht ausreichend hohen Nutzens nicht mehr an Befragungen beteiligen[15], so re-

---

[15] Diese Behauptung spiegelt die persönlichen Erfahrung der Verfasser in der jüngeren Vergangenheit wider.

sultiert daraus zwangsläufig die Erkenntnis, dass andere Datenerhebungstechniken in Zukunft an Bedeutung gewinnen werden.

Die Inhaltsanalyse ist Datenerhebungstechnik und Datenanalysetechnik zugleich (Bortz & Döring, 2002). Fasst man einen Text als Untersuchungsobjekt auf, so ist die Inhaltsanalyse Erhebungstechnik, weil sie angibt, wie Eigenschaften des Textes zu messen sind. Bedenkt man, dass ein Text das Resultat einer vorangegangenen Datenerhebung (z. B. Interview oder Beobachtung) sein kann, so kann man den Text auch als Rohdaten auffassen, deren Auswertung von den Regeln der Inhaltsanalyse bestimmt wird.

Wird die Inhaltsanalyse als Erhebungstechnik eingesetzt (so wie im vorliegenden Beitrag geschehen), so sind mit ihrem Einsatz folgende Vorteile verbunden (Klammer, 2005): (1) Die Messung erfolgt nicht zu einem bestimmten Zeitpunkt, sondern es werden Zeiträume analysiert (Längsschnittmethode). (2) Sind die Texte verfügbar, so kann die Datenerhebung bzw. -auswertung ortsungebunden erfolgen und der Forschungsprozess ist besser planbar als bei anderen Methoden (z. B. Beobachtung). (3) Der gleiche Text kann unbegrenzt oft inhaltsanalytisch untersucht werden, da der Text als Untersuchungsobjekt durch die Analyse nicht verändert wird. (4) Die Inhaltsanalyse ist eine nichtreaktive Methode; das bedeutet, die Ergebnisse sind replizierbar und dieser Umstand erhöht die Wissenschaftlichkeit der Methode, weil Ergebnisse direkt überprüfbar sind. (5) Veränderungen während des Forschungsprozesses können besser als bei anderen Methoden nachträglich berücksichtigt werden, indem neu hinzugekommene Aspekte im Kategoriensystem Berücksichtigung finden.

Literatur

Atteslander, P. (2003). *Methoden der empirischen Sozialforschung*. 10. Auflage, Walter de Gruyter, Berlin/New York.

Avgerou, C.; Siemer, J.; Bjørn-Andersen, N. (1999). The academic field of information systems in Europe. In: *European Journal of Information Systems*, Volume 8, Number 2, 136-153.

Barki, H.; Rivard, S.; Talbot, J. (1988). An Information Systems Keyword Classification Scheme. In: *MIS Quarterly*, June, 298-322.

Barki, H.; Rivard, S.; Talbot, J. (1993). A Keyword Classification Scheme for IS Research Literature: An Update. In: *MIS Quarterly*, June, 209-226.

Benbasat, I.; Goldstein, D.K.; Mead, M. (1987). The Case Research Strategy in Studies of Information Systems. In: *MIS Quarterly*, Volume 11, Number 3, 368-386.

Bortz, J.; Döring, N. (2002). *Forschungsmethoden und Evaluation für Human- und Sozialwissenschaftler*. 3. Auflage, Springer, Berlin et al.

Dubé, L.; Paré, G. (2003). Rigor in Information Systems Positivist Case Research: Current Practices, Trends, and Recommendations. In: *MIS Quarterly*, Volume 27, Number 4, 597-635.

Eisenhardt, K.M. (1989). Building Theories from Case Study Research. In: *Academy of Management Review*, Volume 14, Number 4, 532-550.

Ernst, H. (2003). Ursachen eines Informant Bias und dessen Auswirkung auf die Validität empirischer betriebswirtschaftlicher Forschung. In: *Zeitschrift für Betriebswirtschaft*, 73. Jahrgang, Heft 12, 1249-1275.

Frank, U. (1997). Erfahrung, Erkenntnis und Wirklichkeitsgestaltung – Anmerkungen zur Rolle der Empirie in der Wirtschaftsinformatik. In O. Grün & L.J. Heinrich (Hrsg.), *Wirtschaftsinformatik – Ergebnisse empirischer Forschung*, Springer, Wien/New York, 21-35.

Gadenne, V. (1997). Wissenschaftstheoretische Grundlagen der Wirtschaftsinformatik. In O. Grün & L.J. Heinrich (Hrsg.), *Wirtschaftsinformatik – Ergebnisse empirischer Forschung*, Springer, Wien/New York, 7-20.

Grün, O.; Heinrich, L.J. (1997). *Wirtschaftsinformatik – Ergebnisse empirischer Forschung*. Springer, Wien/New York.

Hafner, R. (1992). *Statistik für Sozial- und Wirtschaftswissenschaftler*. Springer Wien/New York.

Heinrich, L.J.; Wiesinger, I. (1997): Zur Verbreitung empirischer Forschung in der Wirtschaftsinformatik. In O. Grün & L.J. Heinrich (Hrsg.), *Wirtschaftsinformatik – Ergebnisse empirischer Forschung*, Springer, Wien/New York, 37-49.

Heinrich, L.J.; Heinzl, A.; Roithmayr, F. (2007). *Wirtschaftsinformatik – Einführung und Grundlegung*. 3. Auflage, Oldenbourg Wien/München.

Heinrich, L.J. (2005). Forschungsmethodik einer Integrationsdisziplin: Ein Beitrag zur Geschichte der Wirtschaftsinformatik. In: *International Journal of History & Ethics of Natural Sciences, Technology & Medicine*, Volume 13, 104-117.

Herzwurm, G.; Stelzer, D. (2003). Wirtschaftsinformatik versus Information Systems – Eine Gegenüberstellung der Forschungsinhalte zweier Wissenschaftsdisziplinen. Unveröffentlichtes Manuskript. Stand: 2003-09-08.

Holsti, O.R. (1969). *Content analysis for the social sciences and humanities*. Reading, MA: Addison-Wesley Publishing Company.

Ives, B.; Hamilton, S.; Davis, G. (1980). A framework for research in computer-based management information systems. In: *Management Science*, Volume 26, Number 9, 910-934.

Keen, P.G.W. (1980). MIS Research: Reference Disciplines And A Cumulative Tradition. In: *Proceedings of the First International Conference on Information Systems*, 9-18.

Kettiner, W.J.; Teng, J.T.C.; Guha, S. (1997). Business Process Change: A Study of Methodologies, Techniques, and Tools. In: *MIS Quarterly*, March, 55-80.

Klammer, B. (2005). *Empirische Sozialforschung – Eine Einführung für Kommunikationswissenschaftler und Journalisten*. UVK, Konstanz.

Lange, C. (2005a). Development and Status of the Information Systems / Wirtschaftsinformatik Discipline. An Interpretive Evaluation of Interviews with Renowned Researchers: Part II – Results Information Systems Discipline. ICB-Research Report No. 3, December, Universität Duisburg-Essen.

Lange, C. (2005b). Ein Bezugsrahmen zur Beschreibung von Forschungsgegenständen und -methoden in Wirtschaftsinformatik und Information Systems. ICB-Research Report No. 1, August, Universität Duisburg-Essen.

Lange, C. (2006). Entwicklung und Stand der Disziplinen Wirtschaftsinformatik und Information Systems – Interpretative Auswertung von Interviews: Teil III Ergebnisse zur Wirtschaftsinformatik. ICB - Research Report No. 4, February, Universität Duisburg-Essen.

Lee, A.S. (1989). A Scientific Methodology for MIS Case Studies. In: *MIS Quarterly*, Volume 13, Number 1, 32-50.

Lewins, A.; Silver, C. (2005). Choosing a CAQDAS Package. Working Paper, 3rd edition, November, Summarized excerpt from forthcoming Sage Publication "Using Software for Qualitative Data Analysis: A step-by-step Guide".

Lisch, R.; Kriz, J. (1978). *Grundlagen und Modelle der Inhaltsanalyse – Bestandsaufnahme und Kritik*. Rowohlt, Reinbek.

Mayring, Ph. (2003). *Qualitative Inhaltsanalyse – Grundlagen und Techniken*. 8. Auflage, Beltz, Weinheim.

Merten, K. (1995). *Inhaltsanalyse*. Westdeutscher Verlag, Opladen.

Riedl, R. (2006). Erkenntnisfortschritt durch Forschungsfallstudien: Überlegungen am Beispiel der Wirtschaftsinformatik. In: S. Zelewski & N. Akca (Hrsg.), *Fortschritt in den Wirtschaftswissenschaften: Wissenschaftstheoretische Grundlagen und exemplarische Anwendungen*, Deutscher Universitäts-Verlag, Wiesbaden, 113-145.

Riedl, R.; Roithmayr, F. (2007). Zur Verbreitung der Fallstudie in der Wirtschaftsinformatik. In: Lehner, F. & Zelewski, St. (Eds.): Wissenschaftstheoretische Fundierung und wissenschaftliche Orientierung der Wirtschaftsinformatik, GITO, Berlin, 35-60.

Yin, R.K. (2003). *Case Study Research – Design and Methods*, 3rd Edition, London/New Delhi.

Gerhard Schwabe

Designorientierung in der Wirtschaftsinformatik –
ein Beitrag zu einer Streitschrift

Prof. Dr. Gerhard Schwabe
Universität Zürich
Institut für Informatik
Binzmühlestrasse 14
CH-8050 Zürich
schwabe@ifi.uzh.ch

Einleitung

Die deutsche Wirtschaftsinformatik steht unter Druck: In einer zunehmenden Zahl von Universitäten werden nicht mehr Professoren berufen, sondern Publikationslisten[1]. Unabhängig von ihrer tatsächlichen Qualität haben hier deutschsprachige Publikationen den Ruf der Zweitklassigkeit. Erstklassige Zeitschriften werden eher im amerikanischen oder europäischen Kontext vermutet. Die Wirtschaftsinformatik wird sich diesem Trend nur noch eine begrenzte Zeit mit den Hinweis auf ihre internationale Einmaligkeit verwehren können. Sie wird sich internationalisieren müssen, nicht nur, indem sie ihre eigenen Forschungsergebnisse international besser zugänglich macht (z.B. durch Internationalisierung der Zeitschrift „Wirtschaftsinformatik"), sondern indem sie sich internationale Qualitätsmaßstäbe zueigen macht. Für die deutschsprachige Wirtschaftsinformatik ist es eine glückliche Fügung, dass auch die anglo-amerikanische Information Systems-Forschung gerade versucht, aus einer Sackgasse herauszukommen, in die sie hauptsächlich aus institutionellen Gründen (siehe weiter unten) gelangt ist. Sie hat den Bezug zur Informationstechnologie weitgehend verloren, d.h. das „Artefakt" spielt eine zunehmend geringere Rolle [Hevner et al. 2004], insbesondere Fragen des Designs von Informationssystemen. Sie wird von der Praxis nicht als relevanter Ansprechpartner wahrgenommen [Lee 1999] und droht mangels Differenzierungsmöglichkeiten als zweitklasse Organisationswissenschaft oder Marketingdisziplin marginalisiert zu werden. Der Weg der amerikanischen Information-Systems-Forschung ist ein Paradebeispiel dafür, wie falsch-verstandenes Drängen auf messbare Qualitätsmaßstäbe in einem wettbewerbsorientierten Forschungsumfeld unbeabsichtigte schädliche Folgen haben können. Bevor auf dieses Problem weiter eingegangen wird, sei ein dritter für die Wirtschaftsinformatik-Forschung wesentlicher Trend genannt: Die Informatik-Forschung öffnet sich der Empirie: Neue Systeme werden in guten Publikationen nicht nur beschrieben, sondern der empi-

[1] so auch Helmut Krcmar in einer persönlichen Unterhaltung.

rische Nachweis erbracht, dass die behauptete Verbesserung (Effizienz, Nutzerzufriedenheit…) auch eintritt. Aus Sicht der Ansprüchen der empirischen Wirtschaftsinformatikforschung wirken die typischen nutzerorientierte Evaluationen der Informatikforschung eher einfach, aber es ergibt sich zunehmend die Chance, auch in der Informatik zu publizieren. Im Folgenden argumentiere ich, wie sich eine Wirtschaftsinformatikforschung in diesem Umfeld positionieren muss, dass sie ihre eigene Identität bewahrt, das Beste aus Nachbardisziplinen aufgreift und deren Fehler vermeidet. Dabei werde ich auch auf offensichtliche aktuelle Schwächen eingehen, bin aber insgesamt der Überzeugung, dass die Wirtschaftsinformatik ihre besten Forschungsarbeiten erst in Zukunft schreiben wird.

Designorientierung als Kennzeichen der Wirtschaftsinformatikforschung

Die Wirtschaftsinformatikforschung ist aus Sicht der amerikanischen IS-Forschung deshalb interessant, weil sie im Unterschied zur Mehrheit der Amerikaner designorientiert arbeitet und damit aus Sicht der Praxis relevant ist. Die deutsche Wirtschaftsinformatikforschung will in der Tradition der deutschen Betriebswirtschaftslehre Probleme lösen. Heinrich [2005] nennt sie deshalb nicht eine Wissenschaft, sondern eine „Kunstlehre" . Sie tut das in der Mehrheit durch einen konstruktiven Ansatz, indem Prototypen oder soziotechnische Systeme entworfen werden. Frank [2006] subsummiert dies unter den Oberbegriff einer „Untersuchung möglicher Welten", da er von der Suche nach „Erklärung" als dem überragenden Ziel der Wissenschaft und als primäre Entität [Gellein 1992] jedes Wissenschaftsmodells ausgeht. Dieses Ziel gilt sicherlich für die Naturwissenschaften und weite Zweige moderner Sozialwissenschaften. Für die Ingenieurwissenschaften ist aber traditionell die „Nützlichkeit" das primäre Ziel[2]. Es ist beispielsweise kein primäres Ziel des Maschinenbaus, Automoto-

---

[2] Sie waren wohl auch deshalb lange nicht Mitglied von „Universitäten" sondern „nur" von Technischen Hochschulen

ren zu erklären, sondern nützliche Automotoren zu entwickeln und dann sowohl deren Konstruktionsprinzipien zu verstehen, als auch einen empirischen Nachweis ihrer Nützlichkeit (z.B. gemessen in ihrer Leistung, Umweltfreundlichkeit o.ä.) zu erbringen. Diese Aussagen zu ihren Konstruktionsprinzipien und der Nachweis ihrer Nützlichkeit müssen natürlich wahr sein, aber die primäre Entität im Wissenschaftsmodell der Ingenieure ist die Nützlichkeit- präziser: es ist die Innovation, die nützlich ist (in der Regel ist die Innovation ein Artefakt). Die Erklärung der Konstruktionsprinzipien und die theoretische Erklärung eines empirischen Nützlichkeitsnachweises ergibt nur im Bezug auf die Nützlichkeit einen Sinn.

Der ingenieurwissenschaftliche Zweig der Informatik[3] hat sich dieses Verständnis zu eigen gemacht. Zunehmend wir dort die Nützlichkeit eines Artefakts nicht mehr nur argumentativ sondern auch empirisch belegt (z.B. durch Nutzertests oder Messungen). Diese folgen dabei meist nicht der Forderung Franks, dass eine Evaluation theoriegestützt sein muss [Frank 2006], denn es muss ja nur ein Bezug zur dominanten Entität der Nützlichkeit hergestellt werden, nicht zu einer Theorie.

Sind die Ingenieurwissenschaften ein Vorbild für Wirtschaftsinformatik? Diese Frage lässt sich in zwei Subfragen unterscheiden:

1. Forschen die Wirtschaftsinformatiker wie die Ingenieure? und

2. Sollten die Wirtschaftsinformatiker wie Ingenieure forschen?

Forschen die Wirtschaftsinformatiker wie die Ingenieure?

Zur ersten Frage sei angemerkt, dass es hohe externe Anreize für die Wirtschaftsinformatiker gibt, wie die Ingenieure zu forschen: Immer dann, wenn eine Wissenschaft (insbesondere eine Naturwissenschaft)

---

[3] der andere Zweig der theoretischen Informatik ist stark mathematisch ausgerichtet

von einer mit Theorien arbeitenden, erklärenden Wissenschaft zu einer ingenieurwissenschaftlich arbeitenden, gestaltenden Wissenschaft wird, vervielfacht sich ihre Mittelausstattung. Dies lässt sich nicht nur an der Entwicklung des Maschinenbaus und der Elektrotechnik aus der Physik belegen, sondern auch an der Entwicklung der Biotechnologie aus der lange stiefmütterlich behandelten Biologie und nicht zuletzt am Boom der Volkswirtschaftslehre in den 70er Jahren (als man sich viel von dem „Engineering" von Volkswirtschaften auf der Basis von Konzepten wie der Volkswirtschaftlichen Gesamtrechnung und des Keynesianismus versprach). Entsprechend ließ sich für eine ingenieurwissenschaftlich ausgerichtete Wirtschaftsinformatik deutlich mehr Geld mobilisieren als für eine auf Erklärung ausgerichtete Disziplin. Die Geldakquise war auch deshalb leichter, weil bei einer Forschung, die auf Nützlichkeit ausgerichtet ist, viel leichter eine Zielkongruenz mit einem industriellen Geldgeber (oder einem auf Ingenieurforschung ausgerichteten Instrument wie den IST-Forschungsprogrammen der EU) herstellen lässt als bei erklärender Forschung. Erst seit ca. 2000 ist zu beobachten, dass das Kernkriterium A-Publikation auch in der Wirtschaftsinformatik die eingeworbenen Drittmittel als primäres Leistungsmerkmal ersetzt und damit andere Anreize insbesondere für den wissenschaftlichen Nachwuchs gesetzt werden.

Bei dem klassischen Anreizsystem ist es also nicht verwunderlich, dass sich viele Wirtschaftsinformatiker sich dem Ingenieurwissenschaftlichen Grundverständnis verschreiben. Aber forschen sie dann in konkreten Projekten genauso wie die Ingenieure? Wenn die Wirtschaftsinformatik genauso arbeiten würde wie die Ingenieurwissenschaften, dann hätte sie nicht so viele Probleme, wissenschaftliche Anerkennung bei ihrer Nachbardisziplin, der ingenieurwissenschaftlich ausgerichteten Informatik, zu finden. Sie betrachtet eine andere Domäne, gestaltet andere Systeme und pflegt andere Qualitätsmaßstäbe.

Während die (ingenieurwissenschaftlich ausgerichtete) Informatik technische Systeme gestaltet und allenfalls Anforderungen aus dem organisatorischen, rechtlichen und sozialen Umfeld erhebt, untersucht und gestaltet die Wirtschaftsinformatik sozio-technische Systeme. Sozio-technische Systeme sind schwieriger aus einem Kontext zu lösen und Veränderungen sind schwieriger zu messen, da sie als Gesamtsysteme schlecht zugänglich und im Labor nicht nachbildbar sind [Frank 2006]. Dennoch hieße es, das Kind mit dem Bade ausschütten, wenn man den ingenieurwissenschaftlichen Ansatz in der Wirtschaftsinformatik deshalb ganz verwirft. Zum einen gibt es Methoden wie z.B. die Pilotierungsforschung [Witte 1997, Schwabe &Krcmar 2000]. zum anderen hat ja die Messung eine dienende Funktion. Interessanterweise wurde dieser Aspekt auf der aktuellen Informatikkonferenz zu Computer Human Interfaces CHI (2008) in mehreren Beiträgen renommierter Forscher wiederholt betont [Greenberg et al 2008] ; d.h. es darf erwartet werden, dass das bestmögliche getan wird, den Nachweis der Nützlichkeit zu erbringen, aber dennoch kann sich die Innovation nicht nur nach den üblichen Nachweismethoden der Nützlichkeit im engen Sinne richten. Da die Wirtschaftsinformatik Wurzeln in der Ökonomie und enge Bindungen zu anderen Sozialwissenschaften (Psychologie, Soziologie....) hat, wäre sie grundsätzlich dazu prädestiniert, auf vergleichsweise hohem Niveau den Nachweis der Nützlichkeit zu erbringen und die Ursachen (!) der Nützlichkeit sogar theoretisch zu untermauern – auch für Systeme dessen vollständiger Einsatz, und damit auch die klassische Evaluierung, noch gar nicht vollständig möglich sind. Ein berechtigter Vorwurf an die Wirtschaftsinformatik ist es, dass sie dies bisher zu wenig tut (mehr dazu weiter unten).

Die Qualitätsmerkmale der Wirtschaftsinformatik sind diffus – nicht zuletzt wegen ihrer Methodenvielfalt und wegen einer geringen Qualitätskultur. „Erfolg" (gemessen in Drittmitteln) war auch ohne hohe Qualitätsmaßstäbe zu erzielen. In den guten Zeiten der Wirtschaftsinformatik war die Größe eines Lehrstuhls nicht durch einen knappen

Zugang zu Drittmitteln begrenzt, sondern durch seine Leitungsspanne und durch den Zugang zu qualifiziertem Personal. Das gewonnene Personal wurde direkt in Projekten eingesetzt und es wurde keine Zeit in eine methodische und theoretische Grundausbildung investiert. Hieraus resultieren einige von Lyttinnen et al [2007] beklagten Qualitätsprobleme:

1. Die Forscher kennen die Literatur und die dort angeführten Theorien, Modelle und Systeme nicht. Damit ist ihre Forschung im besten Fall nur nicht anschlussfähig an bestehende wissenschaftliche Diskurse; immer wieder besteht die Forschung sogar aus einer Neuerfindung des Rades und schlecht konstruierten Artefakten. Ersteres beklagt die Ökonomie, letzteres die Informatik.

2. Die Forscher sind methodisch schlecht ausgebildet. Das fängt bei dem Grundverständnis an, wie man methodisch sauber Forschung macht und reicht bis zur Kenntnis einzelner Methoden. Ärgerlich wird das dann, wenn ganze Methoden durch ihre unsaubere Anwendung diskreditiert werden, z.B. die Fallstudienforschung, die unter ihrer „Verwechslung" mit Fallbeispielen leidet. Bei der ingenieurwissenschaftlichen Forschung bietet sich zumindest der empirische Teil für einen sauberen Methodeneinsatz an. Aus einer Analyse der Publikationen in der Zeitschrift „Wirtschaftsinformatik" zieht Heinrich [2005, S. 113] den Schluss „Aus diesen Erklärungsversuchen gibt es nur eine Schlussfolgerung: Es fehlt an der forschungsmethodischen Bildung der Forscher." und setzt weiter unten in einer wohlwollenden Interpretation des Status Quo fort: „Meiner Überzeugung nach befindet sich die Wirtschaftsinformatik auf dem Weg zu einer noch weitgehend unbekannten, neuen Wissenschaft, deren spezifische Forschungsmethoden erst noch gefunden oder sogar erfunden und erprobt werden müssen. Sie sollte sowohl empirische als auch theoretische Wissenschaft sein, sollte Ursachen beschreiben und erklären und Folgen prognostizieren."

3. In der Wirtschaftsinformatik herrscht eine vergleichsweise oberflächliche Review-Kultur. Zwar achtet man sehr darauf, durch Peer-Reviews ein Qualitätssignal zu senden. Aber viel zu oft werden Reviews an Assistenten abgegeben oder nur kurz heruntergeschrieben. Dabei ist es noch nicht einmal so schlimm, dass möglicherweise die „falschen" Papers an Konferenzen angenommen werden; die sehr knappen Verbesserungshinweise nehmen die Möglichkeit, zu lernen und zwar sowohl den Begutachteten wie auch den Gutachtern. Hier ist sowohl die Ausbildung, als auch die Praxis in den USA sehr viel weiter, findet man doch in ausgezeichneten Zeitschriften teilweise Reviews, die länger sind als die eingereichten Artikel und dies von den besten Wissenschaftlern des Feldes. In jedem Fall erhält ein ernsthafter Artikel ein konstruktives Feedback [Lytinnen et al. 2007].

Der Autor dieses Artikels ist insbesondere besorgt über die schlechte Review-Kultur und Auswahlkultur in dem Aushängeschild der Disziplin – der Tagung „Wirtschaftsinformatik". Während in anderen Disziplinen (z.B. bei den E-CSCW-Tagungen) tagelang inhaltlich gerungen wird, welche Beiträge angenommen werden, werden in der Wirtschaftsinformatik-Tagung allenfalls die Aggregationskriterien diskutiert, aber sonst auf der Basis von Durchschnitten entschieden. Damit geht auch die schlechte Qualität der Reviews unter. Entschieden weiter sind die Amerikaner (z.B. auf der ICIS) mit ihren Associate Editoren, die die Reviews noch einmal würdigen und dann zu einem Gesamturteil kommen.

4. Die Wirtschaftsinformatik hat eine schlechte Schreibkultur. Ein guter Teil der Professoren schreibt wenig selbst und delegiert die Schreibarbeit weitgehend an ihre Assistierenden. Mit dem Verlust der Fähigkeit zu schreiben verlieren sie schleichend auch die Fähigkeit, die Assistierenden bei ihren Schreibarbeiten anzuleiten. Aus Sicht der „eingeworbene-Drittmittel-Logik" ist es wichtiger, Kontakt zum Netzwerk von möglichen Drittmittelgebern

aufrecht zu halten. Hier gibt es natürlich bedeutende Ausnahmen – so ist Scheer dafür bekannt, dass er seine wesentlichen Bücher selbst geschrieben hat. Lyttinen et al [2007] beklagen noch den blumigen Stil der Publikationen, der durch philosophisch angehauchte, komplizierte Gedankengänge logische Brüche in der eigenen Forschung überdeckt, während die amerikanische Welt nüchtern und klar verfasste Artikel bevorzugt.

Zusammenfassend bedeutet dies: Die Wirtschaftsinformatik wäre grundsätzlich gerade als gestaltende Disziplin gut positioniert; leider nutzt sie diese Potentiale aber nicht.

Sollten die Wirtschaftsinformatiker wie die Ingenieure forschen?

Lyttinen et al. [2007] bringen das amerikanische Forschungsverständnis wie folgt auf den Punkt: Ziel ist nicht Wissen zu schaffen und durch Publikationen zu verbreiten, sondern es wird publiziert, um ein akademisches Karriereziel zu erreichen. Wenn dieses Ziel ausschlaggebend für die Wahl einer Forschungsmethode ist, dann kann *einzelnen* Forschern nicht ernsthaft zu einer ingenieurwissenschaftlichen Vorgehensweise geraten werden und zwar schlicht deshalb, weil – hohe Qualität vorausgesetzt - Aufwand und Risiko im Vergleich beispielsweise zu einer ökonometrischen Studie, zu einem Experiment oder zu einem Survey zu hoch sind. Gute Forschung baut in jedem Fall auf eine gute Literaturarbeit auf – und deren Umfang ist unabhängig von der Forschungsmethode. Auch die Konzeptentwicklung hat ungefähr den gleichen Aufwand bei behavioristischen und bei ingenieurwissenschaftlich ausgerichteten Arbeiten. Bei ingenieurwissenschaftlicher Forschung muss ein System in einer testfähigen Fassung entwickelt werden und im Anschluss ist der empirische Nachweis zumindest des Nutzens zu erbringen. Der Aufwand dieser beiden Schritte ist deutlich höher als der der Datenerhebung und –analyse in der behavioristischen Forschung. Hinzu kommt das Risiko. Während für einen behavioristisch ausgerichteten Forscher auch eine Widerlegung von Hypothesen ein spannendes Ergebnis sein kann, ist eine nutzlose Software in der Regel uninteressant. Deshalb verwundert es mich nicht, dass amerikanische Kollegen derzeit zwar viel über die Notwendigkeit von designorientierter Forschung diskutieren, es aber nicht umsetzen. Es lohnt sich nicht in deren Anreizsystem.

In der deutschsprachigen Wirtschaftsinformatik sind die Anreizsysteme und die institutionellen Gegebenheiten andere als in der angelsächsischen Welt. Die überwiegende Mehrzahl der Doktoranden hat kein akademisches Karriereziel. Weiterhin sind Studierende über Bachelor- und Masterarbeiten aktiv an der Forschung beteiligt. Zudem sind die Arbeitsgruppen größer und besser ausgestattet. In einem solchen Umfeld können riskantere und länger dauernde Forschungsprojekte begonnen werden, ohne dass es für die einzelnen Forschenden ein Berufsrisiko darstellt. Hat eine Gruppe ein neues Softwaresystem (oder ein anderes Artefakt) zu einer Reife gebracht und dessen Nützlichkeit nachgewiesen, winkt potentiell ein reicher (Publikations-) Lohn: Nicht nur das Design des Artefakts kann von Bedeutung sein, sondern es gilt auch, das System einzuordnen, seine Wirkungen zu evaluieren, Methoden daraus zu abstrahieren und hergebrachte Theorien aus den Referenzdisziplinen zu überprüfen sowie weiterzuentwickeln. Wenn eine Forschungsgruppe das neue Softwaresystem dann weiterentwickelt, hat sie quasi ein Monopol für eine ganze Forschungsrichtung.

Hinweise, wie dies zu geschehen hat, sind in dem vieldiskutierten Werk von Hevner et al. [2004] zu Design-Sciences nachzulesen. Es ist kein Zufall, dass ein Co-Autor dieses Werkes von der University of Arizona kommt, wurde doch dort in Jay Nunamaker's Gruppe über mehr als zwei Jahrzehnte hinweg hunderte von Publikationen zu den Wirkungen und Potentiale von Groupsystems publiziert. Die deutsche Wirtschaftsinformatik hat zwar keine derartigen Erfolgsstories, aber es gibt doch einige erfolgreich entwickelte Softwaresysteme und sonstige Artefakte, die ebenso erfolgreich publiziert wurden. Im Vergleich zu Arizona wurden jedoch die Publikationspotentiale bei weitem nicht so gut genutzt. Der Autor schaut hier auch selbstkritisch auf seine Habilitationsschrift zur erfolgreichen Entwicklung einer neuen Software für Gemeinderäte [Schwabe 2000], aus der er viel zu wenige Zeitschriften- und Konferenzpublikationen entwickelt hat.

Für einen deutschen Wirtschaftsinformatiker gibt es neben einem reichen Publikations-Output noch weitere Kriterien, die designorientierte Forschung interessant machen. Durch sie ist die Forschung relevant, zukunftsorientiert und macht kreativen Menschen mehr Spaß. Da Wirtschaftsinformatik-Lehre sich hauptsächlich mit der Gestaltung von sozio-technischen Systemen beschäftigt, ermöglicht eine designorientierte Forschung die Einheit von Forschung und Lehre.

Aus diesen Gründen sind *Forschungsgruppen* gut beraten, wenn sie auch designorientierte Forschung betreiben.

Wie sollte die Wirtschaftsinformatik designorientiert forschen?

Es kann sich also lohnen, in der Wirtschaftsinformatik designorientiert zu forschen. Wie sollte die Forschung angelegt sein? Meiner Meinung nach sollten Forschungsgruppen erstens die Forschung professionell und zweitens nicht ausschließlich designorientiert arbeiten: Zu einem professionellen Arbeiten gehört:

1. Eine umfassende und saubere Literaturarbeit. Dies umfasst nicht nur eine gute Einarbeitung in die Domäne und in den technologischen State-of-the Art, sondern auch die Literatur zu Nutzen und Wirkungen. Dabei müssen geeignete Theorien und konzeptuelle Modellen ausgewählt werden, auf denen die Evaluation basiert; weiterhin sind verwandte empirische Ergebnisse zu suchen, mit denen die eigenen verglichen werden können. Und nicht zu-

letzt ist die Literaturarbeit nicht nur als Feigenblatt anzusehen, sondern als ein Weg, Lücken der Forschung sauber zu identifizieren, auf Bekanntem aufzubauen und ein Untersuchungsdesign zu begründen.

2. Eine saubere Dokumentation eines Bedarfs - sei es aus Sekundärquellen oder durch eigene Datenerhebung. Die saubere Dokumentation von Anforderungen stellt eine bedenkliche Lücke in vielen Forschungsvorhaben dar; das ist deshalb schade, weil ein tiefes Verständnis von Nutzeranforderungen häufig ein bleibenderes Forschungsresultat darstellt, als ein bestimmtes Artefakt. Auf der Ebene des Nutzerbedarfs lässt sich breiter forschen, als in nachfolgenden Design- und Evaluationsphasen. Während eine Intervention in der Regel nur in einer Organisation möglich ist, kann der Bedarf in vielen Organisationen erhoben werden. So haben wir in ein designorientiertes Forschungsprojekt zum Wissenstransfer in Outsourcing-Beziehungen durch Interviews in mehr als 20 Organisationen abgestützt.

3. Eine empirische Evaluation des Nutzens oder der Wirkungen – im Idealfall ist diese theoriebasiert. Das ist zwar schwierig, aber nicht so schwierig, wie Frank behauptet [Frank 2006]. Hier wird in der Wirtschaftsinformatikforschung die Möglichkeit von Experimenten mit Nutzern sträflich unterschätzt. Nutzen für und Wirkungen auf Einzelpersonen und Gruppen lassen sich so in der Regel evaluieren. Für die Wirkung auf Prozesse und Organisationen kann auf Pilotprojekte zurückgegriffen werden.

4. Einbettung in ein Forschungsprogramm: Gute, designorientierte Forschung ist wegen ihres Aufwands nur dann erfolgreich wenn sie nicht nur als ein Forschungs*projekt* behandelt, sondern als ein Forschungs*programm* angesehen wird bzw. die einzelnen Designaktivitäten in ein Forschungsprogramm eingebettet sind. Zu den Unterschieden zwischen Projekten und Programmen vgl.

[Ward&Daniel 2006, S. 329]: Ein Projekt wird gestartet, um ein vorher definiertes (Forschungs-)Ziel mit bestimmten Ressourcen in einer bestimmten Qualität zu erreichen. Für ein Projekt stimmt die Anforderung von Lytinnen et al., dass Forschung ein klares Ziel bzw. eine Forschungsfrage hat und in der Regel in inkrementellen Schritten vorangeht. Programme hingegen entwickeln Forschungsfähigkeiten und gehen größere Schritte. Ein Forschungsprogramm umfasst eine Reihe von voneinander abhängigen Projekten. Diese Projekte können zu Programmbeginn bestehen, als potentielle Projekte angedacht sein oder auch als emergente Projekte während der Programmlaufzeit entstehen. Diese Unterscheidung zwischen Projekten und Programmen gibt sowohl der Zielorientierung als auch dem Opportunismus einen geeigneten Stellenwert und ermöglicht ein iteratives Vorgehen und langfristige Lernprozesse. Ein geeigneter organisatorischer Rahmen für Forschungsprogramme können Kompetenzzentren sein. Hier spielt St. Gallen eine Vorreiterrolle.

5. Zeit und Raum für gute Publikationen schaffen. Ein Gutteil designorientierter Forschung wird dazu verwendet, die technischen, organisatorischen und fachlichen Voraussetzungen zu schaffen. In der Regel fällt dieser Aufwand in den frühen Phasen des Projekts an. Die unmittelbar publikationsträchtigen Ergebnisse fallen dagegen in die letzten Phasen eines Forschungsprogramms, gleichzeitig mit anderen Abschlussarbeiten. Viele Publikationspotentiale werden deshalb aus Zeitgründen nicht genutzt - sei es, indem sie ganz entfallen oder nicht in ausreichender Qualität verfasst werden. Zu einer sauberen Planung gehört deshalb eine Publikationsplanung auf Projektebene und eine aktive Beteiligung der Professoren. Die Ergebnisse sind nüchtern und sachlich zu beschreiben. Hier ist die amerikanische Forschung vorbildlich – was sich nicht zuletzt darin zeigt, dass sie auch von deutschen Lesern präferiert wird.

Aus drei Gründen ist es nicht empfehlenswert, als Forschungsgruppe ausschließlich auf designorientierte Forschung zu setzen. Zum ersten ist sie riskant. Nicht nur kann sich die Design-Idee als nicht tragfähig erweisen, sondern sie kann so gut sein, dass kommerzielle Unternehmen sie aufgreifen und sehr viel schneller fortentwickeln, als das einem universitären Forscher möglich ist. Zum zweiten lassen sich die Fähigkeiten zu einem anspruchsvollen, sauberen empirischen Arbeiten kaum während eines designorientierten Forschungsprojekts erlernen. Es fehlen die Zeit zum Erlernen und der Raum, Fehler zu machen. Deshalb ist es empfehlenswert, in einer Forschungsgruppe in separaten Forschungsprojekten Forschungskompetenz zur behavioristischen Forschung aufzubauen und auf diese dann von Zeit zu Zeit in designorientierten Forschungsprogrammen zumindest für die Qualitätssicherung zuzugreifen. Der dritte Grund ist der Gleiche wie für designorientierte Forschung: Es macht Spaß, behavioristisch zu forschen; nur so ist es möglich Verhalten tief zu durchdringen und eine theoretische Grundlage für das Design zu schaffen.

Warum bin ich der Überzeugung, dass die besten Publikationen der Wirtschaftsinformatik erst in der Zukunft geschrieben werden? Wir beobachten derzeit einen doppelten Wechsel der Ausrichtung: Die internationale Forschung öffnet sich der designorientierten Forschung - damit gibt es einen internationalen Markt. Und die nachwachsende Wissenschaftlergeneration hat die Ausrichtung auf internationale Publikationen („A- Journals") internalisiert. So sehen wir gerade in diesem Jahr ein starkes Wachstum an erstklassigen Publikationen durch deutsche Autoren. Diese Forscher weisen nach, dass sie das klassische behavioristische Forschungsmodell sowie die allgemeinen Grundlagen internationaler Publikationen beherrschen. Gleichzeitig lässt die Wirtschaftsinformatik-Community designorientierte Forschung nicht fallen, sondern umgekehrt: Sie fördert sie durch eine aktive Internationalisierung. Auch das Management von Forschungsprogrammen professionalisiert sich – nicht zuletzt unter dem Einfluss von EU-Forschungsprogrammen. Deshalb ist es für mich nur eine Frage der Zeit, bis eine Gruppe von Wirtschaftsinformatik-Forschern nicht nur den ersten Schritt macht und behavioristische Forschung nach amerikanischem Vorbild und Qualitätsmaßstäben betreibt, sondern diese mit den traditionellen Stärken der Wirtschaftsinformatikforschung verbindet und designorientierte Forschung in seiner vollen Ausprägung betreibt.

Literatur

Frank, U.: Towards a Pluralistic Conception of Research Methods, ICB-Research Report No. 7, Universität Duisburg-Essen, December 2006.

Gellein, O.: Primacy: Assets or Income?, JAI Press Inc, Greenwich 1992.

Greenberg, S.; Buxton, B.; Rodden, T.; Olsen, D.; John, B.;, Mynatt, E.: Usability Evaluation Considered Harmful? Inivited Session, CHI 2008, ACM Press 2008.

Heinrich, L: Forschungsmethodik einer Integrationsdisziplin: Ein Beitrag zur Geschichte der Wirtschaftsinformatik, N.T.M. 13, 2005, S. 104-117.

Hevner, A. R.; March, S. T.; Park, J.; Ram, S.: Design Science in Information Systems Research. In: MIS Quarterly, Vol. 28, No. 1, 2004, pp. 75-105.

Lee, A.S.: Rigor and Relevance in MIS Research: Beyond the Approach of Positivism, Alone. In: MIS Quarterly. Vol. 23, No. 1, 1999, pp. 29

Lytinnen, K.; Baskerville, R.; Livari, J.; Te'eni, D.: Why the old world cannot publish? Overcoming challenges in publishing high-impact IS research. European Journal of Information Systems, Vol. 16, 2007, S. 317-326.

Schwabe, G.: Telekooperation für den Gemeinderat. Kohlhammer, Stuttgart 2000.

Schwabe, G.; Krcmar, H.: Piloting a Sociotechnical Innovation. In: Proceedings of the 8th European Conference on Information Systems ECIS 2000, Wirtschaftsuniversität Wien, Wien 2000, S. 132-139.

Ward, J.; Daniel, E.: Benefits Management: Delivering Value from IS & IT Investments, Wiley 2006

Witte, E. (1997): Feldexperimente als Innovationstest - Die Pilotprojekte zu neuen Medien. In: zfbf Vol. 49 Nr. 5 1997, S. 419- 438.

Stephan Zelewski

Theoretische Fundierung der Wirtschaftsinformatik

Fragmentarische Thesen zu Anspruch und Wirklichkeit aus der Perspektive eines Grenzgängers

Univ.-Prof. Dr. Stephan Zelewski
Universität Duisburg-Essen
Institut für Produktion und Industrielles Informationsmanagement
Fachbereich Wirtschaftswissenschaften
Universitätsstraße 9
D-45141 Essen
stephan.zelewski@pim.uni-due.de

Problemstellung und Problemzugang

Seit geraumer Zeit wird von mehreren führenden Fachvertretern der Wirtschaftsinformatik eine *stärkere theoretische Fundierung* ihrer Disziplin eingefordert; vgl. beispielsweise [LHM95, S. 10 u. 370 f.], [Pa01, S. 39], [Wy03, S. 386] und [Gr03, Kapitel 3]. Aber auch von anderen Seiten wird dieses Postulat artikuliert. Dazu gehören zum einen besonders engagierte Nachwuchswissenschaftler, die eine zu starke Orientierung ihrer Disziplin an Verwertungsinteressen der Wirtschaftspraxis oder eine zu einseitige inhaltliche Ausrichtung von universitären Projekten an Aspekten der Drittmittelrelevanz beklagen. Zum anderen lassen sich auch einige kritische „Untertöne" von Wissenschaftlern aus Nachbardisziplinen, wie etwa der Betriebswirtschaftslehre und der Informatik, nicht überhören, die suggerieren, es mangele der Wirtschaftsinformatik im Gegensatz zu „ausgereiften" Wissenschaften an einer tragfähigen theoretischen Basis. Vor diesem Hintergrund sollte es nicht überraschen, dass es in der „scientific community" der (deutschsprachigen) Wirtschaftsinformatik als eine Herausforderung empfunden wird, sich mit der theoretischen Fundierung ihrer Disziplin stärker als bisher auseinander zu setzen.

Als *Problemstellung* wird in diesem kleinen Beitrag den zwei miteinander verwobenen Fragen nachgegangen, welcher *Ansprüche* mit dem Aufruf zu einer verstärkten theoretischen Fundierung der Wirtschaftsinformatik verknüpft sein könnten und in welcher Weise mit solchen – tatsächlichen oder auch nur putativen – Ansprüche in der *Wirklichkeit* des real existierenden Wissenschaftsbetriebs umgegangen wird.

Der Verfasser verkennt nicht, dass er mit seinem Versuch, rudimentäre Antworten auf die beiden zuvor aufgeworfenen Fragen in den wissenschaftlichen Diskurs einzubringen, ein hoch gefährliches „Minenfeld" betritt. Dies liegt erstens an der grundsätzlichen Brisanz, die wissenschaftlichen – hier insbesondere der theoretischen – Fundamente einer Disziplin zu thematisieren. Im Rahmen einer normalwissenschaftlichen Forschung (im Sinne von KUHN) gehören solche Erörterungen nicht zu den Erfolg versprechenden, „publizierbaren" Forschungsthemen. Zweitens erscheint es als äußerst „mutig", wenn nicht gar „unangemessen", sich als Außenstehender, der nicht zum Kern der „scientific community" der Wirtschaftsinformatik gehört, mit Aspekten der theoretischen Fundierung dieser Disziplin ansatzweise zu befassen. Daher mögen die nachfolgenden drei Einschränkungen hinsichtlich des hier gewählten *Problemzugangs* insbesondere verdeutlichen, was vom vorliegenden Beitrag *nicht* erwartet werden sollte.

Erstens ist der Verfasser nicht in der „scientific community" der Wirtschaftsinformatik beheimatet, sondern argumentiert aus einem betriebswirtschaftlichen Blickwinkel auf die Wirtschaftsinformatik. Daher fehlen ihm die intimen Kenntnisse eines Insiders. Stattdessen kann er allenfalls über Impressionen referieren, die sich ihm aus der Lektüre von Publikationen der Wirtschaftsinformatik und einigen hochinteressanten Diskussionen mit einschlägigen Fachvertretern eingeprägt haben. Dabei fühlt sich der Verfasser als eine Art „Grenzgänger" zwischen den Wissenschaftskulturen der Wirtschaftsinformatik und der Betriebswirtschaftslehre, weil es ihm u.a. vergönnt war, an einigen Workshops und Multigrafien mitzuwirken, die sich speziell mit wissenschaftlichen Grundlagen der Wirtschaftsinformatik ebenso kritisch wie konstruktiv auseinander setzten; vgl. [BKSWZ99], [SSZ99] und [LeZe07].

Zweitens verzichtet der Verfasser von vornherein auf den Anspruch, „repräsentative", „empirisch gesicherte" oder auf ähnliche Weise mit wissenschaftlicher Dignität ausgezeichnete Erkenntnisse vorzutragen. Hierfür wären breit angelegte Studien mit einer umfassenden Auswertung einschlägiger Publikationen erforderlich, die – um seriös durchgeführt werden zu können – mehrere Personenjahre Einsatz erfordern würden und sich in einem Beitrag wie dem hier präsentierten auch nicht annähernd angemessen dokumentieren ließen. Stattdessen bekennt sich der Verfasser zum Stil einer kleinen Streitschrift, die zur Diskussion anregen möchte, daher mitunter provokativ erscheinen mag und auch nicht scheut, hier oder da „anzuecken". Die Auswahl der angesprochenen Aspekte ist subjektiv; dasselbe gilt für deren Bewertung durch den Verfasser. Er bekennt sich zu dieser Subjektivität. Sie gehört seiner Ansicht nach ebenso zu einer fruchtbaren akademischen Diskussionskultur wie das Bemühen um „objektivierende" Abstrahierungen und Generalisierungen, solange die Subjektivität der Argumente transparent bleibt und dadurch intersubjektiv hinterfragbar, insbesondere auch kritisierbar wird. Darüber hinaus verzichtet der Verfasser bewusst darauf, für einzelne Phänomene, die sich seiner subjektiven Wahrnehmung eingeprägt haben, konkretisierende Belege aus der Fachliteratur anzuführen. Dies wäre für eine kleine Streitschrift ein heikles Unterfangen, weil sie mit ihren pointierten, eventuell sogar überspitzten Formulierungen allzu schnell der Gefahr erläge, persönliche Verletzungen zu provozieren. Das würde den Intentionen des Verfassers, dem es nur um eine Diskussionsanregung geht, zuwiderlaufen.

Drittens nutzt der Verfasser das „essayistische Format" eines Festschriftbeitrags dazu, seine fragmentarischen Gedanken zu Anspruch und Wirklichkeit einer theoretischen Fundierung der Wirtschaftsinformatik in der Gestalt von Thesen vorzutragen. Sie bieten die Möglichkeit, in der hier gebotenen Kürze einige wenige, vom Verfasser für wesentlich erachtete Aspekte herauszuarbeiten – und zugleich zur kritischen Replik zu ermuntern.

In diesem Zusammenhang erlaubt sich der Verfasser einen kleinen „Seitenhieb" auf „moderne Publikationsriten". Sie stigmatisieren Beiträge in Festschriften, weil sie nicht der Begutachtung durch anonyme Referees unterworfen sind und daher – zumindest prima facie – keine wissenschaftliche Qualitätssicherung erfahren. Diese Kritik an Festschriften besitzt durchaus ihre Berechtigung. Sie übersieht aber auch beachtliche nicht intendierte „Nebenwirkungen", die von einer „ausufernden" Begutachtungskultur drohen. So werden Beitragsangebote, die nicht zum wissenschaftlichen Mainstream einer Wissenschaftlergemeinschaft, nicht zum Interessenfokus der mutmaßlichen Kundschaft eines Journals oder nicht zu den persönlichen Vorlieben eines Gutachterkreises gehören, aus einschlägigen Fachzeitschriften – zumeist unbewusst, aber dennoch faktisch „effektiv" – herausgehalten. Insbesondere der akademische Nachwuchs, der auf Karriere förderliche Publikationschancen in solchen Fachzeitschriften angewiesen ist, antizipiert diese Begutachtungswirkungen mit einer „Schere im Kopf", die ihre Beiträge auf das mutmaßlich „Opportune" fokussiert. So werden Beiträge für Fachzeitschriften oftmals auf die „Standards" des wissenschaftlichen Mainstreams glatt geschliffen – allzu Kritisches und Unkonventionelles geht hierbei zumeist unter oder wird bis zur Unkenntlichkeit abgeschwächt. Angesichts dieser Usancen des real existierenden Wissenschaftsbetriebs eröffnen Festschriften die nahezu einmalige Gelegenheit, unkonventionelle, oftmals auch noch nicht ausgereifte Gedanken zur Diskussion zu stellen.

Zugleich möchte jeder Autor, dem die Ehre zuteil wird, am Entstehen einer Festschrift mitwirken zu dürfen, seinen tief empfundenen Respekt für das Lebenswerk einer Forscherpersönlichkeit von hoher wissenschaftlicher Reputation Ausdruck zu verleihen. Im hier vorgelegten Sammelband wird das Wirken von Herrn Kollegen GERHARD KNOLMAYER geehrt. Er gehört sicherlich zu den „Nestoren" der Wirtschaftsinformatik, der sowohl mit seinen vielfältigen, eine Fülle unterschiedlicher Themenbereiche abdeckenden und immer wieder herausfordernden Publikationen als auch durch seine akademische Vorbildrolle jüngere Wissenschaftlergenerationen im Bereich der Wirtschaftsinformatik maßgeblich geprägt hat. Daher wurde diese Festschrift mit gutem Grund dem Rahmenthema gewidmet, die Entwicklung der Disziplin Wirtschaftsinformatik und ihrer grundsätzlichen Wissenschaftspositionen aus verschiedensten Richtungen zu beleuchten. Der Verfasser hofft, mit seinem Beitrag einen kleinen Mosaikstein zu diesem anspruchsvollen Rahmen liefern zu können.

Dissens hinsichtlich der Art theoretischer Fundierung

Optionen für ein Verständnis theoretischer Fundierung

Die Forderung nach einer stärkeren theoretischen Fundierung der Wirtschaftsinformatik wird zwar, wie bereits eingangs erwähnt, des Öfteren erhoben. Aber offensichtlich besteht eine erhebliche „semantische Unschärfe" hinsichtlich dessen, was sich die Proponenten dieser Forderung unter einer *theoretischen Fundierung* tatsächlich vorstellen. Denn es lassen sich zumindest drei unterschiedliche Verwendungsweisen für diese Begriffskombination im aktuellen Diskurs der Wirtschaftsinformatik identifizieren.

Erstens wird theoretische Fundierung oftmals im Sinne einer gemeinsamen methodischen Basis verstanden (oftmals wird in leichter Entfremdung des eigentliche Wortsinns auch von einer „methodologischen" Basis gesprochen), auf die sich die Wissenschaftlergemeinde der Wirtschaftsinformatik verständigen solle. Im Wesentlichen geht es um die Verabredung oder auch schlicht um die „Setzung" *methodischer Standards*. Sie sollen von allen Arbeiten erfüllt werden, die den Anspruch auf Wissenschaftlichkeit erheben. Zwar mag es auf den ersten Blick erstaunen, das Attribut „theoretisch" im Sinne von „methodisch" auszulegen. Aber es ist eine weit verbreitete Auffassung, den Inbegriff wissenschaftlichen Arbeitens – und somit auch die Essenz von Theorien als maßgeblicher Repräsentationsform für wissenschaftlich erarbeitetes Wissen – auf diejenigen Methoden zu reduzieren, die bei dieser Arbeitsform eingesetzt werden (faktisch) oder eingesetzt werden sollten (normativ). Aus dieser Perspektive liegt es nahe, von einem *Methodenprimat* der theoretischen Fundierung zu reden. Ein derart methodenfokussiertes Verständnis theoretischer Fundierung scheint beispielsweise Werken wie [Gr03, Kapitel 7 und 8] und [He05] zugrunde zu liegen.

Zweitens richtete sich die Forderung nach einer stärkeren theoretischen Fundierung der Wirtschaftsinformatik des Öfteren auch auf eine *Explizierung* derjenigen *erkenntnis-* und *wissenschaftstheoretischen* Grundsatzpositionen, auf deren Basis eine wissenschaftliche Arbeit argumentiert. Zu diesen Grundsatzpositionen zählen beispielsweise unterschiedliche Spielarten des Realismus, wie etwa ein „naiver", „empiristischer" Realismus (Logischer Empirismus und Positivismus) oder auch ein „aufgeklärter", kritischer Realismus (kritischer Rationalismus und methodischer Kulturalismus), ebenso wie anti-realistische Positionen, zu denen sich etwa interpretativ-hermeneutische Wissenschaftsauffassungen und auch der Radikale Konstruktivismus zählen lassen. Der inhaltliche Umfang von solchen erkenntnis- und wissenschaftstheoretischen Grundsatzpositionen lässt sich im Allgemeinen nicht präzise abstecken, weil dieser so genannte „Basisbereich" einer Wissenschaft bislang oftmals im Dunkeln bleibt oder dann, wenn er explizit thematisiert wird, bislang noch kein Konsens über seine inhaltliche Reichweite erzielt werden konnte. Immerhin besteht weit gehende Einigkeit darüber, dass die erkenntnis- und wissenschaftstheoretischen Grundsatzpositionen Festlegungen hinsichtlich folgender Kernbestandteile umfassen: der Gegenstandsbereich, der erforscht werden soll (Ontologie), ein Vokabular wissenschaftlich anerkannter Begrifflichkeiten (Terminologie), Methoden der Erkenntnisgewinnung und der Erkenntnisüberprüfung (Forschungsmethoden), Formen der Wissensrepräsentation (Forschungsergebnisse), Forschungsfragen, die innerhalb einer Wissenschaftlergemeinde mit Bezug auf den Gegenstandsbereich als „untersuchungswert" erachtet werden, sowie Forschungsziele, auf deren Erfüllung wissenschaftliches Arbeiten ausgerichtet sein soll (z.B. Wahrheitserkenntnis versus Nützlichkeit). Festlegungen der zuvor skizzierten Art werden des Öfteren in Anlehnung an KUHN unter den keineswegs präzisen, aber „griffig" anmutenden und infolgedessen weithin akzeptierten Begriff des (Forschungs-) Paradigmas subsumiert. Folglich kann von einem *Paradigmenprimat* der theoretischen

Fundierung gesprochen werden, wenn die Offenlegung von erkenntnis- und wissenschaftstheoretischen Grundsatzpositionen eingefordert wird. Auf dieser Sichtweise beruhen offensichtlich die Ausführungen in [BHKN03] und [BHKN04].

Drittens kann die Forderung nach einer stärkeren theoretischen Fundierung der Wirtschaftsinformatik auch in einem „engeren" Sinn verstanden werden als das Postulat, wissenschaftliche Arbeiten der Wirtschaftsinformatik sollten auf einem Fundament von *Theorien* beruhen, die speziell auf den Gegenstandsbereich, die Forschungsfragen und die Forschungsziele der Wirtschaftsinformatik zugeschnitten sind. Aus dieser Perspektive liegt ein *Theorienprimat* der theoretischen Fundierung vor. Es mag überraschen, dass dieses Verständnis einer theoretischen Fundierung – obwohl es mit der Begriffskombination „theoretische Fundierung" von allen drei Verständnisoptionen die stärkste intuitive Übereinstimmung aufweist – in der Disziplin „Wirtschaftsinformatik" am seltensten anzutreffen ist. Zumindest für den Verfasser als außenstehenden Betrachter und „Grenzgänger" drängt sich ein Bild auf, dass sich nur sehr wenige Angehörige der Disziplin „Wirtschaftsinformatik" ausdrücklich darum bemühen, entweder originäre Theorien der Wirtschaftsinformatik zu entwickeln oder aber Theorien, die aus anderen Wissenschaftsdisziplinen stammen, an die speziellen Bedürfnisse der Wirtschaftsinformatik anzupassen. Zu den wenigen Beiträgen, die sich mit solchen Theorien der oder für die Wirtschaftsinformatik auseinander setzen, zählen z.B. [St97] (mit einer inhaltlichen Rekonstruktion und Fortführung in [Ze99]) sowie [Pa99], [Tr99] und [Pa01]. Allerdings räumt der Verfasser ein, dass ihm ein „repräsentativer" Überblick über die Fülle von Publikationen im Bereich der Wirtschaftsinformatik fehlt, sodass seine Wahrnehmung einer nur relativ geringen Anzahl von Arbeiten, die sich dezidiert mit Theorien befassen, subjektiv verzerrt sein mag. Außerdem hängt diese Wahrnehmung erheblich von dem jeweils präsupponierten Theorieverständnis ab. Auf diesen Aspekt wird im 3. Abschnitt zurückgekommen.

Diskussion der Verständnisse theoretischer Fundierung

Zum Verhältnis der drei Fundierungsverständnisse

Wie unter Optionen für ein Verständnis theoretischer Fundierung skizziert wurde, besteht in der Wissenschaftlergemeinde der Wirtschaftsinformatik offensichtlich ein *Dissens* hinsichtlich der Art der theoretischen Fundierung, der in der Wirtschaftsinformatik anzustreben ist. Dieser Dissens lässt sich in zweifacher Hinsicht ausleuchten. Einerseits stellt sich die Frage, ob sich die zuvor skizzierten drei Verständnisse einer theoretischen Fundierung entweder tatsächlich wechselseitig strikt ausschließen oder ob sie sich teilweise miteinander vereinbaren lassen. Im letztgenannten Fall würden sie streng genommen keine Alternativen darstellen, sondern sich durchaus – mindestens partiell – miteinander kombinieren lassen. Andererseits drängt sich insoweit, wie die drei Verständnisse einer theoretischen Fundierung der Wirtschaftsinformatik einander widersprechen, die normative Frage auf, welches dieser Verständnisse in der „scientific community" bevorzugt werden sollte.

Auf das wechselseitige Verhältnis zwischen den drei o.a. Verständnissen einer theoretischen Fundierung der Wirtschaftsinformatik wird hier nur kurz eingegangen. Es stellt sich als kompliziert heraus, weil die drei Fundierungsverständnisse weder echte Alternativen im Sinne eines wechselseitigen Ausschlusses noch miteinander kompatible Fundierungsverständnisse darstellen. Vielmehr erweisen sie sich als partiell miteinander verträglich, schließen sich aber ebenso auch teilweise gegenseitig aus. Zur Andeutung dieser komplizierten Verhältnisse mögen einige wenige Hinweise ausreichen. Prima facie stellt der Methodenprimat der theoretischen Fundierung einen Spezialfall des Paradigmenprimats dar. Dies trifft insofern zu, als Methoden der Erkenntnisgewinnung und überprüfung einen Teil derjenigen Festlegungen betroffen, die im Rahmen eines Forschungsparadigmas getroffen werden. Allerdings berücksichtigt diese erste Annäherung an das Verhältnis zwischen Methoden- und Paradigmenprimat der theoretischen Fundierung nicht, dass es beim Methodenprimat überwiegend um eine Standardisierung der eingesetzten Methoden, beim Paradigmenprimat hingegen um eine Explizierung der erkenntnis- und wissenschaftstheoretischen Grundsatzpositionen geht. Zwischen dem Methoden- und dem Paradigmenprimat der theoretischen Fundierung auf der einen Seite und dem Theorienprimat der theoretischen Fundierung auf der anderen Seite besteht ein noch deutlicherer Unterschied als zwischen Methoden- und Paradigmenprimat. Denn Theorien im engeren Sinn einer speziellen Form der Repräsentation von Wissen, das aus wissenschaftlichen Arbeiten hervorgeht, gehören weder zu den Methoden, um deren Standardisierung etliche Vertreter der Wirtschaftsinformatik bemüht sind, noch zu den erkenntnis- und wissenschaftstheoretischen Grundsatzpositionen, die aus der Perspektive von Paradigmen im Vordergrund des Interesses stehen.

Da sich die drei Verständnisse einer theoretischen Fundierung der Wirtschaftsinformatik, die zuvor unter die Schlagworte des Methoden-, des Paradigmen- und des Theorienprimats subsumiert wurden, zumindest partiell nicht miteinander vereinbaren lassen, besteht aus der Sicht der Verfassers das Desiderat, innerhalb der „scientific community" der Wirtschaftsinformatik einen normativen, also „wertgeladenen" und keineswegs „objektivierbaren" Diskurs darüber zu führen, welches Fundierungsverständnis zu bevorzugen sei. Spätestens an dieser Stelle möchte der Verfasser seine Ankündigung einer „kleinen Streitschrift" einlösen, indem er gegen den Methodenprimat argumentiert, den Paradigmenprimat durchaus begrüßt und den Theorienprimat ausdrücklich unterstützt.

Theoretische Fundierung im Sinne des Methodenprimats

Die stärkere theoretische Fundierung der Wirtschaftsinformatik im Sinne des Methodenprimats erachtet der Verfasser als äußerst bedenklich. Zwar mag es als attraktiv erscheinen, die theoretische Fundierung der Wirtschaftsinformatik im Sinne einer gemeinsamen methodischen Basis anzustreben. Denn methodengeleitetes Arbeiten wird oftmals, wie oben angedeutet, mit wissenschaftlichem Arbeiten „an sich" gleichgesetzt. Außerdem entspricht es einer weit verbreiteten Denkkultur in der Wissenschaftlergemeinde der Wirtschaftsinformatik, die Befolgung von Standards zu einzufordern, für deren Einführung auf der Objektebene der Gestaltung von Informations- und Kommunikationssystemen sich viele gute Gründe anführen lassen. Allerdings bezweifelt der Verfasser, dass sich das Streben nach einer gemeinsamen methodischen Basis auf der Metaebene des wissenschaftlichen Diskurses über die Gewinnung und Überprüfung wissenschaftlicher Erkenntnisse als fruchtbar erweist. Für diese Zweifel sprechen mindestens zwei Gründe.

Erstens wird das Ansinnen, sich auf eine *gemeinsame* methodische Basis zu *verständigen*, im real existierenden Wissenschaftsbetrieb zuweilen in „monopolistischer" oder „imperialistischer" Weise pervertiert. Es entartet dann zu der *Vorgabe* einer bestimmten Methode (oder Methodengattung) seitens derjenigen, die über knappe Ressourcen im Wissenschaftsbetrieb verfügen. Dazu gehören insbesondere Referees und Herausgeber von Fachzeitschriften und Fachtagungen, die über die Publikation bzw. Präsentation von Beitragsangeboten entscheiden, sowie Gutachterkommissionen und Projektträger, die über die Vergabe von Drittmitteln für Forschungs- oder Transferprojekte befinden. Seitens dieser Ressourceneigner oder Ressourcenverwalter werden die zu befolgenden, als „wissenschaftlich" anerkannten Methoden schlicht vorgegeben. Wer die knappen Publikations- und Präsentationsmöglichkeiten bzw. Finanzmittel nutzen möchte, ist „auf Gedeih und Verderb" darauf angewiesen, sich entweder den vorgegebenen Methoden anzupassen – oder auf eine Karriere in „normalen" wissenschaftlichen Bahnen zu verzichten.

Besonders deutlich wird dieses Phänomen seit etlichen Jahren im Bereich des angelsächsisch geprägten Information Systems Research.

Vor dem Hintergrund eines *szientistischen* Wissenschaftsverständnisses, das sich an methodischen „Vorbildern" naturwissenschaftlicher Forschung orientiert, ohne deren Adäquanz für kulturwissenschaftliche Gegenstandsbereiche kritisch zu reflektieren, wird einseitig ein Methodenideal *empirischer* Forschung vertreten. Im angelsächsisch geprägten Information Systems Research wird diese methodische Ausrichtung des Öfteren auch als behavioristischer oder evidenzbasierter Forschungsansatz thematisiert. Auch in Nachbardisziplinen wie der Ökonomie, insbesondere in der Ökonometrie, lässt sich diese einseitige Fokussierung auf das Methodenideal empirischer Forschung vielfach beobachten. Infolge dieser Fokussierung werden alternative Forschungsmethoden weitgehend ignoriert, zumindest als wissenschaftlich weniger „streng", „seriös", „anspruchsvoll" o.ä. stigmatisiert. Betroffen von dieser Tendenz, das Methodenideal empirischer Forschung einseitig zu betonen, sind beispielsweise Forschungsmethoden, die sich – wie in der deutschsprachigen Wirtschaftsinformatik überwiegend – auf die Konstruktion, Analyse und Evaluation von Artefakten informations- und kommunikationstechnischer oder auch organisatorischer Art konzentrieren. Gleiches trifft auf „qualitative" Forschungsmethoden zu, die sich um ein interpretatives, oftmals hermeneutisch geprägtes Verständnis realer Phänomene bemühen.

Zweitens wird die Versuchung, ein bestimmtes Methodenideal in „monopolistischer" oder gar „imperialistischer" Weise schlicht vorzugeben, anstatt zu versuchen, sich über gemeinsam akzeptierte Methoden diskursiv zu einigen, noch durch ein Spezifikum der Wirtschaftsinformatik verschärft. Es erstreckt sich darauf, dass – nach subjektiver Wahrnehmung des Verfassers – in diesem Wissenschaftsbereich ein besonders starker Drang zur *Standardisierung* zu beobachten ist. Zwar lassen sich, wie bereits eingeräumt wurde, auf der Objektebene der Wirtschaftsinformatik gute Gründe zugunsten einer weit reichenden Standardisierung von Geschäftsprozessen, von Informations- und Kommunikationssystemen, von Schnittstellen, von

Modellierungssprachen und ähnlichen Artefaktgattungen anführen. Aber es sei vor einer „kategorialen Konfundierung" zwischen Objekt und Metaebene gewarnt. Denn auf der Metaebene der Erkenntnisinstrumente (insbesondere Methoden und Theorien), die zur Gewinnung, Repräsentation und Überprüfung von Erkenntnissen *über* Artefakte der Objektebene eingesetzt werden, lassen sich nach Einschätzung des Verfassers keine überzeugenden Argumente zugunsten einer Standardisierung von Erkenntnisinstrumenten anführen.

Dieser Einschätzung widersprechen auf den ersten Blick Argumente, die im Hinblick auf eine zunehmende *Internationalisierung* des Wissenschaftsbetriebs reklamieren, man müsse sich an international akzeptierte instrumentelle, insbesondere methodische Standards anpassen, um am internationalen Publikationswettbewerb Erfolg versprechend teilnehmen zu können. Solche Argumente vermischen jedoch in unzulässiger Weise zwei vollkommen verschiedene Argumentationsebenen. Denn der *Erfolg* im internationalen Publikationswettbewerb stellt ein *wissenschaftssoziologisches* Phänomen dar. Als Stichworte seien hier Zitationsquoten (z.B. Im Rahmen des Social Science Citation Index), Kozitierungen und auch „impact factors" von Fachzeitschriften genannt, in denen wissenschaftliche Arbeiten veröffentlicht werden. Dagegen ist die *Fruchtbarkeit* von Erkenntnisinstrumenten, wie etwa Methoden (und Theorien), zur Gewinnung, Repräsentation und Überprüfung von Erkenntnissen auf der *erkenntnis-* und *wissenschaftstheoretischen* Ebene zu diskutieren. Daher erlaubt sich der Verfasser die wissenschaftssoziologisch vielleicht „unangemessene", aber erkenntnis- und wissenschaftstheoretisch plausible Anmerkung, dass sich wissenschaftliche Arbeiten der Wirtschaftsinformatik durchaus als wissenschaftlich fruchtbar und herausfordernd erweisen können, auch wenn sie den – tatsächlichen oder nur vermeintlichen – internationalen methodischen Standards nicht entsprechen, sondern auf der Grundlage abweichender Methoden zur interessanten, bislang noch unbekannten wissenschaftlichen Erkenntnissen gelangen.

Um die voranstehenden gedanklichen Fragmente zusammenzufassen, plädiert der Verfasser – wider den Zeitgeist von methodischen Standards und internationaler Vergleichbarkeit – für einen *Pluralismus* von Erkenntnisinstrumenten. Dies betrifft nicht nur einen Pluralis-mus von Methoden zur Gewinnung oder Überprüfung wissenschaftlicher Erkenntnisse, sondern ebenso einen Pluralismus von Theorien zur Erklärung, Prognose und Gestaltung realer Sachverhalte. Im hier speziell betrachteten Kontext einer theoretischen Fundierung der Wirtschaftsinformatik aus der Perspektive des Methodenprimats bedeutet dies konkret ein Plädoyer dafür, sich gegenüber „Versuchungen" zu wehren, angesichts eines Postulats einer verstärkten theoretischen Fundierung der Wirtschaftsinformatik einem Methodenmonismus zu huldigen. Vielmehr sollte eine „starke", „selbstbewusste" Wirtschaftsinformatik die Kraft aufbringen, im Sinne eines pluralistischen Wissenschaftsverständnisses gegenüber dem international dominierenden Fundament empirischer Methoden dort, wo es angesichts des Forschungsgegenstands, der Forschungsfragen und der Forschungsziele „angemessen" erscheint, auch andere Forschungsmethoden zu kultivieren und in entsprechenden Publikationen oder Fachvorträgen zur Diskussion zu stellen.

Theoretische Fundierung im Sinne des Paradigmenprimats

Prima facie stellt die Forderung nach einer stärkeren theoretischen Fundierung der Wirtschaftsinformatik aus der Perspektive des Paradigmenprimats eine Erweiterung oder Verschärfung des analogen Postulats dar, das unter die Perspektive des Methodenprimats subsumiert wurde. Für diesen ersten Anschein spricht, dass die Festlegung auf ein Forschungsparadigma nicht nur die Fokussierung auf paradigmentypische Methoden bedeuten würde, sondern darüber hinaus ebenso Festlegungen im Hinblick auf Ontologien, Terminologien,

Formen der Wissensrepräsentation, Forschungsfragen sowie Forschungsziele erfordern würde. Insofern könnte auf die Argumente verwiesen werden, die im voranstehenden Abschnitt wider eine theoretische Fundierung der Wirtschaftsinformatik im Sinne des Methodenprimats angeführt wurden.

Eine solche Betrachtungsweise würde jedoch der inhaltlichen Ausrichtung des Paradigmenprimats nicht gerecht. Denn aus seinem Blickwinkel wird *keineswegs* gefordert, eine stärkere theoretische Fundierung der Wirtschaftsinformatik durch die *Festlegung* auf ein bestimmtes Forschungsparadigma zu erreichen. *Stattdessen* wird in zurückhaltenderer Weise die *Explizierung* derjenigen erkenntnis- und wissenschaftstheoretischen Grundsatzpositionen postuliert, auf deren Basis eine wissenschaftliche Arbeit argumentiert. Ein solches Explizierungspostulat lässt sich durchaus mit einem pluralistischen Wissenschaftsverständnis vereinbaren, das schon zuvor in Bezug auf Methoden und Theorien empfohlen wurde. Eine solche Offenheit gegenüber verschiedenartigen Forschungsparadigmen wird beispielsweise in den Arbeiten [Fr98], [BHKN04] und [BePf06] sehr deutlich. Die postulierte Offenlegung von erkenntnis- und wissenschaftstheoretischen Grundsatzpositionen, die in einem pluralistischen Wissenschaftsverständnis im Wettbewerb um Anerkennung in der „scientific community" stehen, befruchtet sogar den wissenschaftlichen Diskurs. Denn auf diese Weise werden die Grundsatzpositionen transparent und einer kritischen Diskussion zugänglich. Daher erachtet der Verfasser die Forderung nach stärkerer theoretischen Fundierung der Wirtschaftsinformatik im Sinne der Paradigmenprimats als durchaus begrüßenswert.

Allerdings muss auch gesehen werden, dass eine stärkere theoretische Fundierung der Wirtschaftsinformatik mittels Explizierung der jeweils zugrunde gelegten erkenntnis- und wissenschaftstheoretischen Grundsatzpositionen ein *grundsätzliches Problem* nicht aufzulösen vermag, solange man sie nicht mit der – in anderer Hinsicht (s.o.) ebenso hoch problematischen – Forderung oder Präsupposition eines Paradigmenmonismus verknüpft. Denn es besteht die Gefahr der *Inkommensurabilität* verschiedenartiger Forschungsparadigmen. Sie droht beispielsweise, wenn von zwei „Schulen" oder „Lagern" der Wirtschaftsinformatik erkenntnis- und wissenschaftstheoretische Grundsatzpositionen vertreten werden, die sich hinsichtlich ihrer Gegenstandsbereiche, der verwandten Begrifflichkeiten oder der verfolgten Forschungsfragen so weit unterscheiden, dass sich keine „nennenswerten" Schnittmengen identifizieren lassen. In einem solchen Fall lassen sich die Arbeiten von Anhängern verschiedenartiger Grundsatzpositionen nicht mehr „sinnvoll" miteinander vergleichen, sondern jede Wissenschaftlergemeinde, die sich durch ihr Forschungsparadigma konstituiert, spielt im Sinne von WITTGENSTEIN ihr ureigenes „Sprachspiel". Die theoretische Fundierung mittels Explizierung erkenntnis- und wissenschaftstheoretischer Grundsatzpositionen kann eine solche Inkommensurabilität weder verhindern noch heilen, sondern nur aufdecken. Potenzielle Inkommensurabilität ist der „epistemische Preis" eines pluralistischen Wissenschaftsverständnisses auf der Ebene der Forschungsparadigmen. Dies gilt zumindest dann, wenn Skepsis gegenüber der kommunikativen Vermittlungsthese herrscht. Anhänger dieser These argumentieren, durch die Befolgung kommunikativer Standards unter Wissenschaftlern, wie etwa der Etablierung eines „herrschaftsfreien" Diskurses im Sinne von HABERMAS, wäre es möglich, sich auch über die Sprachspielgrenzen unterschiedlicher Forschungsparadigmen hinweg zu verständigen und die Forschungsergebnisse, die auf der Grundlage verschiedenartiger erkenntnis- und wissenschaftstheoretischer Grundsatzpositionen erarbeitet wurden, miteinander „sinnvoll" zu vergleichen. Vgl. zu dieser kommunikativen Vermittlungsthese beispielsweise [Sc95].

Aufgrund der Inkommensurabilitätsproblematik erscheint dem Verfasser die Forderung nach stärkerer theoretischer Fundierung der Wirtschaftsinformatik aus der Perspektive des Paradigmenprimats als zwar grundsätzlich begrüßenswert, jedoch ergänzungsbedürftig. Die Gefahr der Inkommensurabilität zwischen verschiedenartigen Forschungsparadigmen lässt sich zwar im Rahmen eines pluralistischen Wissenschaftsverständnisses grundsätzlich nicht vermeiden, aber immerhin eindämmen, wenn es gelingt, vor allem hinsichtlich des Gegenstandsbereichs, der Begrifflichkeiten und der Forschungsfragen weitgehende Übereinstimmung innerhalb der Wirtschaftsinformatik zu erzielen. Instrumente, die sich für diesen Zweck anbieten, sind z.B. das Konzept der stilisierten Fakten – vgl. etwa [HMS07] – sowie die vielfachen Ansätze zur Konstruktion von Ontologien. Solche Gemeinsamkeiten würden genügend Freiraum für einen wissenschaftlichen Pluralismus lassen, der sich insbesondere auf die jeweils als State-of-the-art anerkannten, von Paradigma zu Paradigma variierenden Methoden erstreckt. Aber auch andere Aspekte der Forschungsparadigmen, wie etwa die jeweils verfolgten Forschungsziele, könnten weiterhin variieren.

Der Verfasser möchte keinesfalls den Eindruck erwecken, einen Paradigmenmonismus „durch die Hintertür" einführen zu wollen. Vielmehr geht es ihm darum, mutmaßlich weniger kritische Aspekte auszuklammern, um gerade dadurch den Wettbewerb unterschiedlicher Forschungsparadigmen um die „überzeugendsten" Lösungen für z.B. gemeinsam verfolgte Forschungsfragen zu stimulieren. Außerdem lassen sich „Relaxierungen" vorstellen, welche die Kommensurabilität unterschiedlicher Forschungsparadigmen selbst dann unterstützen, wenn die voranstehend Übereinstimmungsdesiderate nicht im strikte Sinn erfüllt werden. Die zurzeit interessantesten Beiträge in dieser Hinsicht erstrecken sich auf Versuche, bedeutungserhaltende Übersetzungen zwischen Ontologien zu konstruieren. Solche Übersetzungskonzepte erweisen sich insbesondere dann als interessant, wenn die betroffenen Ontologien dazu dienen, aus den Perspektiven alternativer Paradigmen gleiche oder zumindest stark überlappende Gegenstandsbereiche mittels unterschiedlicher Terminologien auf verschiedenartige Weisen sprachlich zu strukturieren. Sollte es gelingen, solche Ontologien ineinander bedeutungserhaltend übersetzen zu können, wäre es für die Wirtschaftsinformatik aus dem Blickwinkel der Paradigmenkommensurabilität nicht mehr wichtig, eine weitgehende Übereinstimmung hinsichtlich der verwandten Begrifflichkeiten einzufordern.

Theoretische Fundierung im Sinne des Theorienprimats

Der Verfasser plädiert dezidiert dafür, die Forderung nach einer stärkeren theoretischen Fundierung der Wirtschaftsinformatik primär im engeren begrifflichen Verständnis des Theorienprimats auszulegen. Aus dieser Perspektive sollten wissenschaftliche Arbeiten der Wirtschaftsinformatik auf einem möglichst breiten Fundament von Theorien beruhen, die speziell auf den Gegenstandsbereich, die Forschungsfragen und die Forschungsziele der Wirtschaftsinformatik zugeschnitten sind. Ein solcher Theorienpluralismus wäre unverfänglich, solange die unterschiedlichen Theorien auf den erkenntnis- und wissenschaftstheoretischen Grundsatzpositionen eines gemeinsam zugrunde liegenden Forschungsparadigmas beruhen. Denn die Inkommensurabilitätsproblematik greift im Allgemeinen erst beim Versuch, die Resultate unterschiedlicher Forschungsparadigmen miteinander zu vergleichen. Die zusätzliche Erfüllung des Postulats, eine stärkere theoretische Fundierung der Wirtschaftsinformatik durch Offenlegung der jeweils zugrunde liegenden erkenntnis- und wissenschaftstheoretischen Grundsatzpositionen zu erreichen, unterstützt die Überprüfung, ob unterschiedliche Theorien tatsächlich auf einem gemeinsamen Forschungsparadigma aufsetzen. Aber selbst dann, wenn Theorien der Wirtschaftsinformatik in verschiedenen Forschungsparadigmen verwurzelt sein sollten, so ist die potenzielle Inkommensurabilität dieser Theorien nicht dem Theorienpluralismus „an sich" anzulasten, sondern der grundsätzlichen Inkommensurabilitätsproblematik, im Hinblick auf verschiedene Forschungsparadigmen.

Das eindeutige Plädoyer des Verfassers zugunsten des Theorienprimats verlangt eine Rechtfertigung in zweifacher Hinsicht. Denn der Sachverhalt, dass von Vertretern der Wirtschaftsinformatik die Forderung nach einer stärkeren theoretischen Fundierung ihrer Disziplin relativ *selten im Sinne des Theorienprimats* erhoben wird, spricht auf den ersten Blick gegen das Plädoyer des Verfassers. Daher ist zunächst in „negativer" Hinsicht jenen Argumenten nachzugehen, die zumeist angeführt werden, um das Streben nach Theorien als Fundament einer Disziplin im Bereich der Geistes- oder Kulturwissenschaften zu unterminieren. Wenn es gelingt, solche Argumente zu entkräften, ist anschließend in „positiver" Hinsicht aufzuzeigen, aus welchen Gründen es hilfreich, unter Umständen sogar notwendig sein kann, in Argumentationen der Wirtschaftsinformatik auf Theorien als Argumentationsfundament zurückzugreifen. Vorab sei angemerkt, dass es in der hier gebotenen Kürze unmöglich ist, die Negativ- und die Positivrechtfertigung des Theorienprimats mit der wünschenswerten Ausführlichkeit zu entfalten. Stattdessen ist nur eine Rechtfertigungsskizze möglich. Sie würde schon die Intention der hier vorgelegten kleinen Streitschrift erfüllen, wenn es dem Verfasser gelänge, durch die skizzierten Rechtfertigungsstränge zu einem intensiveren, kritischen, an anderen (Publikations-) Orten ausgetragenen Diskurs über die theoretische Fundierung der Wirtschaftsinformatik aus der Perspektive des Theorienprimats zu ermuntern.

Das Streben nach Theorien als Fundament einer Disziplin im Bereich der Geistes- oder Kulturwissenschaften wird oftmals durch eine begründete *Skepsis* gegenüber der *Anwendbarkeit des Theorienbegriffs* in Zweifel gezogen. Dabei wird im Allgemeinen der konventionelle Theorienbegriff des so genannten „statement view" oder „received view" der Wissenschaftstheorie präsupponiert. Die nachfolgenden Ausführungen beschränken sich daher auf diesen konventionelle Theorienbegriff, auch wenn der Verfasser aus generellen wissenschaftstheoretischen Erwägungen den alternativen „non state ment view" des strukturalistischen Theorienkonzepts bevorzugt (Näheres dazu z.B. in [Ze07]).

Aus der Perspektive des „statement view" handelt es sich bei einer realwissenschaftlichen *Theorie* um einen systematischen, d.h. logisch geordneten Aussagenzusammenhang, der mindestens eine nicht-triviale nomische Hypothese – oder kurz: gesetzesartige Aussage – über den intendierten Anwendungsbereich der Theorie umfasst. Kern der Skepsis sind die gesetzesartigen Aussagen als konstitutives Element einer jeden realwissenschaftlichen Theorie. Ein oftmals explizit vorgetragener, noch häufiger lediglich implizit unterstellter Einwand lautet, dass in den Gegenstandsbereichen der Geistes- oder Kulturwissenschaften immer auch Akteure, Entscheidungsträger, Subjekte o.ä. enthalten seien, die prinzipiell über einen freien Willen verfügen. Ihr Handeln orientiere sich an Zielen oder Zwecken und lasse sich nicht durch „Naturgesetze" adäquat beschreiben. Folglich sei der Versuch, Theorien mit ihren „deterministischen" gesetzesartigen Aussagen auf geistes- oder kulturwissenschaftliche Gegenstandsbereiche anwenden zu wollen, von vornherein zum Scheitern verurteilt. Stattdessen würden andersartige, „gesetzesfreie" Wissensformen benötigt, um Gegenstandsbereiche, in denen menschliches Handeln eine wichtige Rolle spielt, wissenschaftlich adäquat erfassen zu können. Darüber hinaus wäre der universelle Geltungsanspruch gesetzesartiger Aussagen – also ihre Geltung zu jeder Zeit und an jedem Ort – in den Geistes- oder Kulturwissenschaften verfehlt, weil es aufgrund von historischen, kulturellen und noch weiteren Bedingtheiten grundsätzlich unmöglich sei, allgemeingültige Aussagen über das handeln von Akteuren zu treffen.

Diese Standard-Argumentation der Theorie-Skeptiker mag auf den ersten Blick überzeugend wirken. Denn die Wirtschaftsinformatik befasst sich in der Tat sowohl mit individuellen (Personen) als auch mit kollektiven Akteuren (Organisationen) sowie deren Zielen oder Zwecken, zu deren Erfüllung Informations- und Kommunikationssysteme konzipiert, entwickelt und eingesetzt werden. In der Tat wäre es vermessen, in diesem Zusammenhang Theorien mit „deterministischen Naturgesetzen" anwenden zu wollen. Bei näherem Hinsehen zeigt sich jedoch, dass die Standard-Argumentation nur deswegen so plausibel erscheint, weil sie ein einseitiges „szientistisches", d.h. an naturwissenschaftlichen Vorbildern angelehntes Theorieverständnis präsupponiert. Dieses Theorieverständnis ist jedoch keineswegs denknotwendig. Darüber hinaus zeugt es von einer nur oberflächlichen Rezeption „moderner" und „sorgfältig" ausgearbeiteter naturwissenschaftlicher Theorien. Aufgrund der hier gebotenen Kürze seien nur die drei wichtigsten Schwachstellen der voranstehend angeführten Standard-Argumentation skizziert.

Erstens wird mit dem Determinismus-Argument verkannt, dass es zahlreiche und auch sehr leistungsfähige naturwissenschaftliche Theorien gibt, die genuin nicht-deterministisch angelegt sind und „nur" mit *stochastischen* Gesetzen arbeiten. Als Beispiele seien nur die Thermodynamik und – insbesondere – die Quantentheorie genannt. Mit solchen stochastischen Gesetzen wird in den Wirtschaftswissenschaften seit langer Zeit überaus erfolgreich gearbeitet, auch wenn der Rekurs auf gesetzesartige Aussagen nur selten explizit erfolgt. So stellen etwa mikroökonomische Preis-Absatz-Funktionen, Diffusionskurven für die Verbreitung von Innovationen, Lernkurven für industrielle Produktionsverhältnisse sowie Hypothesen über die Umsatzwirkungen bestimmter absatzpolitischer Instrumente nichts anderes als gesetzesartige Aussagen dar, die sich auf größere Kollektive anonymer Akteure beziehen und lediglich einen stochastischen Geltungsanspruch erheben. Entsprechend finden z.B. in der Ökonometrie zur empirischen Überprüfung solcher Geltungsansprüche auch „nur" stochastische Hypothesentests Anwendung. Sogar von Herrn Kollegen GERHARD KNOLMAYER, dessen wissenschaftliches Wirken mit dieser Festschrift geehrt wird, wurde eine gesetzesartige Aussage eingehender analysiert. Es handelt sich um das „Brook'sche Gesetz", das einen allgemeingültigen Zusammenhang zwischen

Teamgröße und Projektdauer bei der Software-Produktion behauptet; vgl. [Kn87, S. 456].

Zweitens stellt der Hinweis auf die Unangemessenheit von Naturgesetzen ein Scheinargument dar, weil der Rekurs auf Theorien *keineswegs* impliziert, *Naturgesetze* voraussetzen zu müssen. Stattdessen sind gesetzesartige Aussagen beliebiger, also auch geistes- oder kulturwissenschaftlicher Art zulässig, solange sie nur eine „Regularität", ein „stabiles Muster" oder einen ähnlichen Allgemeingültigkeit beanspruchenden Zusammenhang zwischen mindestens zwei Konstrukten einer Theorie ausdrücken. Konkrete Beispiele für solche Zusammenhänge wurden bereis im voranstehenden Abschnitt angeführt. Wer sich scheut, in geistes- oder kulturwissenschaftlichen Kontexten von gesetzesartigen Aussagen zu sprechen, kann auch auf begriffliche Substitute wie „Regularitäten", „Musteraussagen" o.ä. Bezug nehmen. Dies ändert aus wissenschaftstheoretischer Sicht jedoch nichts daran, dass inhaltlich gesetzesartige Aussagen verwendet werden.

Drittens übersieht das Argument, der *Allgemeingültigkeitsanspruch* von gesetzesartigen Aussagen lasse sich in den Geistes- oder Kulturwissenschaften grundsätzlich nicht erfüllen, in etwas naiver Weise die tatsächliche Formulierung von Theorien mit gesetzesartigen Aussagen. Denn in jeder „sauber" formulierten Theorie werden sowohl für die einzelnen gesetzesartigen Aussagen als auch für die Theorie als Ganzes spezielle Anwendungs- oder Randbedingungen spezifiziert. Bei einer Theorie als Ganzes geschieht dies durch die – oftmals vernachlässigte – Festlegung des intendierten Anwendungsbereichs der Theorie. Für einzelne gesetzesartige Aussagen ist oftmals eine Fülle von Anwendungsbedingungen zu beachten. Sie manifestieren sich insbesondere in den Anforderungen an Experimentalumgebungen, innerhalb derer der universelle Geltungsanspruch einer gesetzesartigen Aussage überprüft werden soll. Daher besitzt der Allgemeingültigkeitsanspruch von gesetzesartigen Aussagen streng genommen nur eine *bedingte Qualität:* Nur unter der doppelten Bedingung, dass sowohl die Anwendungsbedingungen einer gesetzesartigen Aussage erfüllt sind als auch der intendierte Anwendungsbereich der jeweils zugrunde liegenden Theorie vorliegt, wird die universelle Geltung einer gesetzesartigen Aussage behauptet. Leider wird diese doppelte Bedingtheit von Allgemeingültigkeitsansprüchen zumeist übersehen und viel zu wenig Sorgfalt darauf gelegt, den intendierten Anwendungsbereich einer Theorie und die speziellen Anwendungsbedingungen ihrer gesetzesartigen Aussagen explizit zu spezifizieren.

Zuvor wurde nur versucht, die grundsätzliche Skepsis gegenüber der Anwendung von Theorien zur theoretischen Fundierung der Wirtschaftsinformatik zu zerstreuen. Dies ist aber noch kein hinreichender Grund dafür, dass es hilfreich, unter Umständen sogar notwendig sein kann, in Argumentationen der Wirtschaftsinformatik auf Theorien als Argumentationsfundament zurückzugreifen. Mindestens ein solcher Grund lässt in Bezug auf alle Argumentationen anführen, in denen die Konstruktion und die Implementierung eines Artefakts der Wirtschaftsinformatik – etwa eines Informations- und Kommunikationssystems oder einer Anwendungssoftware – empfohlen wird, um eine vorgegebene Aufgabe in einem Unternehmen zu erfüllen. In diesem Kontext lässt sich eine Konstruktions- oder Implementierungsentscheidung nur auf folgende Weise rechtfertigen: Es ist aufzuzeigen, dass die mutmaßlichen Konsequenzen dieser Entscheidung in der betrieblichen Realität die Aufgabenerfüllung gewährleisten oder zumindest zur Aufgabenerfüllung beitragen. Wer über mutmaßliche Entscheidungskonsequenzen in der betrieblichen Realität „sinnvoll" sprechen will, der muss auf Wissen über mutmaßliche Wirkungsweisen von Handlungen zurückgreifen, mit denen die betrachteten Entscheidungen realisiert werden. Dieses hypothetische Wirkungswissen besitzt immer die Gestalt von gesetzesartigen Aussagen. Das gilt auch dann, wenn es in anderem sprachlichen Gewand vorgetragen wird, wenn etwa von Erfahrungswissen, Know-how, Expertise o.ä. die Rede ist. Daher lässt sich zusammenfassend als *These* formulieren: Wer in der Wirtschaftsinformatik *Gestaltungsentscheidungen* – wie etwa Konstruktions- und Implementierungsentscheidungen – nicht nur ad hoc oder „aus dem Bauch" treffen, sondern diskursiv überprüfbar *rechtfertigen* möchte, der kommt ohne Theorien und ihre gesetzesartigen Aussagen als Fundament der Rechtfertigung nicht aus.

Angesichts dieser These muss es befremdlich erscheinen, dass im Bereich der Wirtschaftsinformatik zumindest in ihrem „konstruktiven" Teil, der auf die Gestaltung von Artefakten abzielt, so wenig von Theorien und gesetzesartigen Aussagen die Rede ist. Zur Erklärung dieses Phänomens lassen sich aus der höchst subjektiven Sicht eines „Grenzgängers" zwei miteinander verwobene *Vermutungen* anführen. Erstens hat der Verfasser den Eindruck, dass seitens der Wirtschaftsinformatik durchaus mehr theoretisches Wissen verwendet wird, als in explizit ausformulierten Theorien vorliegt. Dies wäre durch die Rekonstruktion des Wissens, das bei der Gestaltung von Artefakten und ihrer Rechtfertigung tatsächlich verwendet wird, in der Form expliziter Theorien mit gesetzesartigen Aussagen nachzuweisen. Zweitens mag es abschreckend wirken, dieses Wissen in der Form von Theorien zu explizieren. Denn es bedarf einerseits erheblicher Anstrengungen der Wissensexplizierung. Andererseits laden gesetzesartige Aussagen aufgrund ihrer Explizitheit geradezu zur kritischen Diskussion und zur empirischen Überprüfung ihrer Geltungsansprüche ein. Mitunter drängt sich der Verdacht auf, dass im real existierenden Wissenschaftsbetrieb solche kritischen Diskussionen und empirischen Überprüfungen trotz anderslautender Lippenbekenntnisse nicht immer vorbehaltlos erwünscht sind.

Fazit

Die Forderung nach einer stärkeren theoretischen Fundierung der Wirtschaftsinformatik ist zwar weit verbreitet, erweist sich aber als inhaltlich mehrdeutig. Es lassen sich mindestens drei Auffassungen dieses Fundierungspostulats unterscheiden. Die theoretische Fundierung im Sinne des Methodenprimats scheint im real existierenden Wissenschaftsbetrieb der Wirtschaftsinformatik vorzuherrschen, erweist sich aber als hoch problematisch, weil sie im Zusammenwirken mit Standardisierungs- und Internationalisierungsargumenten einem fragwürdigen Methodenmonismus oder gar Methodenimperialismus begünstigt. Die theoretische Fundierung im Sinne des Paradigmenprimats ist aufgrund ihres Aufrufs, erkenntnis- und wissenschaftstheoretische Grundsatzpositionen zu explizieren, durchaus zu begrüßen, muss sich aber mit der grundsätzlichen Inkommensurabilitätsproblematik auseinander setzen, sofern ein pluralistisches Wissenschaftsverständnis auf der Ebene der Forschungsparadigmen vertreten wird. Die theoretische Fundierung im Sinne des Theorienprimats wird nach Einschätzung des Verfassers in der Wirtschaftsinformatik am seltensten vertreten, erweist sich aber zumindest für eine Ausrichtung der Wirtschaftsinformatik, die sich mit der Gestaltung von Artefakten und ihrer Rechtfertigung befasst, als unverzichtbar.

Literatur

[BePf06] Becker, J.; Pfeiffer, D.: Beziehungen zwischen behavioristischer und konstruktionsorientierter Forschung in der Wirtschaftsinformatik. In: Zelewski, S.; Akca, N. (Hrsg.): Fortschritt in den Wirtschaftswissenschaften – Wissenschaftstheoretische Grundlagen und exemplarische Anwendungen. Deutscher Universitäts-Verlag. Wiesbaden 2006, S. 1-17.

[BHKN03] Becker, J.; Holten, R.; Knackstedt, R.; Niehaves, B.: Forschungsmethodische Positionierung in der Wirtschaftsinformatik – epistemologische, ontologische und linguistische Leitfragen. Arbeitsbericht Nr. 93, Institut für Wirtschaftsinformatik, Universität Münster. Münster 2003.

[BHKN04] Becker, J.; Holten, R.; Knackstedt, R.; Niehaves, B.: Epistemologische Positionierungen in der Wirtschaftsinformatik am Beispiel einer konsensorientierten Informationsmodellierung. In: Frank, U. (Hrsg.): Wissenschaftstheorie in Ökonomie und Wirtschaftsinformatik – Theoriebildung und -bewertung, Ontologien, Wissensmanagement. Wiesbaden 2004, S. 335-366.

[BKSWZ99] Becker, J.; König, W.; Schütte, R.; Wendt, O.; Zelewski, S. (Hrsg.): Wirtschaftsinformatik und Wissenschaftstheorie – Bestandsaufnahme und Perspektiven. Wiesbaden 1999.

[Fr98] Frank, U.: Wissenschaftstheoretische Herausforderungen der Wirtschaftsinformatik. In: Gerum, E. (Hrsg.): Innovation in der Betriebswirtschaftslehre. Wiesbaden 1998, S. 91-118.

[Gr03] Greiffenberg, S.: Methoden als Theorien der Wirtschaftsinformatik. In: Uhr, W.; Esswein, W.; Schoop, E. (Hrsg.): Proceedings of the 6th International Conference Wirtschaftsinformatik (WI 2003). Dresden 2003, S. 947-967.

[He05] Heinrich, L.J.: Forschungsmethodik einer Integrationsdisziplin: Ein Beitrag zur Geschichte der Wirtschaftsinformatik. In: NTM – International Journal of History & Ethics of Natural Sciences, Technology & Medicine, Vol. 13 (2005), No. 2, S. 104-117.

[HMS07] Heine, B.-O.; Meyer, M.; Strangfeld, O.: Das Konzept der stilisierten Fakten zur Messung und Bewertung wissenschaftlichen Fortschritts. In: Die Betriebswirtschaft, 67. Jg. (2007), Heft 5, S. 583-608.

[Kn87] Knolmayer, G.: Das Brook'sche Gesetz – Überlegungen zum Zusammenhang zwischen Teamgröße und Projektdauer bei der Software-Produktion. In: Wirtschaftswissenschaftliches Studium, 16. Jg. (1987), Heft 9, S. 453-457.

[LeZe07] Lehner, F.; Zelewski, S. (Hrsg.): Wissenschaftstheoretische Fundierung und wissenschaftliche Orientierung der Wirtschaftsinformatik. Berlin 2007.

[LHM95] Lehner, F.; Hildebrand, K.; Maier, R.: Wirtschaftsinformatik – Theoretische Grundlagen. München - Wien 1995.

[Pa99] Patig, S.: Ansatz einer strukturalistischen Rekonstruktion der allgemeinen Systemtheorie als Theorieelement der Wirtschaftsinformatik. In: Schütte, R.; Siedentopf, J.; Zelewski, S. (Hrsg.): Wirtschaftsinformatik und Wissenschaftstheorie – Grundpositionen und Theoriekerne. Arbeitsbericht Nr. 4, Institut für Produktion und Industrielles Informationsmanagement, Universität Essen. Essen 1999, S. 53-69.

[Pa01] Patig, S.: Überlegungen zur theoretischen Fundierung der Disziplin Wirtschaftsinformatik, ausgehend von der allgemeinen Systemtheorie. In: Journal for General Philosophy of Science, Vol. 32 (2001), S. 39-64.

[Sc95] Scherer, A.G.: Pluralismus im Strategischen Management – Der Beitrag der Teilnehmerperspektive zur Lösung von Inkommensurabilitätsproblemen in Forschung und Praxis. Wiesbaden 1995.

[SSZ99] Schütte, R.; Siedentopf, J.; Zelewski, S. (Hrsg.): Wirtschaftsinformatik und Wissenschaftstheorie – Grundpositionen und Theoriekerne. Arbeitsbericht Nr. 4, Institut für Produktion und Industrielles Informationsmanagement, Universität Essen. Essen 1999.

[St97] Stickel, E.: IT-Investitionen zur Informationsbeschaffung und Produktivitätsparadoxon. In: Die Betriebswirtschaft, 57. Jg. (1997), Heft 1, S. 65-72.

[Tr99] Troitzsch, K.G.: Anforderungen an die Gestaltung von Theorien in der Wirtschaftsinformatik. In: Schütte, R.; Siedentopf, J.; Zelewski, S. (Hrsg.): Wirtschaftsinformatik und Wissenschaftstheorie – Grundpositionen und Theoriekerne. Arbeitsbericht Nr. 4, Institut für Produktion und Industrielles Informationsmanagement, Universität Essen. Essen 1999, S. 43-51.

[Wy03] Wyssusek, B.: Plädoyer für ein soziopragmatisch-konstruktivistisches Verständnis der Organisationsmodellierung in der Wirtschaftsinformatik. In: Frank, U. (Hrsg.): Wissenschaftstheorie in Ökonomie und Wirtschaftsinformatik. Koblenz 2003, S. 358-392.

[Ze99] Zelewski, S.: Strukturalistische Rekonstruktion einer theoretischen Begründung des Produktivitätsparadoxons der Informationstechnik. In: Becker, J.; König, W.; Schütte, R.; Wendt, O.; Zelewski, S. (Hrsg.): Wirtschaftsinformatik und Wissenschaftstheorie – Bestandsaufnahme und Perspektiven. Wiesbaden 1999, S. 25-68.

[Ze07] Zelewski, S.: Beurteilung betriebswirtschaftlichen Fortschritts – Ein metatheoretischer Ansatz auf Basis des „non statement view". In: Die Betriebswirtschaft, 67. Jg. (2007), Heft 4, S. 445-481.

Entwicklungen in der Wirtschaftsinformatik-Ausbildung und auf dem Arbeitsmarkt

Ulrike Baumöl / Reinhard Jung

Eine kritische Analyse des Arbeitsmarkts für (Wirtschafts)Informatik-Absolventen

Prof. Dr. Ulrike Baumöl
FernUniversität in Hagen
Fakultät für Wirtschaftswissenschaft
Lehrstuhl für Betriebswirtschaftslehre, insbes.
Informationsmanagement
Universitätsstraße 41
D-58097 Hagen
ulrike.baumoel@fernuni-hagen.de

Prof. Dr. Reinhard Jung
Universität Duisburg-Essen
Fachbereich Wirtschaftswissenschaften
Institut für Informatik und Wirtschaftsinformatik (ICB)
Lehrstuhl für Wirtschaftsinformatik und Betriebliche
Kommunikationssysteme
Universitätsstraße 9
D-45141 Essen
reinhard.jung@icb.uni-due.de

Einleitung

Der Markt für Wirtschaftsinformatik-Absolventen oder kurz Wirtschaftsinformatiker[1] ist nach Beobachtung der Autoren nicht nur gegenwärtig, sondern bereits seit Jahren dadurch gekennzeichnet, dass einerseits eine hohe Nachfrage nach Wirtschaftsinformatikern besteht, andererseits aber keine ausreichenden Maßnahmen ergriffen werden, um diese Nachfrage gezielt zu befriedigen. Die Frage nach den Gründen für das Marktversagen stellt sich damit unmittelbar. Möglicherweise liegen mehrere Ursachen vor, sodass verschiedene Aspekte zu untersuchen sind. Zunächst ist zu prüfen, ob Angebot und Nachfrage koordiniert sind, d.h., ob die nachgefragten Aufgabenprofile tatsächlich ausgebildet werden. Eine weitere Ursache könnte darin liegen, dass die Angebots- und Nachfrageseite nicht dieselbe Sprache sprechen und z. B. in den Unternehmen der Wirtschaftsinformatiker generell als „Informatiker" bezeichnet wird.

Im vorliegenden Beitrag wird das Ziel verfolgt, die Gründe für das Marktversagen zu untersuchen und einige Handlungsempfehlungen für die Überwindung dieser Situation zu formulieren. Dazu wird zunächst die gegenwärtige Marktsituation dargestellt, die auf der Nachfrageseite durch gewünschte Ausbildungsprofile bzw. gesuchte Absolventen und auf Angebotsseite durch die universitäre Wirtschaftsinformatik-Ausbildung konstituiert wird. Daran anschließend wird der zu erkennende Nachfrageüberhang aufgezeigt. Im Zuge einer kritischen Analyse werden die Gründe für das Marktversagen auf Nachfrage- und Angebotsseite untersucht. Die Ergebnisse fließen in die Schlussfolgerungen mit entsprechenden Handlungsempfehlungen ein.

---

[1] Aus Gründen der besseren Lesbarkeit verwenden die Autoren in diesem Beitrag ausschließlich die maskuline Form. Unter der Bezeichnung „Wirtschaftsinformatiker" werden hier nicht ausschließlich Absolventen eines entsprechenden Studiengangs verstanden, sondern auch Absolventen „verwandter" Studiengänge, nämlich beispielsweise aus Studiengängen der Betriebswirtschaftslehre oder Informatik, mit einer Vertiefungsrichtung bzw. einem Nebenfach „Wirtschaftsinformatik".

Beschreibung der gegenwärtigen Marktsituation

In diesem Kapitel wird der Versuch unternommen, ein möglichst umfassendes Bild der Marktsituation zu zeichnen. Zu diesem Zweck erfolgt zunächst eine Darstellung des Tätigkeitsspektrums für Wirtschaftsinformatiker. Daran anschließend wird kurz auf die Ausbildungsoptionen für das Berufsbild „Wirtschaftsinformatiker" und die Veränderungen hinsichtlich der Studienanfängerzahlen eingegangen, weil darin letztendlich die „Produktionsseite" für den hier betrachteten Markt zu sehen ist. Schließlich wird aufgezeigt, dass zumindest gegenwärtig ein starker Nachfrageüberhang herrscht, d.h., dass die Anzahl der für den Arbeitsmarkt zur Verfügung stehenden Absolventen zu klein ist.

Tätigkeitsspektrum von Wirtschaftsinformatikern

Die Aufgabenfelder, in denen Wirtschaftsinformatiker eingesetzt werden können, sind breit angelegt. Das Spektrum liegt dabei auf der ganzen Bandbreite zwischen Fragestellungen, die nahe an den Inhalten der Betriebswirtschaftslehre liegen, und solchen, die wiederum näher bei der Informatik einzuordnen sind. Nachfolgend werden einige der Aufgabenfelder entlang des Spektrums kurz charakterisiert.

Ein interessantes Aufgabenfeld, das sich nahe an betriebswirtschaftlichen Themen orientiert, ist z. B. das *Veränderungsmanagement*, wobei unter Veränderungsmanagement hier die klassischen Aufgaben des Business Engineers[2] gefasst werden. Der Business Engineer wird in diesem Kontext auch als „Veränderungsarchitekt" bezeichnet und gestaltet den – oftmals durch die Informations- und Kommunikationstechnologie (IKT) getriebenen – Veränderungsprozess im Unternehmen. Dabei sind inhaltlich alle Ebenen der Veränderung, von der Strategie bis zur IKT einschließlich der Auswirkungen auf die Unternehmenskultur sowie die Steuerungssysteme abzudecken[3]. Das

---

[2] Vgl. Baumöl, Winter (2003), S. 49 ff.
[3] Vgl. Baumöl 2008, S. 39-48.

bedeutet, dass der Business Engineer eine generalistische Ausbildung durchlaufen muss, die ihn in die Lage versetzt, die Konzepte für die einzelnen Ebenen zu verstehen und miteinander in Beziehung zu setzen, damit der Veränderungsprozess ganzheitlich erfolgreich sein kann.

Die *Unternehmensmodellierung* ist ein weiteres Aufgabenfeld für Wirtschaftsinformatiker, das vor allem im Rahmen der Projektarbeit gefordert ist. Bei der Unternehmensmodellierung geht es um die modellgestützte Abbildung von Teilbereichen des Unternehmens, oftmals mit dem Zweck, diese Bereiche später mit entsprechenden IKT-Lösungen zu unterstützen[4]. Dabei können entweder individuelle Modelle entworfen werden, oder es kann ein ökonomischer Nutzen dadurch erzielt werden, dass bei der Entwicklung individueller Modelle auf so genannte Referenzmodelle zurückgegriffen wird[5]. Die Ausbildung für diese Aufgabe ist ebenfalls vornehmlich generalistisch angelegt und erfordert ein ausgeprägtes Verständnis für Modellierungstechniken sowie die zu modellierenden Bereiche und die bestehenden wechselseitigen Beziehungen.

Bei der Entwicklung oder Selektion von IKT-Lösungen spielt das fachliche *Anforderungsmanagement* (verbreitet auch: Business Requirements Engineering) eine maßgebliche Rolle. Auch für dieses Aufgabenfeld eignen sich Wirtschaftsinformatiker sehr gut, weil einerseits die fachlichen Grundlagen für die Erhebung der Anforderungen gelegt sind und andererseits das Verständnis für die strukturierte Analyse der Anforderungen in der Ausbildung vermittelt wird. Für die detaillierte Erhebung, Analyse und schließlich Dokumentation erfolgt die Arbeit in einer Gruppe aus Fachvertretern und IT-Spezialisten, die durch einen Wirtschaftinformatiker moderiert wird. Die Ausbildung für diese Aufgabe ist, genau wie zuvor, generalistisch angelegt, mit einem Schwerpunkt auf der Abbildung fach-

---

[4] Vgl. Voß, Gutenschwager (2001), S. 149 ff.
[5] Vgl. Frank et al. (2007), S. 218.

licher Anforderungen und dem Einsatz von Kommunikationstechniken, die im Dialog zwischen Fachbereich und Informatik ein Erfolgsfaktor sind.

Die Umsetzung der Anforderungen erfolgt oftmals zunächst in Form einer Funktions- bzw. Applikationsarchitektur. Sie stellt ein wichtiges Bindeglied im Übergang zwischen fachlichen Anforderungen und technischer Lösung dar, und sie erfordert im ersten Schritt vor allem Fachkenntnisse verbunden mit der Fähigkeit, Machbarkeiten und vorhandenes Potenzial abzuschätzen. Die Aufgabe des *Architekturmanagements* fällt damit idealerweise auch in das Tätigkeitsfeld von Wirtschaftsinformatikern, die eine eher breit angelegte Ausbildung erfahren haben. Liegt der Aufgabenschwerpunkt im Architekturmanagement vermehrt auf der übergeordneten Architekturentwicklung (Architekturplanung und -steuerung, z. B. in Bezug auf die Applikationsarchitekturen), zählt vor allem die Ausbildung im Interpretieren und Verstehen von Prozessmodellen sowie Anforderungsdokumentationen, dem Verbinden mit Unternehmens- und Informatikstrategie und dem Entwurf von entsprechenden Architekturmodellen. Liegt der Schwerpunkt der Aufgaben eher auf der Planung und Entwicklung technischer Architekturen, sollte die Ausbildung entsprechend primär technische Inhalte umfassen, verbunden mit einem guten Verständnis für fachliche Anforderungen.

Aus dem Architekturmanagement heraus entsteht in der Regel die Aufgabe, die IT-Systeme, d. h. die Bausteine der Architektur, wie z. B. Applikationen, Infrastuktur- und Hardwarekomponenten zu entwerfen. Die Aufgabe *Modellierung von IT-Systemen* erfordert eine fundierte Ausbildung in betriebswirtschaftlichen Grundlagen verbunden mit einem Schwerpunkt in der technikorientierten Modellierung von IT-Systemen.

In der Regel erfolgen Veränderungen im Unternehmen in Projekten[6], und viele dieser Projekte beinhalten einen maßgeblichen Anteil von IT-Problemstellungen. Damit bekommt die Aufgabe *Projektmanagement* eine hohe Bedeutung für die Veränderungsfähigkeit oder auch Agilität von Unternehmen. Die Ausbildung des Projektmanagers muss mit Blick auf die Einbettung der Projekte in die Fachanforderungen und IT-Umsetzungen idealerweise in der Disziplin Wirtschaftsinformatik erfolgen. Hier können die Profile aber durchaus zwischen einem eher betriebswirtschaftlichen und einem eher technischen Schwerpunkt variieren, je nachdem, wo der Wirtschaftsinformatiker eingesetzt werden soll.

Zwei Aufgabengebiete, die traditionellerweise nicht unmittelbar zum Fokus der Wirtschaftsinformatik-Ausbildung gehören, sind die des *IT-Controllings* und der *IT-Revision*. Dennoch sind es aktuell stark beachtete und wichtige Aufgaben, die eine breit angelegte Wirtschaftsinformatik-Ausbildung erfordern. Damit ein angemessenes IT-Controlling aufgesetzt und eine fundierte IT-Revision durchgeführt werden können, müssen die Mitarbeiter verstehen, wie die Informatik im Unternehmen positioniert ist, wie die Zusammenhänge zwischen Unternehmensstrategie und IT-Lösungen sind, nach welchen Grundlagen die Informatik im Unternehmen arbeitet und wie sie „funktionieren" muss, damit die Ziele erreicht werden.

Näher an der technisch-mathematischen Ausbildung sind die *Implementierung von Algorithmen* und die *Entwicklung von Simulationsumgebungen*. Um z. B. Problemstellungen der Teilelogistik in der Produktion zu lösen, die Lagerhaltung oder das Cash-Pooling eines Unternehmens zu optimieren, müssen leistungsfähige Algorithmen und Simulationen entwickelt werden. Hier kommt dem Mitarbeiter betriebswirtschaftliches Wissen bei der Lösung des Optimierungsproblems zu Gute, um z. B. Machbarkeiten und die fachliche Angemessenheit abschätzen zu können.

---

[6] Vgl. Österle (1995), S. 22 ff.

Ein weiterer wichtiger Bereich, der auch in das Tätigkeitsspektrum eines Wirtschaftsinformatikers mit technischer Ausbildung fallen kann, ist der Aufgabenbereich rund um die *Softwareentwicklung bzw. -Integration*. Die klassischen Entwicklungsaufgaben sind zwar in der Informatik verankert, aber gerade bei der Übergabe an den Fachbereich, z. B. in der Testphase, ist eine Ausbildung in betriebswirtschaftlichen Themen für die Konzeptbeurteilung und Kommunikation der technischen Umsetzung sinnvoll.

Das *Betriebsmanagement* hat zum Ziel, die geforderte Qualität (z. B. Fehlerfreiheit, Verfügbarkeit) der gesamten Informatik-Infrastruktur (d. h. das IT-System von der Software bis zur Hardware) im Tagesgeschäft sicherzustellen. Damit ist es ein Aufgabenbereich, der als techniknah zu charakterisieren ist, und einen Schwerpunkt in der Informatikausbildung erfordern würde. Gleichzeitig sind aber betriebswirtschaftliche Kenntnisse für die effiziente Steuerung des Betriebs und die „Übersetzung" von Anforderungen aus den Fachbereichen eine wichtige Ergänzung der Ausbildung. Ein Wirtschaftsinformatiker mit einem technischen Fokus und entsprechenden betriebswirtschaftlichen Kenntnissen wäre hier also für die Aufgabenerfüllung ideal.

In Tabelle 1 sind die Aufgabenfelder und die zughörigen Profile im Überblick dargestellt.

Die Ausbildungsprofile zeigen, dass vielfach eine generalistische Ausbildung gefordert ist, die durch gezielte Schwerpunktsetzung und Zusatzqualifikationen auf verschiedenste Aufgabengebiete ausgerichtet werden kann. Eine Analyse der Stellenangebote in Abschnitt wird zeigen, dass das Bewusstsein für das breite Aufgabenspektrum, die dadurch entstehenden Profile der Wirtschaftsinformatiker und damit die variablen Einsatzmöglichkeiten nicht hinreichend verbreitet ist.

Aufgabenfeld	Profil der Ausbildung
Veränderungsmanagement	Generalistisch mit einer ausgewogenen inhaltlichen Mischung aus betriebswirtschaftlichen, technischen und organisationspsychologischen Inhalten; eine Zusatzqualifikation in Moderations- und Kommunikationstechniken ist sehr sinnvoll
Unternehmensmodellierung	Generalistisch, mit einem Schwerpunkt auf betriebswirtschaftlichen Zusammenhängen und Modellierungsfähigkeiten
Anforderungsmanagement	Generalistisch, mit einer ausgewogenen inhaltlichen Mischung aus betriebswirtschaftlichen und technischen Inhalten sowie möglicherweise einer Zusatzqualifikation in Moderations- und Kommunikationstechniken
Architekturmanagement	Generalistisch, mit einer ausgewogenen Mischung aus betriebswirtschaftlichen und technischen Inhalten, ein Fokus auf Modellierungstechniken wäre sinnvoll; je nach angestrebtem Arbeitsgebiet (z. B. Planung und Entwicklung unternehmensweiter Architekturkonzepte oder eher Planung und Umsetzung technischer Architekturen) sollten aber inhaltliche Schwerpunkte definiert werden
Modellierung von IT-Systemen	Technisch, mit einer fundierten Ausbildung in betriebswirtschaftlichen Zusammenhängen und Modellierungstechniken
Projektmanagement	Generalistisch, mit einer ausgewogenen Mischung aus betriebswirtschaftlichen und technischen Inhalten; eine Zusatzqualifikation im Projektmanagement ist obligatorisch, Zusatzqualifikationen in Kommunikationstechniken und organisationspsychologischen Zusammenhängen wären sinnvoll
IT-Controlling	Generalistisch, mit einem betriebswirtschaftlichen Schwerpunkt und einer Zusatzqualifikation in Moderations- und Kommunikationstechniken
IT-Revision	Generalistisch, mit einer ausgewogenen Mischung aus betriebswirtschaftlichen und technischen Inhalten, auch hier ist eine Zusatzqualifikation in Moderations- und Kommunikationstechniken sinnvoll
Implementierung von Algorithmen	Technisch-mathematisch, mit einer guten Ausbildung in betriebswirtschaftlichen Zusammenhängen
Entwicklung von Simulationsumgebungen	Technisch-mathematisch, mit einer guten Ausbildung in betriebswirtschaftlichen Zusammenhängen
Softwareentwicklung und -integration	Technisch, mit einer guten Ausbildung in betriebswirtschaftlichen Zusammenhängen
Betriebsmanagement	Generalistisch, mit einem Schwerpunkt in technischen Inhalten, aber verbunden mit einer fundierten Ausbildung in betriebswirtschaftlichen Inhalten z. B. zur Unternehmensrechnung oder Prozessmodellierung

Tabelle 1: Übersicht über die Aufgabenfelder und Ausbildungsprofile von Wirtschaftsinformatikern

Universitäre Wirtschaftsinformatik-Ausbildung

Um die Verhältnisse auf dem spezifischen Arbeitsmarkt nachvollziehen zu können, ist auch die Situation auf der Angebotsseite zu untersuchen. Das Angebot wird letztlich durch Hochschulstudiengänge bereitgestellt bzw. durch die Studierenden, die diese Hochschulstudiengänge absolvieren. Konkret ist hier zu prüfen, welche Ausbildungsoptionen es vom Profil her erlauben, die Absolventen als Wirtschaftsinformatiker zu bezeichnen (vgl. dazu auch die in Abschnitt dargestellten Aufgabenfelder). Zu nennen sind[7]:

1. Bachelor-, Master- und Diplom-Studiengänge im Fach Wirtschaftsinformatik;
2. Studiengänge in Nachbardisziplinen (z.B. Betriebswirtschaftslehre, Informatik, Wirtschaftsingenieurwesen) mit einem Wahlpflicht- oder Nebenfach Wirtschaftsinformatik.

Sofern die Effekte des Übergangs von Diplom- zu Bachelor- und Masterstudiengängen ausgeblendet werden, lässt sich feststellen, dass sich die Studienanfängerzahlen in Wirtschaftsinformatik-Studiengängen stabilisiert haben. In Studiengängen der Nachbardisziplinen gilt diese Beobachtung aus Perspektive der Wirtschaftsinformatik allerdings nicht; zumindest in betriebswirtschaftlichen Studiengängen wird von einem Rückgang des Interesses der Studierenden am Fach Wirtschaftsinformatik berichtet[8]. Letzteres könnte strukturelle Diskussionen bedingen und dazu führen, dass einzelne Wirtschaftsinformatik-Lehrstühle nicht wieder besetzt werden.

Nachfrageüberhang

Gerhard Knolmayer, der durch die vorliegende Festschrift geehrt wird, charakterisiert in einem Interview die Situation auf dem Arbeitsmarkt für hochqualifizierten Nachwuchs im ICT-Bereich als

---

[7] Vgl. WKWI (2007), S. 318
[8] Vgl. Kurbel (2008), in dieser Festschrift.

„dramatisch"[9]. Ähnlich äußerte sich Andreas Dietrich, Chief Information Officer der Schweizerischen Bundesbahnen, der in dieser Festschrift ebenfalls mit einem Beitrag vertreten ist: Gut ausgebildete Spezialisten würden „heftig umworben" und es herrsche ein „War for Talent"[10]. In der Studie „Bewerbungspraxis 2008", die im Auftrag des Karriere-Portals „Monster" auf Basis einer Befragung von mehr als 10.000 Stellensuchenden durchgeführt wurde, wird dargestellt, dass Studierende und Absolventen der Wirtschaftsinformatik und der Informatik die gegenwärtig optimistischsten Gruppen am Arbeitsmarkt sind, denn 72,5 % (Wirtschaftsinformatiker) bzw. 70,5 % (Informatiker) der Befragten schätzen ihre Berufsaussichten als sehr gut ein[11]. Es ist zu vermuten, dass diese Einschätzung ein Resultat des großen Stellenangebots einerseits und der guten Gehaltsaussichten andererseits ist. Eine Bestätigung dafür findet sich in der „Salärstudie 2007" des Verbands „Swiss ICT". Das Karriere-Portal „Monster" zitiert diese Studie über den Arbeitsmarkt der Schweiz und hebt hervor, dass die Gehälter in der IT-Branche zwischen 2006 und 2007 gestiegen und offene Stellen in diesem Bereich oftmals nicht mehr zu besetzen sind[12]. Eine Untersuchung des Bundesverbands Informationswirtschaft, Telekommunikation und neue Medien e.V. (BITKOM), die auf Informatiker beschränkt ist, kommt zu analogen Ergebnissen: Während im Zeitraum von 2000 bis 2006 die Zahl der Studienanfänger um ein Viertel gesunken ist, wird ein dramatischer Fachkräftemangel festgestellt[13]. Auch in den USA wird für die nahe Zukunft ein Fachkräftemangel befürchtet, weil sich die stark expandierende IT-Branche sinkenden oder zumindest niedrigen Einschreibezahlen in den Studiengängen „Computer Science" und „Management Information Systems" gegenübersieht[14].

[9] Vgl. Knolmayer (2007), S. 15.
[10] Dietrich (2008), S. 148 f.
[11] Vgl. Zeitler (2008)
[12] Vgl. Saheb (2007).
[13] Vgl. BITKOM (2007).
[14] Vgl. Litecky (2008), S. 109.

Die geschilderten Befunde decken sich mit Beobachtungen der Autoren: Mitarbeiter von Unternehmen, die für die Besetzung ihrer Stellen nach Wirtschaftsinformatikern suchen, berichten von einem „ausgetrockneten" Markt. Die Anzahl der Unternehmen, die bei Universitäten anfragen und diverse Optionen anbieten, um frühzeitig mit Studierenden in Kontakt zu kommen (Praktika, Gastvorträge etc.), ist aktuell sehr groß. Offenbar reicht das Angebot an Absolventen nicht mehr aus, um die Stellen Profil-entsprechend zu besetzen.

Ein nachgelagerter Effekt der Verknappung des Angebots trifft Universitätseinrichtungen, die sich aufgrund der starren Besoldungsstrukturen in ihren Rekrutierungsbemühungen nicht den steigenden Marktpreisen (in Form höherer Einstiegsgehälter) anpassen können; in der Folge bleiben Stellen für wissenschaftliche Mitarbeiter unbesetzt. Zwar sind die Gehälter für wissenschaftliche Mitarbeiter schon immer niedriger als typische Einstiegsgehälter in der Praxis, aber erfahrungsgemäß können bei Überschreitung einer bestimmten Gehaltsdifferenz auch die Vorteile einer universitären Zusatzqualifikation diesen Nachteil nicht mehr aufwiegen.

Kritische Analyse

Im vorhergehenden Abschnitt wurde auf Basis von Referenzen und „anecdotal evidence" dargestellt, dass der Arbeitsmarkt für Wirtschaftsinformatiker zur Zeit einen Nachfrageüberhang aufweist und gleichzeitig die Ausbildungskapazitäten an Universitäten insgesamt möglicherweise sogar sinken. Dieser Abschnitt widmet sich daher einer kritischen Analyse und versucht, mögliche Ursachen für diese Diskrepanz aufzuzeigen. Dabei werden Nachfrage- und Angebotsseite und der Sprachgebrauch bezüglich der Berufsbezeichnungen untersucht.

Nachfrageseite

Die Menge der Unternehmen, die nach Wirtschaftsinformatikern suchen, wird hier zusammenfassend als Nachfrageseite aufgefasst. Die Ergebnisse einer stichprobenartigen Untersuchung von Stellenanzeigen, die nicht repräsentativ sein kann, zeigen, dass offenbar eine nicht unerhebliche Anzahl von Unternehmen typische Wirtschaftsinformatik-Absolventenprofile ausschreibt, diese Profile aber in den Anzeigen „nur" mit der Bezeichnung „Informatik" verbindet. Zwei Beispiele finden sich Abbildung 1 und Abbildung 2. Beide Stellen wären durchaus mit Wirtschaftsinformatikern adäquat zu besetzen. Zudem sind in beiden Fällen die Anforderungen an die Bewerber so formuliert, dass betriebswirtschaftliche Kenntnisse zumindest aus einer Nebenfachausbildung durchaus wichtig wären; erwähnt wird dieser Aspekt – zumindest bezogen auf das Studium – in keiner der beiden Ausschreibungen. Aus dieser Beobachtung leiten die Autoren die Hypothese ab, dass zumindest ein Teil der Stellenausschreibungen in dem hier betrachteten Bereich nicht effektiv ist. Möglicherweise fehlt sogar bei den für die Rekrutierung Verantwortlichen im Einzelfall ein genauer Überblick über passende Absolventenprofile (und die dahinter stehenden Studiengänge).

Nun könnte man der oben formulierten Hypothese entgegenhalten, dass Unternehmen aus bestimmten Gründen tatsächlich nur Informatiker suchen und Wirtschaftsinformatiker explizit nicht einstellen wollen. Ein solches Verhalten ist aber in einem Arbeitsmarkt, der unter Nachwuchsmangel leidet, eher unwahrscheinlich.

Hochschulabsolvent (m/w) IT-Consulting

Ihre Aufgaben:

- Aufbau von Data Warehouses und Management Informationssystemen für Real Estate Unternehmen
- Datenbankentwicklung, Datenbank- und Schnittstellenprogrammierung
- Anforderungsanalyse, Design und Planung, Steuerung und Umsetzung
- Projektarbeit im Team (auch international) mit Beratern und Kunden

Ihr Profil:

Sie verfügen über ein erfolgreich abgeschlossenes Studium der Informatik oder über eine gleichwertige Berufsausbildung. Betriebswirtschaftliche Grundlagen, idealerweise auch Kenntnisse der Immobilienwirtschaft, haben Sie im Rahmen von ersten berufspraktischen Erfahrungen – z. B. Praktika oder Werkstudententätigkeit – erworben. Der Umgang mit MS SQL Server 2005 Business Intelligence sowie mit MS Visual Studio ist Ihnen bestens vertraut. Pluspunkte sammeln Sie, wenn Sie darüber hinaus Kenntnisse in Oracle und Arcplan mitbringen. Aufgrund der Internationalität unseres Business sind ausgezeichnete Deutsch- und Englischkenntnisse in Wort und Schrift unbedingt ein Muss.

Abbildung 1: Auszug aus der Stellenausschreibung eines Energiedienstleisters

Business Analyst (m/w)

Ihre Energie ist hier gefragt:

- Analyse von Geschäftserfordernissen und Dokumentation möglicher Lösungsstrategien
- Entwicklung von Anforderungsbeschreibungen gemäß den unternehmensinternen Standards hinsichtlich Qualität, Zeitplan und Budget
- Überwachung der Entwicklung und Umsetzung sowie begleitende Optimierung der Ergebnisse
- Entwicklung von Testszenarien
- Abstimmung mit anderen Analytikern, Projektmanagern, Architekten und Entwicklern

So überzeugen Sie uns:

- Erfolgreich abgeschlossenes Informatikstudium
- Alternativ: umfassende Berufserfahrung in einem entsprechenden Bereich
- Prozesskenntnisse
- Ideal: Kompetenzen in ARIS, SAP IS-U und e-count sowie in Oracle und SQL Server
- Ausgeprägte analytische Fähigkeiten und kommunikative Stärken
- Sehr gute Englischkenntnisse

Abbildung 2: Auszug aus der Stellenausschreibung eines Beratungsunternehmens

Angebotsseite

Dieser Abschnitt widmet sich der Frage, ob sich die Angebotsseite richtig verhält, d.h., ob Universitäten ausreichende Ausbildungskapazitäten zur Verfügung stellen. Eine pauschale Antwort lässt sich nicht geben. An vielen Universitätsstandorten sind inzwischen Wirtschaftsinformatik-Studiengänge etabliert (z.B. Duisburg-Essen, Hagen, Ilmenau, München, Münster, Regensburg, Siegen, Zürich). In einigen Fällen gibt es sogar Fakultäten mit einer entsprechenden „Widmung", so z.B. an der Universität Bamberg die Fakultät Wirtschaftsinformatik und Angewandte Informatik. An der Universität Mannheim ist mittelfristig eine ähnlich ausgerichtete Fakultät geplant. Anders stellt sich das Bild bei der Betrachtung von Hochschulstandorten dar, an denen die Wirtschaftsinformatik-Ausbildung in andere Studiengänge eingebettet ist. Hier ist der Bedarf nach einem Wirtschaftsinformatik-Studiengang trotz deutlicher Signale vom Arbeitsmarkt häufig kaum vermittelbar. Stattdessen wird in Einzelfällen sogar in Erwägung gezogen, entsprechende Lehrstühle nicht wieder zu besetzen. Man könnte es pointiert so formulieren: Die Nachfrage kommt in vielen Fällen nicht an der Universität an.

Ein weiterer möglicher Grund für die vordergründig paradoxe Situation ist aber möglicherweise auch im Wahlverhalten der Studienanfänger bzw. der Studierenden zu sehen. Eventuell wird von ihnen nicht erkannt, dass ein Wirtschaftsinformatik-Studium attraktive Tätigkeitsbilder im späteren Berufsleben mit entsprechenden Gehaltsaussichten bereit hält. Studierende in Nachbardisziplinen verkennen möglicherweise, dass Kompetenzen im Bereich der Wirtschaftsinformatik häufig eine wertvolle Ergänzung zu anderen Kompetenzen darstellen.

Sprachgebrauch

Neben den bereits dargestellten, möglichen Ursachen für die Marktsituation ist noch ein weiterer Aspekte zu erwähnen, der unter Umständen Einfluss ausübt: der Sprachgebrauch im Bereich der Berufsbezeichnungen.

Insbesondere in populärwissenschaftlichen Publikationen sowie in Zeitschriften und Tageszeitungen wird der Begriff „Informatik" als Oberbegriff für alle „Bindestrich-Informatiken" verwendet, d.h. die Wirtschaftsinformatik wird dort untergeordnet[15]. Ein Beispiel ist der weiter vor referenzierte Aufsatz von *Zeitler*[16]. Dort wird unter der Überschrift „*Informatiker* schätzen Karriere-Aussichten rosig ein" über die Karriereperspektiven von Informatikern *und* Wirtschaftsinformatikern berichtet. Während sich häufig Überschriften wie „Ingenieure und Informatiker fehlen" in den IT-Gazetten finden lassen, sind entsprechende Meldungen mit „Wirtschaftsinformatiker" im Titel nicht präsent.

In dem geschilderten Sprachgebrauch („Informatik" als Oberbegriff) könnte natürlich auch ein Grund für die oben dargestellte Praxis bei Stellenausschreibungen liegen.

Schlussfolgerungen

Basierend auf den bisherigen Feststellungen, die eher Hypothesen als gesicherte Erkenntnis darstellen, ist es die Zielsetzung dieses Abschnitts, Handlungsempfehlungen zu formulieren. Was also kann die Wirtschaftsinformatik-Community tun, wenn sie die Situation in gleicher oder ähnlicher Weise wahrnimmt? Einige mögliche Antworten:

1. Angesichts der faktisch großen Nachfrage nach Absolventen von Wirtschaftsinformatik-Studiengängen sollten noch mehr dieser Studiengänge eingerichtet werden. Es bleibt zu hoffen, dass dieser Bedarf von den entscheidenden Unversitätsgremien (an)erkannt und auch als strategische Option betrachtet wird.

---

[15] Anmerkung: Es gibt nach Einschätzung der Autoren viele Informatiker und Wirtschaftsinformatiker, die dieser Subsumtion widersprechen würden.

[16] Vgl. Zeitler (2008)

2. An Hochschulstandorten, an denen ein solches Vorgehen (siehe 1.) nicht möglich ist und die Wirtschaftsinformatik von einzelnen Lehrstühlen innerhalb anderer Studiengänge vertreten wird, kann das volle Ausbildungsprogramm aus der Studienplanempfehlung[17] in der Regel nicht hinreichend abgedeckt werden. Daher bietet sich eine Nischenstrategie an, die darin bestehen könnte, sich durch Kombination verschiedener Ausbildungsinhalte auf bestimmte Berufsbilder, also „Ausbildungsprofile", auszurichten. So könnten Studierende an einem Standort bei- spielsweise durch gezielte Kombination von Controlling- und Wirtschaftsinformatik-Lehrinhalten auf die Berufsbilder IT-Controller und IT-Revisor vorbereitet werden. So entsteht eine Spezialisierung, die mit einem klaren Profil Studierende anzieht.

3. Eine generelle Aufgabe für die universitäre Wirtschaftsinformatik-Community liegt sicherlich auch darin, die typischen Kompetenzen von Wirtschaftsinformatikern durch eine gezieltere Informations- und Kommunikationspolitik besser in der Praxis zu verankern. Plakativ ausgedrückt sollte ein Ziel sein, dass Stellen-ausschreibungen zukünftig mit „Informatiker und Wirtschafts-informatiker gesucht" überschrieben werden.

Schließlich ist auch die Unternehmenspraxis aufgerufen, ihren Bedarf gegenüber den Universitäten deutlicher zu artikulieren und damit zu helfen, dass die Nachfrage auch „ankommt".

Literatur

Baumöl, U.: Change Management in Organisationen, Gabler: Wiesbaden 2008.
Baumöl, U., Winter, R.: Qualifikation für die Veränderung, in: Österle, H, Winter, R. (Hrsg.): Business Engineering – Auf dem Weg zum Unternehmen des Informationszeitalters, 2. Aufl., Springer: Berlin et al. 2003, S. 45-61.

[17] Vgl. WKWI (2007), S. 320 ff.

BITKOM: Interesse am Informatikstudium sinkt weiter, Presseinformation vom 2007-01-04: http://www.bitkom.org/files/documents/BITKOM_Press info_Studienanfaenger_Informatik_neu_04_01_2007.pdf, Download am 2008-04-18.

Dietrich, A.: „Lebenslanges Lernen" – was sich CIOs von Lehrinstitutionen wünschen, Wirtschaftsinformatik 50 (2008) 2, S. 148-149.

Frank, U., Strecker, S., Koch, S.: 'Open Model' - ein Vorschlag für ein Forschungsprogramm der Wirtschaftsinformatik, in: Oberweis, A., Weinhardt, C. (Hrsg.): eOrganisation: Service-, Prozess-, Market-Engineering (8. Internationale Tagung Wirtschaftsinformatik), Band 2, Universitätsverlag Karlsruhe:, Karlsruhe 2007, S. 217-234.

Knolmayer, G. (2007): Die IT ist wieder hochattraktiv – Interview mit Prof. Knolmayer, in: ICT (2007) 12, S. 14-18.

Kurbel, K.: Internationalisierung der Wirtschaftsinformatik - Weiter auf der Erfolgsspur – oder in die Sackgasse?, in: Jung, R., Myrach, T. (Hrsg.): Quo vadis Wirtschaftsinformatik, Festschrift für Gerhard Knolmayer zum 60. Geburtstag, Gabler: Wiesbaden 2008 (in diesem Buch).

Litecky, C., Prabhakar, B., Arnett, K.: The Size oft he IT Job Market – Comparing the U.S. IT job markets oft he 1990s and 2000s, Communications oft he ACM 51 (2008) 4, S. 107-109.

Saheb, A.: IT-Branche: Hohe Saläre, Nachwuchs fehlt, Online-Artikel vom 2007-12-05: http://it.monster.ch/15338_de-CH_p1.asp, Download am 2008-04-17.

Österle, H.: Business Engineering: Prozeß- und Systementwicklung, Band 1: Entwurfstechniken, 2. Aufl., Springer: Berlin et al. 1995.

Voß, S., Gutenschwager, K.: Informationsmanagement, Springer: Berlin et al. 2001.

WKWI (Wissenschaftliche Kommission Wirtschaftsinformatik im Verband der Hochschullehrer für Betriebswirtschaft e.V.): Rahmenempfehlung für die Universitätsausbildung in Wirtschaftsinformatik, in: Wirtschaftsinformatik 49 (2007) 4, S. 318-325.

Zeitler, A.: Informatiker schätzen Karriere-Aussichten rosig ein, Online-Artikel: http://www.cio.de/karriere/personalfuehrung/847973/, Download am 2008-04-17.

Georg Disterer

Fortwährendes Balancieren

Prof. Dr. Georg Disterer
Fakultät für Wirtschaft und Informatik
Fachhochschule Hannover
Ricklinger Stadtweg 120
D-30459 Hannover
georg.disterer@fh-hannover.de

Einleitung

In diesem Beitrag wird der Frage nachgegangen, welche Kontroversen in den nächsten Jahren auf jene wirken werden, die auf Gebieten der Wirtschaftsinformatik in Unternehmen arbeiten.[1] Keiner der Kontroversen ist neu, zu keiner der Kontroversen sind Lösungen zu erwarten, die übergreifend und langwährend wirken; vielmehr werden diese Spannungsfelder berufliches Wirken in der Wirtschaftsinformatik weiterhin prägen.

Dabei steht die Wirtschaftsinformatik als eigenständiges Fach „zwischen" der Betriebswirtschaftslehre und der Informatik. Eine Abgrenzung zu diesen Disziplinen ist daher manchmal schwierig, besondere und spezifische Merkmale der Arbeit von Wirtschaftsinformatiker/innen sind nicht immer leicht zu erkennen. Illustrierend werden dann Vokabeln wie „Schnittstellenfunktion", „Integration", „Koordination" genutzt, um das Arbeitsfeld von Wirtschaftsinformatiker/innen zu kennzeichnen.

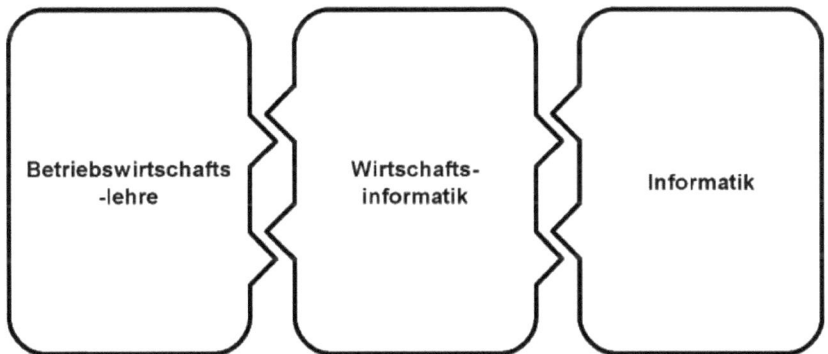

Zum Beleg seien Aussagen einiger Absolventen/innen der Wirtschaftsinformatik nach einigen Jahren Berufserfahrung angeführt:

---

[1] Ähnlichkeiten mit Kontroversen aus dem Privatleben, wo Spannungsfelder wie berufliches vs. privates Interesse, Selbstbestimmung vs. Fremdbestimmung, Veränderung vs. Konstanz, Planmäßigkeit vs. Spontaneität, Systematik vs. Pragmatik, Konsequenz vs. Konsens und Kopf vs. Bauch zu bewältigen sind, mögen nahe liegen, sind jedoch - auch mit Blick auf den Jubilar rein zufällig.

- Meine Hauptaufgabe liegt in der Kommunikation zwischen den Kunden und unseren Softwareentwicklern, um Anforderungen der Kunden an unserer Software umzusetzen ... als Mittler zwischen Kunden und Softwareentwicklern."
- Durch die Einführung von Software-Komponenten müssen beim Kunden Veränderungen im organisatorischen Umfeld berücksichtigt und bei der Einführung der Software beachtet werden."
- Meine Aufgaben setzen dort an, wo SW-Anwendungen von mehreren Fachbereichen genutzt werden und dadurch Interessenskonflikte, Konsolidierungsnotwendigkeiten und Abstimmungsbedarfe zwischen den Fachbereichen auftreten. Dabei erarbeite ich bereichsübergreifende Lösungskonzepte und steuere deren Umsetzung ... ich nehme damit interdisziplinäre Aufgaben der fachbereichsnahen IT wahr."
- Am spannendsten ist aus meiner Sicht die Arbeit als „Focal Point" für neue Vertriebstools. So bin ich an der Entwicklung einer neuen Vertriebssoftware beteiligt und dabei an der Schnittstelle zwischen den Entwicklern und dem Vertrieb - den späteren Benutzern der Software - tätig."
- Mittlerweile bin ich [in einem IT-Dientleistungsunternehmen] Hauptansprechpartner für unsere Kunden und koordiniere verschiedene Projekte im Bereich der Frontend- und Backendprogrammierung, der Anbindung neuer Kunden und der Integration von Drittanbietern."
- Dabei analysiere ich zunächst die Geschäftsprozesse des Kunden und plane die Unterstützung sowie Optimierung der Prozesse mit Hilfe betriebswirtschaftlicher Standardsoftware.

[2] Absolventen/innen des Studiengangs Wirtschaftsinformatik der Fachhochschule wurden um kurze und anschauliche Beschreibungen ihrer Tätigkeiten gefragt. Dis Auszüge sind hier verkürzt wiedergegeben; siehe: www.fakultaet4.fh-hannover.de/studium/bachelor-studiengaenge/wirtschaftsinformatik-bis/berufsfelder/index.html [2007-03-17]

Anschließend implementiere ich eine ausgewählte Softwarelösung und passe sie entsprechend der Kundenprozesse und -anforderungen an."

Die Aussagen belegen, dass viele unserer Absolventen/innen in engem Arbeitskontakt stehen zu den Benutzern jener Dienstleistungen, die klassischerweise von IT-Abteilungen oder IT-Dienstleistungsunternehmen angeboten werden. Diese Funktion eines Brückenkopfes zu Fachabteilungen bildet nicht nur einen wesentlichen Reiz der Arbeit als Wirtschaftsinformatiker/in, sondern stellt eine Reihe von Herausforderungen wie zum Beispiel die Überwindung von Barrieren aufgrund verschiedener Kenntnisstände, Fachsprachen und Mentalitäten.

Die Beziehungen zwischen Fachabteilungen und IT-Abteilungen werden in den vergangenen Jahren zunehmend als Kunden-/Lieferantenbeziehungen angesehen, die (auch) Markt- und Wettbewerbsmechanismen unterliegen. IT-Abteilungen nehmen nicht mehr per se eine Monopolstellung ein, sondern müssen sich um Kundenorientierung - und damit um Kosten- und Leistungsorientierung - bemühen. Ausgelöst wird dieser Wandel durch einen generell verstärkten Kostendruck in Unternehmen durch intensiveren Wettbewerb auf nahezu allen Märkten. Jedoch haben auch Defizite bei der Kommunikation und Verständigung zwischen Benutzern und IT-Abteilung, wenig transparente Abläufe und Zuständigkeiten in der IT-Abteilung, intransparente Abrechnungsmodalitäten und schwer nachvollziehbare Kosten-/Nutzenverhältnisse von IT-Investitionen und die oftmals mangelnde Einhaltung von Termin-/Budget-vorgaben dazu beigetragen, dass von Unternehmen Kunden-/Lieferantenbeziehungen zwischen Fachabteilungen und IT-Abteilungen angestrebt werden.

Zudem sind einige spezielle Kontroversen des Fachgebiets der Wirtschaftsinformatik zu bewältigen, die die Arbeit von Wirtschaftsinformatiker/innen nachhaltig prägen. Diese sollen im Folgenden skizziert werden.

Spannungsfelder der Wirtschaftsinformatik
Geschäfts- vs. Technikanforderungen

Geschäftsanforderungen an Anwendungssysteme werden oftmals formuliert, wenn Änderungen bestehender Prozesse geplant werden. Entsprechend haben die neuen Geschäftsprozesse zu diesem Zeitpunkt den Reifegrad eines Planes, demzufolge können Fehler enthalten und Prozesse ungenau oder ungenügend spezifiziert sein. Geschäftsanforderungen unterliegen zudem häufigem und schnellem Wandel, wenn Unternehmen auf Änderungen im Marktumfeld reagieren müssen.

Auch sind Anforderungen aus Fachabteilungen nach effizienter Unterstützung der Geschäftsprozesse getrieben von Wünschen und teilweise übertriebenen Ansprüchen von Benutzern, denen wirtschaftlich kaum entsprochen werden kann. Zudem wird oft erwartet, dass organisatorische Mängel oder wenig ausgereifte Prozesse durch die Unterstützung durch Anwendungssysteme geheilt werden.

Durch die Zunahme integrierter Anwendungssysteme sind deren Benutzer keine homogene Gruppe mit gleichen oder ähnlichen Anforderungen, sondern heterogene Gruppen, deren Interessen und Ansprüche divergieren.

Alle diese Unsicherheiten sind im Zuge der Entwicklung von Anwendungssystemen und im Laufe deren Betriebs zu bewältigen.

Anderseits erfordern die stark wachsende Nachfrage nach Übertragungs-, Verarbeitungs- und Speicherkapazitäten sowie der rasche Wandel der Informationstechnik häufig Änderungen an der technischen Infrastruktur. Diese Änderungen verbessern nicht unmittelbar die Effektivität und Effizienz der Unterstützung der Geschäftsprozesse. Vielmehr können sie diese zeitweise sogar einschränken oder behindern, so dass von den Fachabteilungen nur schwer Verständnis für die technischen Änderungen an der Infrastruktur aufgebracht wird.

Stabilität vs. Flexibilität

In der Domäne der Wirtschaftsinformatik wird Informationstechnik zur Unterstützung von Geschäftsprozessen eingesetzt. Die Prozessorientierung dient vor allem der Systematisierung und Standardisierung der betrieblichen Abläufe, somit sind an die IT-Unterstützung der Prozesse Anforderungen nach Stabilität i.S.v. Kontinuität und Zuverlässigkeit zu stellen.

Im Zuge der Personalisierung von Produkten und Dienstleistungen müssen Geschäftsprozesse jedoch zunehmend ausdifferenzierter ausgestaltet werden. Auch Eilaufträge, Varianten und Spezialfälle bekommen im Wettbewerb zunehmende Bedeutung, so dass die von ihnen verursachten Unterbrechungen der Routine akzeptiert werden müssen. In marktnahen Bereichen sind Geschäftsprozesse kaum lange „eingefroren", sondern müssen nach Änderungen im Umfeld angepasst werden. Die IT-Unterstützung soll diese Sonderfälle und Änderungen schnell nachvollziehen und dann möglichst rasch wieder ein ausreichendes Maß an Stabilität erreichen.

Aktion vs. Reaktion

Wirtschaftsinformatiker/innen haben auch die Aufgabe, unausgeschöpfte Potentiale vorhandener Informationstechnik und sinnvolle betriebliche Einsatzmöglichkeiten innovativer Informationstechnik aktiv zu sondieren. Durch die Komplexität aktueller Systeme und Komponenten und deren hohe Integration in bestehende Infrastrukturen sind Aktivitäten des Ausspähens, Ausprobierens, Testens und Pilotierens jedoch aufwändig. Dabei besteht die Gefahr, diese Aktionen über ein rationales Maß hinweg fortzusetzen, um drohende „sunk costs" einer Untersuchung zu vermeiden, die als Zwischenergebnis die (derzeitige) Unzweckmäßigkeit des Einsatzes einer technischen Innovation ausweist.

Wenn Wirtschaftsinformatiker/innen in der betrieblichen Praxis neue Techniken und Trends nicht kennen oder nicht einschätzen können, kann auf entsprechende Hinweise von anderen (aus Fachabteilungen, von der Unternehmensführung, von Geschäftspartnern) nur reagiert werden. Dies mag den Anschein der Unkenntnis und Passivität vermitteln. Schlimmstenfalls werden sie von Lesern/innen jener populären Druckerzeugnisse getrieben, denen mehr an der Verbreitung medienträchtiger Moden und Hypes als an der realistischen Darlegung von Chancen und Risiken liegt.

Moden vs. Trends

Absolventen/innen der Wirtschaftsinformatik begegnen in ihrer beruflichen Praxis einer großen Anzahl und hohen Vielfalt an Themen, die sie aufzugreifen und zu verarbeiten. Neue Themen werden ausgelöst durch ökonomischen Wandel, technischen Fortschritt oder wirtschaftliche Interessen von Personen und Unternehmen, die Aufmerksamkeit erhaschen müssen; dazu zählen Anbieter von IT-Produkten und -Dienstleistungen, aber auch Berater, Presseorgane und Verlage. Peter Mertens weist seit Jahren darauf hin[3], dass die Wirtschaftsinformatik durch (zu) viele Modethemen geprägt wird, die kurzfristig Aufmerksamkeit erlangen, langfristig jedoch keine nachhaltige Bedeutung gewinnen. Dazu ist keine Änderung in Sicht.

Die Auswirkungen für die Wissenschaftsdisziplin Wirtschaftsinformatik sowie Lösungsmöglichkeiten sind von Mertens hinreichend beschrieben. Für Absolventen/innen, die die auf Gebieten der Wirtschaftsinformatik in Unternehmen arbeiten, geht es vor allem darum, eigene Ressourcen (Arbeitszeit) sowie Ressourcen von Unternehmen (Personal, Investitionen) nicht zu sehr mit der Beschäftigung von Moden zu belasten. Für sie ist es daher wichtig, Themen möglichst frühzeitig als Mode zu entlarven und nicht unnötig Ressourcen darauf zu verwenden. Dies ermöglicht, nachhaltigen Trends und deren Konsequenzen frühzeitig nachzuspüren.

---

[3] Mertens (1995), Mertens (2006).

Dabei ist zu beachten, dass Praktiker/innen der Wirtschaftinformatik den Moden und Trends in stärkerem Maße ausgesetzt sind wie Wissenschaftler/innen. Sie sind nicht nur Rezipienten entsprechenden Berichte und Meldungen, sondern auch Zielgruppen von vertrieblichen Informationsaktivitäten von IT-Anbietern. Zudem sind sie Ansprechpartner von Mitarbeitern aus den Fachbereichen und Unternehmensführungen, die als IT-Benutzer oder IT-Entscheider vertrieblich angesprochen worden sind.

Kosten vs. Qualität

Sowohl bei der Entwicklung von Anwendungssystemen als auch bei deren Betrieb stehen Kosten und Qualität in einem Zielkonflikt. Angestrebt wird zugleich die maximale Unterstützung der Geschäftsprozesse eines Unternehmens durch ein Anwendungssystem sowie minimale Kosten für die Entwicklung und den Betrieb des Anwendungssystems. Das Erreichen (der Nähe) des Optimums setzt ein umfassendes Kalkül voraus, dass den Nutzen der Unterstützung der Geschäftsprozesse betriebswirtschaftlich bewertet, die Kosten technischer Komponenten und die Prozesskosten der Entwicklung und des Betrieb von Anwendungssystemen kalkuliert.

Gebrauchsgegenstand vs. Erfolgsfaktor

Die von Nicolas Carr im Jahr 2003 entfachte prominente Debatte um die Frage[4], ob der Einsatz von Informationstechnik in Unternehmen lediglich der Nutzung eines Gebrauchsgegenstand zur effizienten Unterstützung von Geschäftsprozessen entspricht oder den Stellenwert eines Erfolgsfaktor im Wettbewerb einnehmen kann, ist mittlerweile ein wenig verebbt. Viele Antworten auf die Frage, ob der Gebrauch von Informationstechnik der Nutzung einer ubiquitärer Infrastruktur ähnelt oder der Differenzierung im Wettbewerb dienen kann, gleichen eher einem matten „sowohl ... als auch".

---

[4] Carr (2003).

Nützliche Hinweise enthalten die Untersuchungen von Ray/Muhanna/Barney[5], die aus früheren Diskussionen den Begriff „Shared Knowledge" aufgreifen. Unter „Shared Knowledge" oder „Shared IT-Business Understanding" wird das Wissen und die Fertigkeiten verstanden, die in Fachabteilungen und IT-Abteilungen gemeinsam vorliegen und gemeinsam eingesetzt werden; „shared knowledge i.S.v. „… shared domain knowledge and common understanding"[6]. Mit Hilfe des ressourcen-basierten Modells zur Erklärung von Wettbewerbsvorteilen entwickeln sie die These, dass IT - mit diesem Wissen eingesetzt - tatsächlich Wettbewerbsvorteile generieren kann. Letztlich erlangen sie empirische Bestätigung für diese These[7]; insbesondere zeigen sie, dass der unterschiedliche Einsatz dieses Wissens bei der IT-Nutzung (tatsächlich) unterschiedliche Prozessperformance erklärt, währenddessen IT-Nutzungen im Sinne der Nutzung einer Infrastruktur derartige Unterschiede nicht erklären kann … „tacit, path dependent, and socially complex IT capability (shared knowledge) explains variation in process performance. Explicit IT resources (technical IT skills, generic information technologies, and IT spending) do not."[8]

Vertreter der Wirtschaftsinformatik im deutschsprachigen Raum mag das wenig überraschen, denn deren Prämisse lautet seit langem, dass Anwendungssysteme sozio-technische Komponenten von ökonomischen Systemen sind. Diese Komponenten müssen in den jeweiligen unternehmensspezifischen organisatorischen Kontext eingebunden werden, um ihre Nutzenpotentiale auszuschöpfen. Dafür sind Aufbau und Verwendung von „shared knowledge" notwendig. Entsprechend folgt aus dieser Prämisse für ein Curriculum der Wirtschaftsinformatik, dass ein profundes Wissen der Anwendungsdomäne gelehrt wird, um Wirtschaftsinformatikern/innen den Aufbau von „shared knowledge" zu ermöglichen. In der

[5] Vgl. Ray/Muhanna/Barney (2005), Ray/Muhanna/Barney (2007).
[6] Ray/Muhanna/Barney (2007) S. 87.
[7] Vgl. Ray/Muhanna/Barney (2005) S. 642-645.
[8] Ray/Muhanna/Barney (2005) S. 643.

Wirtschaftsinformatik gängige Kooperationen mit der betrieblichen Praxis und eine dezidierte Anwendungsorientierung in Forschung und Lehre ergänzen und unterstützen diesen Ansatz. Der Forderung nach „... increased business literacy among IS professionals"[9] wird damit schon in der Ausbildung entsprochen.

Die Bedeutung dieses Ansatzes wird auch durch Marktforschungen bestätigt. Nach Aussage der Gartner Group[10] besteht bei IT-Verantwortlichen in Unternehmen weiterhin eine gewisse Orientierung nach innen, abzulesen an Prioritäten der CIOs. Demgegenüber stehen die Ansprüche der Unternehmensleitungen, die eine klare Ausrichtung der IT auf Belange des Geschäfts verlangen. Mit diesem Unterschied zwischen Zielsetzung der IT und den Ansprüchen der Unternehmensleitungen setzen sich die IT-Verantwortlichen nach Gartner dem Risiko aus, ihre Relevanz für Unternehmen zu verlieren. Damit droht eine Marginalisierung der Rolle IT in Unternehmen.

Ausblick

Die hier skizzierten Kontroversen werden in den nächsten Jahren auf jene wirken, die auf Gebieten der Wirtschaftsinformatik in Unternehmen arbeiten. Lösungen, die nachhaltig und umfassend wirken, sind nicht in Sicht. Daher werden die Absolventen/innen Fähigkeiten und Fertigkeiten entwickeln müssen, das Arbeiten mit diesen Kontroversen auszuhalten und Themen aus den genannten Spannungsfeldern konstruktiv aufzugreifen. Ein fortwährendes Balancieren wird notwendig sein, da eine stabile Position zu keines der Themen einzunehmen sein wird.

Diese Themen kennzeichnen die Wirtschaftsinformatik als eigenständiges und interdisziplinäres Fach. In den Unternehmen adressiert Wirtschaftsinformatik als eigenständiges Fach „zwischen" der Betriebswirtschaftslehre und der Informatik vor allem die Schnittstelle

[9] Ray/Muhanna/Barney (2007) S. 90.
[10] Gartner 2007.

zwischen Fachabteilungen und IT-Abteilungen. Entsprechend werden einige prägenden Themen sowohl von Entwicklungen aus der Betriebswirtschaftslehre als auch der Informatik beeinflusst. Insgesamt erscheint damit Wirtschaftsinformatik in Unternehmen als ein Arbeitsfeld, das - im Wortsinn - Spannung verspricht. Die hier gewählte Perspektive, Kontroversen aufzugreifen, die auf jene wirken, die auf Gebieten der Wirtschaftsinformatik in Unternehmen arbeiten, stellt eine bewusste Auswahl dar. Vertretern/innen der Hochschulen stellen sich zusätzlich Fragen zur Wirtschaftsinformatik als Wissenschaftsdisziplin und Lehrgebiet; dazu gehören „rigor vs. relevance" und grundlagen- vs. praxisorientierte Forschung und Lehre.

Literatur

Carr, N.G., IT Doesn't Matter, in: Harvard Business Review, 2003, Nr. 5, S. 41-49.
Gartner Group, (Hrsg.,) Gartner EXP Survey of More than 1,400 CIOs Shows CIOs Must Create Leverage to Remain Relevant to the Business, 2007-02-14, www.gartner.group.com/it/page.jsp?id=501189 [2008-02-05]
Mertens, P., Moden und Nachhaltigkeit in der Wirtschaftsinformatik, in: Handbuch der modernen Datenverarbeitung HMD, 2006, Nr. 250, S. 109-118.
Mertens, P., Wirtschaftsinformatik - Von den Moden zum Trend, in: König, W. (Hrsg.), Wirtschaftsinformatik 1995, Heidelberg: Physica, 1995, S. 25-64.
Ray, G., Muhanna, W.A., Barney, J.B., Competing with IT: The Role of Shared IT-Business Understanding , in: Communications of the ACM, Bd. 50, 2007, Nr. 12, S. 87-91.
Ray, G., Muhanna, W.A., Barney, J.B., Information Technology and the Performance of the Customer Service Process: A Resource-Based Assessement, in: MIS Quarterly, Bd. 29, 2005, Nr. 4, S. 625-653.

Manfred Grauer

Eine Siegener Sicht der Wirtschaftsinformatik

Prof. Dr. Manfred Grauer
Institut für Wirtschaftsinformatik
Universität Siegen
Hölderlinstraße 3
D-57068 Siegen
grauer@fb5.uni-siegen.de

Einführung

In dem Beitrag/Essay werden eigene und damit sehr subjektive/fragmentarische Erfahrungen beim Aufbau des Faches und des Studienganges Wirtschaftsinformatik in Siegen vorgestellt. Es wird nicht der Anspruch erhoben, eine Analyse und Darstellung des Faches aus wissenschaftstheoretischer Sicht anzustreben, wie das in letzter Zeit für die Wirtschaftsinformatik mehrfach vorgelegt wurde. Erkenntnisquellen des Autors waren dabei die Erfahrungen aus dem Aufbau eigener Lehrveranstaltungen, aus Forschungsprojekten und Projekten mit Praxispartnern; denn das anwendungsorientierte interdisziplinäre Fach Wirtschaftsinformatik kann nur teilweise theoretisch erarbeitet werden.

Hilfreich waren in erster Linie auch die Erfahrungen der anderen Fachvertreter im deutschsprachigen Raum, die sich in Form der Studienplanempfehlungen für das Fach Wirtschaftsinformatik (wie der Studien- und Forschungsführer zur Wirtschaftsinformatik im Springer-Verlag von 1992 [Mert92] bis zu den Rahmenempfehlungen von 2007 [Rahm07]) niederschlugen. Ebenso war es interessant, die Entwicklungen auf den Gebieten Computer Science, Computer Engineering und Information Systems - nicht nur in Nordamerika - zu verfolgen.

Wesentliche Impulse der Verifizierung des eigenen Standpunktes gingen aus der Mitarbeit im Fachausschuss 07 für Wirtschaftsinformatik der Akkreditierungsagentur ASIIN hervor. Dabei mussten eigene Vorstellungen zum Fach Wirtschaftsinformatik erarbeitet werden und diese mit den - an den einzelnen Standorten entwickelten - Konzepten reflektiert werden. Das führte z. B. dazu, eine der Informationstechnologie (IT) innewohnende Dualität zu erkennen. So kann die IT verstanden werden als Mittel zur effektiveren Gestaltung von Managementprozessen existierender Geschäftmodelle in Unternehmen. Das wäre eine Art betriebswirtschaftliche Sicht der IT, auf die anschließend eingegangen werden soll. Andererseits ermöglicht die IT auch neue Geschäfts- und damit Marktmodelle, wenn man sie im makroökonomischen Sinn als Produktionsfaktor Information analysiert. Das soll im Abschnitt danach näher untersucht werden. Neben dem Wirtschaftsgut Information kann aber auch das Kulturgut Information unterschieden werden.

Weiterhin hat die Entwicklung der IT ermöglicht, nicht mehr nur funktionsorientiert in Unternehmen effizienter mit Informationen umzugehen, sondern in einem einzelnen Unternehmen eine ganzheitliche Betrachtung betriebswirtschaftlich-organisatorischer Prozesse und ingenieurtechnischer Aktivitäten (Produktentwurf und -entwicklung) über Abteilungsgrenzen hinweg vorzunehmen und diese wiederum mit den Kunden und den Lieferanten zu Wertschöpfungsnetzen zu verbinden. Diese Sicht hat aber auch die Konsequenz, dass Produkte über ihren gesamten Lebenszyklus mit IT unterstützt werden können und damit neben der eigentlichen (meist materiellen) Produktherstellung auch spezifische Serviceleistungen angeboten werden und beides Quelle von Wertschöpfung in ihrer Kombination ist. Darauf soll im Abschnitt ganzheitliche Unternehmensprozesse und Wertschöpfungsnetze für Produktlebenszyklusmanagement eingegangen werden.

Der Entwurf oder die Gestaltung von betrieblichen Informationssystemen, die solche Konzepte umsetzen, erfordern Ansätze, die ingenieurwissenschaftlichen Vorgehensweisen bei der Entwicklung neuer Produkte vergleichbar sind; dieser Aspekt wird zum Abschluss behandelt.

Betriebswirtschaftliche Sicht

Die am weitesten verbreitete und bis heute dominierende Sicht der Wirtschaftsinformatik ist die, die den Gegenstand in den Informations- und Kommunikationssystemen in Wirtschaft und Verwaltung sahen und sehen. Dabei wird zwischen Informationssystemen und betrieblichen Anwendungssystemen unterschieden. Als Anwendungssysteme werden automatisierte Teilsysteme von Informationssystemen verstanden wie notwendige Hardware, Systemsoftware, Kommunikationssysteme und Anwendungssoftware. In einer solchen Sicht wird als Aufgabe der Wirtschaftsinformatik die Entwicklung und Anwendung von Theorien, Konzepten, Modellen, Methoden und Werkzeugen für den Entwurf, die Entwicklung und den betrieblichen Einsatz von Informationssystemen verstanden. Das bedeutet, die Ressource Informationstechnologie für die effektive und effiziente Umsetzung der (existierenden) Unternehmensziele zu untersuchen und einzusetzen, sowie damit ein (extern definiertes, außerhalb der Wirtschaftsinformatik) Managementkonzept für ein gewähltes Geschäftsmodell umzusetzen.

Aus dieser Sicht der betrieblichen Nutzung der Ressource Information heraus wurde von P. MERTENS führend die Wirtschaftsinformatik als Integrationsaufgabe verstanden und bearbeitet (s. z. B.: [Mert05]). Dem liegt auch die Erkenntnis zu Grunde, dass die in der Betriebswirtschaftslehre übliche Unterteilung in funktionale Bereiche (wie Produktion, Marketing oder Vertrieb) bei der Analyse des Einsatzes der Ressource Information nicht nützlich ist, sondern integral über das gesamte Unternehmen Daten, Informationen und Wissen prozessbezogen betrachtet werden müssen. Als wesentliches Strukturierungsmittel dient dabei eine Unterteilung des Gegenstandsbereiches der Untersuchung, d.h. eine Unterteilung der Unternehmen in Typen, Branchen und Größenordnungen. Eine solche - betriebswirtschaftliche Funktionsbereiche übergreifende - Sicht kommt auch in der Analyse organisationswissenschaftlicher Ansätze aus der Sicht der Wirtschaftsinformatik durch P. MERTENS und G. KNOLMAYER [MeKn98] zum Ausdruck.

MERTENS versteht als Ziel der Wirtschaftsinformatik die „sinnhafte Vollautomation" [Mert95]. Diese sinnhafte Vollautomatisierung immaterieller Geschäftsprozesse kann als Analogie zur bereits gut entwickelten Automatisierung materieller Produktionsprozesse durch Robotertechnologie gesehen werden. Das Ziel dieser Automatisierung, d. h. die Sinnhaftigkeit, kann allerdings nur aus dem jeweiligen Geschäftsmodell abgeleitet werden und ist kein Ziel an sich.

Erweitert man den untersuchten Bilanzbereich – das Unternehmen – um Kunden und Lieferanten, können die genannten Methoden ebenso angewendet werden und Wertschöpfungsnetze werden zum Gegenstandsbereich. Damit wird die Analyse auf das Management der Kunden und der Lieferanten erweitert und die Analyse des Einsatzes von Informationstechnologie in einem größeren Bilanzkreis betrachtet.

Neben der Analyse des betrieblichen Gegenstandsbereichs des Einsatzes von IT werden verstärkt Fragen der Sicherheit im Sinne einer notwendigen Voraussetzung der betriebswirtschaftlichen Prozesse von Bedeutung. So sollte IT-Sicherheit im Sinne der Wirtschaftsinformatik Fragen der Wirtschaftlichkeit (Kosten-Nutzen-Überlegungen), der gesetzlichen Rahmenbedingungen (wie Schutz personenbezogener Daten), der organisatorischen Einbettung im Unternehmen (wie Rollenmodelle) und der Methoden der Informationssicherheit (wie Kryptographie) berücksichtigen. Da bei dieser Form der Sicherheit auch Vertrauen zwischen den beteiligten Akteuren (Mitarbeiter, Kunden, Lieferanten und allgemeine Öffentlichkeit) eine große Rolle spielt, geht es um einen Aushandlungsprozess, der als Aufgabe der Führung eines Unternehmens verstanden werden muss.

Diese hier skizzierten Ansätze einer management-orientierten Sicht der Wirtschaftsinformatik dominieren in der Lehre im deutschsprachigen Raum und sollten das auch weiterhin. Jedoch wäre es wünschenswert, wenn der bisherige Hauptfokus auf diskrete Fertigungsprozesse um die Analyse der Dienstleistungswirtschaft und dort besonders der Produktion von IT-Services erweitert wird. Damit würden den im Gegenstandsbereich der Wirtschaftsinformatik wesentlichen Eigenschaften moderner Gesellschaften (Anzahl der Arbeitsplätze und Anteil am BIP der Dienstleistungswirtschaft) entsprochen werden.

Volkswirtschaftliche Sicht

Durch die Tätigkeit des Autors am International Institute for Applied Systemsanalysis (IIASA) in Laxenburg/Österreich entwickelte sich im Kontakt mit Dennis MEADOWS [MeMe72] und den gemeinsamen Arbeiten mit Vertretern der Energie-Gruppe (s. [Häfe81]) ein Verständnis stofflicher und (fossiler) energetischer natürlicher Ressourcen und ihrer wesentlichen Eigenschaft endlich zu sein. Im ökonomischen Sinne führt die Nutzung endlicher natürlicher Ressourcen zu sinkenden Skalenbeiträgen und damit zu Grenzen des Wachstums in Bereichen, deren Produkte wesentlich von materiellen Einsatzstoffen abhängen.

Im Gegensatz zur ökonomischen Nutzung endlicher natürlicher Ressourcen konnte der Autor in Diskussion mit Brain ARTHUR (s. auch [Arth83] und [Arth89]) die Erforschung der Eigenschaften immaterieller ökonomischer Güter kennen lernen. Dabei ging es um die Pfadabhängigkeit (Lock-In-Effect) von Marktentwicklungen und die erstaunliche Eigenschaft der steigenden Skalenbeiträge (Increasing Returns on Investment). Diese Eigenschaften zusammen mit hohen Fixkosten und extrem niedrigen Stückkosten führen zu einer positiven Rückkopplung am Markt für immaterielle Produkte, die bis dahin nicht beobachtet wurde und für die die Firma MICROSOFT als Synonym steht. Das bedeutet auch, dass für diese immateriellen Produkte eine kostenbasierte Preisfindung nicht mehr möglich ist und diese nachfrageorientiert bestimmt wird (s. [SaVa99]). Der Angebotsmarkt für diese Klasse von Produkten (z. B.: Software) wandelt sich deshalb zum Käufermarkt. Dieser Erkenntnis haben offensichtlich die Geschäftsmodelle solcher Unternehmen wie GOOGLE oder AMAZON voll entsprochen.

Der Erkenntnis, dass die Wirtschaftsinformatik mit ihrem Untersuchungsgegenstand nicht nur betriebswirtschaftlichen Aspekten zu entsprechen hat, wurde recht frühzeitig von R. PETHIG auch in Siegen erkannt (s. [Peth95]) und vertreten.

Ebenso wurde in Siegen von W. BUHR auf die Bedeutung von Infrastrukturen für die Durchsetzung von Innovationen am Markt hingewiesen (s. z. B.: [Buh03]). So bedürfen Innovationen auf dem Gebiet der IT einer technischen Infrastruktur (wie Kommunikationsnetze, Speichersysteme oder Informationsverarbeitungseinheiten), einer Wissensinfrastruktur (wie Dienste, Anwendungen oder Inhalte) und einer Handlungsinfrastruktur (wie Gesetze, Regeln, Verfahren und Gewohnheiten).

Einen weiteren gesamtwirtschaftlichen Aspekt konnte der Autor während seiner Tätigkeit am IIASA im Kontakt mit den Arbeiten von BUZZ HOLLING (s. [Holl86]) bezüglich nachhaltigen Wirtschaftens begründet mit den natürlichen Eigenschaften von Biosystemen kennen lernen. Die Probleme einer nachhaltigen Entwicklung sind dann mit dem Brundtland Report (Our Common Future, 1987) in das gesamtgesellschaftliche Interesse getragen worden. Die Wirtschaftsinformatik mit dem Fokus auf immaterielle Güter kann dieser Forderung der Nachhaltigkeit in besonderer Weise entsprechen. Dabei wird besonders dem Dienstleistungsbereich mit den drei Eigenschaften (Immaterialität, Simultanität von Produktion und Konsum sowie Integration des Dienstleistungsnehmers in den Erstellungsprozess) Rechnung getragen.

Diese stärker methodische (volkswirtschaftliche) Betrachtungsweise innerhalb der Wirtschaftsinformatik ist besonders an den Universitäten Karlsruhe und Freiburg vertreten. In Siegen ist aus diesen Überlegungen heraus die Vorlesung Informationswirtschaft entstanden. Damit wird neben der Nutzung der Information zu einem effektiveren Management des Unternehmens der im übertragenen Sinne dualen Rolle der Information als viertem Produktionsfaktor Rechnung getragen.

Prozessorientiertes Produktlebenszyklusmanagement

In Siegen wurde in der Folge eines Projekts mit einem mittelständischen Anlagenbauer das Lehrgebiet Produktlebenszyklusmanagement (PLM) als Teil des Wirtschaftsinformatik-Lehrangebots seit 1999 aufgebaut (s. [SeGr03]). Dabei wird PLM prozessorientiert so verstanden, dass der Entwurf sowie die Entwicklung neuer (hier materieller) Produkte, deren Herstellung, Nutzung, Wartung Reparatur, Erweiterung und Recycling als eine Einheit zu betrachten sind. Aus betriebswirtschaftlicher Sicht entspricht man damit der Erkenntnis, dass dem neuen Geschäftsgebiet Dienstleistungen während der Nutzungsdauer eines Produktes zusätzlich zu den klassischen Bereichen wie Produktion oder Vertrieb Rechnung getragen wird. Es entsteht so ein Leistungsbündel, das auf das eigentliche Sachgut (wie Flugzeug, Auto, Handy oder Walzanlage) systematisch abgestimmt ist und somit als integraler Leistungsbestandteil ein wertrelevantes Merkmal ist. Inzwischen wird diese Art der Wertschöpfung in der betriebswirtschaftlichen Literatur als hybrid oder interaktiv bezeichnet (s. z.B.: [RePi06]), die auf der Basis moderner service-orientierter IT als kooperative Wertschöpfung von Anbieter und Kunden (Co-creation of Value) möglich wird.

Aus Informatiksicht bedeutet eine solche IT-Unterstützung des Produktlebenszyklus, die semantische Lücke der betrieblichen Daten, Informationen und Prozesse zwischen den ingenieurtechnischen CAX-Systemen und den betriebswirtschaftlich-organisatorischen ERP-/CRM-/SCM-Systemen zu schließen und eine bidirektionale Informations-Verbindung zwischen diesen Systemwelten durch Produktdatenmanagement-(PDM)-Systeme herzustellen. Einige produkt- und marktnahe Zeitschriften (s. eDM-REPORT, Heft 1, Februar 2008) haben dieser Entwicklung Rechnung getragen und fokussieren sich nicht mehr nur auf die IT-Unterstützung von Teilen des Produktlebenszyklus. Mit dem Schließen dieser semantischen Lücke trägt man auch der Erkenntnis Rechnung, dass im ingenieurtechnischen Entwurf und in der Produktentwicklung ca. 80 % der zukünftigen Kosten festgelegt werden und damit das Kostenrationalisierungspotenzial in den restlichen Phasen des Produktlebenszyklus wesentlich geringer ist.

Eine PLM-Strategie kann man nicht kaufen; sondern sollte von Wirtschaftsinformatikern mit ihrer interdisziplinären Ausbildung und unter Beachtung der Besonderheiten des Geschäftsmodells eines Unternehmens entwickelt werden. Das dafür notwendige PDM-System zur Implementierung einer solchen PLM-Strategie kann dann unter den etwa 50 am Markt vorhandenen ausgewählt werden.

Bisher wurden PDM-Systeme in Großunternehmen wie Flugzeugbauer, Automobilbauer und Schiffsbauer eingesetzt. Seit 1997/98 ist ein verstärkter Einsatz von PDM-Systemen im Mittelstand (Anlagenbauer und Automobilzulieferer) erkennbar. Der Sektor der PDM-Systeme zeichnet sich als einziger seit 1994 im IT-Bereich durch positive Zuwachsraten und verstärkten Bedarf an Beratungsleistung (ohne Einbruch um 2000) aus.

Vom branchenspezifischen Gegenstandsbereich wird PLM traditionell in der Produktion materieller Güter wie in der Fertigungstechnik (Einzel- und Serienfertiger) eingesetzt, aber auch in der letzten Zeit in der Prozessindustrie und in der Konsumgüterindustrie als auch in der Nahrungsmittelproduktion. Das resultiert im Besonderen aus Forderungen der Produkthaftung. Der Einsatz der Konzepte des PLM ist aber auch in der Produktion und dem Einsatz von Software (Software Product Lifecycle) unabdingbar. Der zu betrachtende Lebenszyklus reicht dabei von zwei bis drei Jahren bei elektronischen High-Tech-Konsumgütern (Handy) und bis zu 50 Jahren bei Flugzeugen und Anlagen.

Aus der Sicht der methodischen Ansätze sind die semantischen Lücken zwischen ingenieur-technischen und betriebswirtschaftlich-organisatorischen Daten, Informationen und Workflows/Prozessen in den einzelnen Stufen des Produktentwurfs, seiner Entwicklung, der Produktion als auch der Nutzung, Wartung und Entsorgung zu überwinden. Hierzu bringen Wirtschaftsinformatiker die Kenntnisse der Geschäftsprozessmodellierung ein, einschließlich Workflow-Management und rechnergestützter Gruppenarbeit. Um die für diesen Einsatzzweck notwendige Integration heterogener Systeme zu ermöglichen, erscheinen Konzepte des Service Oriented Computing basierend auf der Grid-Technologie der zu favorisierende Ansatz. Der Wirtschaftsinformatiker wäre dann der Integrations-Architekt, der im SOA-Sinne entlang der Prozesse im jeweiligen Wertschöpfungsnetz und während des gesamten Produktlebenszyklus die lose gekoppelten und grob granularen Dienste der heterogenen betrieblichen IT-Ressourcen verantwortet.

Ingenieurinduzierter Entwurf von Informationssystemen

In Anlehnung an den klassischen Entwurf materieller Güter (Häuser, Flugzeuge, Autos etc.) durch Ingenieure und Architekten wird auch von der Architektur und Konstruktion immaterieller Güter – der betrieblichen Informationssysteme - gesprochen (s. z. B.: [Sinz99]). Dieses Vorgehen dient dem strukturierten Umgang mit der hohen Komplexität solcher Software-(IT)-Systeme unter Einschluss von Maschinen und Menschen. Es werden in [Sinz99] zwei Beschreibungsebenen eines Informationssystems unterschieden: (1) eine Aufgabenebene, bestehend aus Informationsverarbeitungsaufgaben, die durch Informationsbeziehungen verknüpft sind sowie (2) eine Aufgabenträgerebene, bestehend aus Menschen und IT-Systemen, die untereinander kommunizieren und kooperativ die Informationsverarbeitungsaufgaben durchführen.

In Analogie zu den klassischen Ingenieurwissenschaften kann unter Architektur und Konstruktion von Informationssystemen verstanden werden: (1) der Bauplan des Informationssystems im Sinne seiner Spezifikation und Dokumentation seiner Komponenten und ihrer Beziehungen sowie (2) die Konstruktionsregeln für die Erstellung des Bauplans. Nach E. J. SINZ ist der Bauplan ein Modellsystem, dessen zugehöriges Objektsystem das Informationssystem ist. Die Konstruktionsregeln sind Vorschriften für die Erstellung des Modellsystems und werden in Form von Metamodellen angegeben. Metamodelle spezifizieren die verfügbaren Arten von Bausteinen, die Beziehungen zwischen den Bausteinen sowie Konsistenzbedingungen für die Verwendung von Bausteinen und Beziehungen.

Ein solches Vorgehen gestattet, jenseits von Moden und Hypes der Managementliteratur bewährte Methoden des Entwurfs, der Konstruktion und Entwicklung (von Sachgütern) des Maschinenbaus und der Elektrotechnik auf ihre Übertragbarkeit in die Wirtschaftsinformatik zu prüfen. In Kooperation mit dem Wirtschaftsingenieurwesen könnte so auch der geforderten ganzheitlichen Prozessorientierung Rechnung getragen werden.

Information als Wirtschaftsgut und Kulturgut

In den bisherigen Ausführungen wurde der Faktor Information zur Effizienzsteigerung in Unternehmen, als Produktionsfaktor selbst oder als Produkt, d. h. im Sinne eines Wirtschaftsguts betrachtet. Andererseits kann man im erweiterten Sinne den Faktor Information in Form einer wissenschaftlichen Entdeckung, eines Gemäldes, eines Buches oder eines Musikstücks auch als ein Kulturgut verstehen. Nimmt man diesen medienwissenschaftlichen Standpunkt ein, so treten soziale, kulturelle oder ästhetische Eigenschaften der Medien/Informationen in den Mittelpunkt der Analyse. Der gravierende Wandel solcher Medien mit seinen Konsequenzen für die gesamte Gesellschaft am Anfang des 20. und des 21. Jahrhunderts wird im Sonderforschungsbereich der DFG 615 „Medienumbrüche" untersucht (s. [SFB05]). Dabei wird der Übergang vom 19. zum 20. Jahrhundert als analoger Medienumbruch und der digitale Medienumbruch im derzeitigen Übergang vom 20. ins 21. Jahrhundert unterschieden.

Der analoge Medienumbruch zeichnet sich durch eine 1:n-Kommunikation ohne Rückkanal aus. Beispiele sind der Film, Radio, Fernsehen und das Festnetztelefon. Der digitale Medienumbruch ist durch eine m:n-Kommunikation mit Rückkanal gekennzeichnet. Das Internet und das Handy sind typische Repräsentanten für diesen zweiten Umbruch.

Die Verbindung zwischen dem Kulturgut Information und dem Wirtschaftsgut kann darin gesehen werden, dass neben den sozialen, kulturellen oder ästhetischen Einflussfaktoren solcher Medienumbrüche auch die zugrunde liegenden technologischen Innovationen und deren Dynamik der Marktdurchdringung aus Sicht der Wirtschaftswissenschaften untersucht werden, wie es seit J. A. SCHUMPETER der Fall ist. So kann die Substitution klassischer etablierter Medien durch neue Medien und deren veränderte Diffusionsgeschwindigkeiten aufgezeigt werden (s. z. B.: [HüGr05]). Eine solche Analyse des ersten Medienumbruchs könnte eine Basis für Prognosen zur Entwicklung des zweiten Umbruchs sein.

Zusammenfassung und Fazit

Das Wissenschaftsgebiet Wirtschaftsinformatik ist noch immer durch eine große Vielfalt und ein unscharfes Kernprofil sowohl in der Forschung als auch in der Lehre im deutschsprachigen Raum gekennzeichnet. Die Multikonferenz Wirtschaftsinformatik 2008 in München und die Internationale Konferenz Wirtschaftsinformatik 2009 in Wien mit ca. 40 nicht vollständig disjunkten Themengebieten/Tracks sind ein Beispiel für die Vielfalt und Unschärfe. Andererseits kann diesen Veranstaltungen eine große Attraktivität nicht abgesprochen werden. Jedoch ist die Feststellung in [ScSc08] wohl richtig, dass bisher in der Wirtschaftsinformatik kein klar definierter Konsens bezüglich der Grenzen zu den Nachbardisziplinen, noch eine Einigung auf wesentliche Kernkompetenzen existiert.

Die Wirtschaftsinformatik sollte weiterhin als Angewandte Wissenschaft mit interdisziplinärem und methodenpluralistischem Charakter verstanden werden. Dabei sollten als wesentliche Bestandteile der Faktor Information als Basis der Unternehmensführung aber auch als Produktionsfaktor Information analysiert werden. Weiterhin sollte eine ganzheitliche prozessorientierte Produktlebenszyklusbetrachtung auf der Basis kooperativer Wertschöpfung mit Serviceorientierung sowohl im betriebswirtschaftlichen als auch im softwaretechnologischen Sinne im Mittelpunkt stehen.

Literatur

[Arth83] Arthur, W. B.: On Competing Technologies and Historical Small Events: The Dynamics of Choice under Increasing Returns, IIASA Working Paper WP-83-090, Laxenburg 1983

[Arth89] Arthur, W. B.: Competing Technologies, Increasing Returns, and Lock-In by Historical Small Events, in Economic Journal, 99/1989, March 1989

[Buh03] Buhr, W.: What is Infrastructure, Universität Siegen, Volkswirtschaftliche Diskussionsbeiträge Nr. 107-03, 2003

[Häfe81] Häfele, W.: Energy in a Finite World: Paths to a Sustainable Future, Report by the Energy Systems Group of IIASA, Laxenburg/Austria, 1981

[HüGr05] Hüser, G., Grauer, M.: Technologischer Wandel und Medienumbrüche, in: Schnell, R., Stanitzek, G. (Hrsg.): Ephemeres – Mediale Innovationen 1900/2000, transcript Verlag, Bielefeld, 2005, S. 193 - 216

[Holl86] Holling, C. S.: The Resilience of Ecosystems: Local Surprise and Global Change, in: Sustainable Development of the Biosphere, Clark, W. C.; Munn, R. E. (Eds.), IIASA, Laxenburg/Austria

[MeMe72] Meadows, D. H.; Meadows, D. L.; Randers, J.; Behrens, W. W.: Limits to Growth, Universe Books, 1972

[Mert92] Mertens, P. et al. (Hg.): Wirtschaftsinformatik - Studien- und Forschungsführer, Springer-Verlag, Berlin, 1992

[Mert95] Mertens, P.: Wirtschaftsinformatik – Von den Moden zum Trend, in König, W. (Hg.): Wirtschaftsinformatik '95, Physica Verlag, 1995, S. 25-64

[MeKn98] Mertens, P.; Knolmayer, G.: Organisation der Informationsverarbeitung, Gabler Verlag, 3. Auflage, 1998

[Mert05] Mertens, P.: Integrierte Informationsverarbeitung 1, 15. Auflage, Gabler, Wiesbaden 2005

[Peth95] Pethig, R.: Information als Wirtschaftsgut, Universität Siegen, Volkswirtschaftliche Diskussionsbeiträge Nr. 55-95, 1995

[Rahm07] Rahmenempfehlung für die Universitätsausbildung in Wirtschaftsinformatik, Informatik Spektrum, 30, 5, 2007, S. 362-372

[RePi06] Reichwald, R.; Piller, F.: Interaktive Wertschöpfung, Gabler-Verlag, 2006

[SaVa99] Shapiro, S.; Varian, H. R.: Information Rules: A Strategic Guide to the Network Economy, Havard Business School Press, Boston 1999

[Sche87] Scheer, A.-W.; EDV-orientierte Betriebswirtschaftslehre, Springer-Verlag, Berlin 1987

[ScSc08] Schauer, C; Schauer, H.: Die Wirtschaftsinformatik im Spannungsfeld zwischen Vielfalt und Profilbildung: Auf der Suche nach den Kernkompetenzen einer vielfältigen Disziplin, in „Multikonferenz Wirtschaftsinformatik 2008", Bichler, M.; et al., (Hg.), GITO-Verlag, Berlin 2008, S. 1521 – 1538

[SeGr03] Seiler, C.-M.; Grauer, M.; Schäfer, W.: Produktlebenszyklusmanagement, Zeitschrift Wirtschaftsinformatik 45 (2003) 1, S. 67-75

[SFB05] SFB/FK 615, Medienumbrüche – Medienkulturen und Medienästhetik zu Beginn des 20. Jahrhunderts und im Übergang zum 21. Jahrhundert, gen. Antrag der DFG, Siegen, 2005

[Sinz99] Sinz, E. J.: F2 – Architektur von Informationssystemen, F3 - Konstruktion von Informationssystemen, in Rechenberg, P.; Pomberger, G. (Hg.): Informatik-Handbuch, Hanser Verlag, 1999

Armin Heinzl

Zur Notwendigkeit einer strukturierten Doktorandenausbildung in der Wirtschaftsinformatik

Prof. Dr. Armin Heinzl
Universität Mannheim
Lehrstuhl für ABWL und Wirtschaftsinformatik
Schloss S 219 / 220
D-68131 Mannheim
heinzl@uni-mannheim.de

Einleitung

Die Promotion gilt als höchster wissenschaftlicher Qualifikationsnachweis. Ihr Zweck ist es, mit der Erlangung des Doktorgrads die Fähigkeit zur vertieften wissenschaftlichen Arbeit nachzuweisen. In Deutschland ist die Promotion Voraussetzung dafür, bei der Deutschen Forschungsgemeinschaft (DFG) Projektanträge stellen zu können. Im Gegensatz zur Promotion weist die Habilitation dann die Fähigkeit nach, das gesamte Fachgebiet auf hohem Niveau in Forschung und Lehre zu vertreten. Der Doktortitel ist der höchste akademische Grad. Die Habilitation ist ein zusätzlicher Qualifikationsschritt, der ebenfalls mit einem Doktortitel bedacht wird (z.B. Dr. habil.). Die Bezeichnungen „Privatdozent" und „Professor" sind Titel, keine akademischen Grade. Sie werden nicht als formeller Namenszusatz verwendet.

Die Promotion erfolgt hierzulande vornehmlich im Rahmen einer Lehrstuhlpromotion und qualifiziert gleichermaßen für eine Laufbahn in Wissenschaft oder Praxis. Durch die eingeleiteten Reformen im Rahmen des Bologna-Prozesses ist zu überprüfen, ob sich die Durchführung der Promotion und ihre Verwertung verändern werden. Der vorliegende Beitrag beschäftigt sich daher mit der Frage, ob es geboten erscheint, für die Doktorandenausbildung in der Wirtschaftsinformatik im deutschsprachigen Raum vermehrt auf strukturierte Doktorandenprogramme zu setzen. Er soll herausarbeiten,

- in welchen Formen dies geschehen kann,
- welche Vor- und Nachteile damit verbunden sind und
- welche ersten Erfahrungen in diesem Kontext gemacht wurden

Der Beitrag erscheint an dieser Stelle auch in diesem frühen Entwicklungsstadium zweckmäßig, da diese Frage für die Wirtschaftsinformatik von strategischer Bedeutung ist. Die Qualität des wissenschaftlichen Nachwuchses wird maßgeblich die Zukunft des

Fachs bestimmen. Zudem stellt er eine Hommage an den Jubilar dar, da die Universitäten Bern und Mannheim im Bereich der Wirtschaftsinformatik bereits unterschiedliche Aktivitäten im Doktorandenstudium initiiert haben und der Autor dieses Beitrags an beiden Standorten als Dozent in diesem Bereich tätig war und ist.

Der vorliegende Beitrag ist erfahrungsbasiert. Er erhebt keinen Anspruch auf Wissenschaftlichkeit und Vollständigkeit, sondern versucht auf der Basis subjektiver Erfahrungen, erste Einblicke in die Thematik zu entwickeln, um dem eigenen Fach und anderen Hochschulstandorten Hinweise zur eigenen Positionierung und Entwicklung zu geben.

Hintergründe zur Rolle der Promotion

Das deutschsprachige Hochschulsystem galt bis zum Beginn des Bologna-Prozesses als quasi-egalitär. Infolge eines zentralisierten Hochschulzugangs, z.B. durch die ZVS in Deutschland, und durch geringe Leistungsunterschiede zwischen den Universitäten ging man davon aus, dass Hochschullehrer einen Informationsvorsprung bzgl. der Qualifikation ihrer Studenten besitzen und bestrebt sind, diesen auszunutzen. Insofern avancierte ein Promotionsangebot eines Professors zum nachhaltigen Qualitätssignal, da man davon ausging, dass Hochschullehrer nur den besten Absolventen die Möglichkeit zur Promotion eröffnen (Zitat Albach). Diese Signalwirkung wird auch heute noch gerne von der Wirtschaft wahrgenommen.

Die primäre Form der Promotion war und ist die an einem Lehrstuhl. Der Doktorand unterstützt „seinen" Professor und angehenden „Doktorvater"[1] in Forschung bzw. Lehre und bekommt im Gegenzug die Möglichkeit zur Promotion eingeräumt. Der strukturelle Freiheitsgrad der Promotion ist sehr hoch, da für das erfolgreiche Absolvieren des Promotionsstudiums keine Lehrveranstaltungen vorgeschrieben

---

[1] Aus Gründen der Vereinfachung wird jeweils die männliche Form verwendet. Der Autor dieses Beitrags würde es begrüßen, wenn der anhaltende Trend zu mehr „Doktormüttern" anhielte.

sind und selbiges hauptsächlich in der Form eines Selbststudiums stattfindet. Dieser Tatbestand wird u.a. durch die weitläufige Auffassung gerechtfertigt, dass ein Diplomstudium als wissenschaftliche Qualifikation in methodischer und inhaltlicher Hinsicht bestens auf das Promotionsstudium hinleitet.

Die Bewältigung dieses hohen Freiheitsgrads im Doktorandenstudium stellt hohe Anforderungen an die Motivation, Arbeitskontinuität und Widerstandskraft der Doktoranden, die zusammen mit dem vorgenannten Qualitätssignal auch von der Wirtschaftspraxis sehr geschätzt werden. Eine promovierte IT-Führungskraft lieferte mir jüngst folgendes Beispiel:

„Ich bin mir nicht sicher, ob eine kooperative Unterstützung des Promovenden durch seinen Doktorvater das Promotionsergebnis verbessert. Als ich meinen Doktorvater nach einjähriger Tätigkeit am Lehrstuhl auf dem Gang traf, fragte ich ihn, ob ich ihm mein Dissertationskonzept zur Ansicht und Kommentierung vorlegen dürfte. Dieser entgegnete jedoch, ich solle doch vielmehr die fertige Arbeit vorlegen, um hypothetische Diskussionen auszuschließen."

Insofern überrascht es kaum, dass Unternehmen und die Gesellschaft bereit sind, die Promotion nicht nur in fachlicher, sondern auch als Eingangsqualifikation für das Leben im Hinblick auf Persönlichkeitsmerkmale monetär und sozial zu honorieren. Promovierten Berufsanfängern wird ein höheres Salär geboten als diplomierten. Der Doktortitel wird als Namensbestandteil geführt und in der Anrede der Promovierten mehr oder weniger respektvoll verwendet.

Nun wird seit dem Abkommen von Bologna versucht, die Strukturen und Abschlüsse der Hochschulausbildung in einem geeinten Europa zu harmonisieren. Dem bewährten wissenschaftlich orientierten, aber auf den deutschen Sprachraum beschränkten und damit international nur ausgewiesenen Kennern bekannten Diplom, folgt neuerdings eine konsekutive, zweiteilige Struktur von Bachelor und Master. Neben einer Vereinheitlichung der Abschlüsse tritt das Ziel der Berufsvorbereitung an die Stelle der wissenschaftlichen Ausbildung. Alle Hochschulen im deutschsprachigen Raum werden durch nationales Recht angehalten, der Harmonisierung zu folgen. Im Zuge der Berufsvorbereitung wird vieles aus den Curricula entfernt, was nicht unmittelbar werthaltig im Hinblick auf die Praxis ist, Kurse für „Soft Skills" treten an die Stelle der für das wissenschaftliche Arbeiten so bedeutsamen Methodenlehren oder wissenschaftstheoretischer Inhalte. Die Begrenzung der Studiendauer verringert die Spielräume extracurricularer wissenschaftszentrierter Lehrangebote. Alle Hochschulen, auch die Fachhochschulen, stehen dadurch untereinander im Wettbewerb.

Bereits vor dieser Entwicklung haben Engpässe in der Hochschulfinanzierung dazu geführt, die Frage nach der internationalen Wettbewerbsfähigkeit der Universitäten zu stellen und Qualitätssignale aus der Forschung einzufordern. Als Indikator für den Erfolg der Grundlagenforschung wird – analog zum angloamerikanischen Sprachraum – die Anzahl von Veröffentlichungen in international und national renommierten Fachzeitschriften und Konferenzen verwendet. Immer feinere Messkriterien, wie die Zitierhäufigkeit, Impact-Faktoren oder der Hirsch-Index (h-Index) versuchen, die Produktivität und den Erfolg von Forschern in der Lehre auszudrücken. Diese Entwicklung hat unweigerlich Auswirkungen auf die Dissertationsschrift als Kern der Promotionsleistung. Erste Einrichtungen beugen sich diesem Trend, indem sie an die Stelle einer monographiebasierten Dissertation eine kumulative Dissertationsschrift (und Habilitationsschrift) stellen. In Berufungskommissionen werden diese ehemals zentralen Qualifikationsnachweise immer weniger gelesen. An ihre Stelle treten die Ausprägungen der vorgenannten Messkriterien.

Damit findet eine Entwicklung statt, die im angloamerikanischen Hochschulraum bereits seit geraumer Zeit erkennbar ist. Dort findet die Promotion im Rahmen einschlägiger, verschulter Doktorandenprogramme statt. Diese haben Produktcharakter, ergänzen die grundständigen Bachelor- und Master-Programme und werden an renommierten Standorten im Ausland teilweise mit hohen Studiengebühren belegt. Eine Promotion strebt vor allem an, wer Hochschullehrer werden möchte. Das Promotionsstudium dient als Gebrauchsanleitung zur Generierung von „A-Journal-Hits". Der so bedeutsame praktische Verwertungszusammenhang der wissenschaftlichen Ergebnisse gerät in den Wirtschaftswissenschaften und zunehmend auch in der Wirtschaftsinformatik aus dem Blickfeld und führt zu ersten Dysfunktionalitäten. Die benachbarte Information Systems Discipline sucht die Informationstechnologie in Informationssystemen[2], erachtet A-Journal-Hits wichtiger als praktisch verwertbare Ergebnisse und wundert sich, warum die Studierendenzahlen um bis zu 70% zurückgehen. Renommierte Veröffentlichungen in Fachzeitschriften und Konferenzen ebnen immer häufiger den Weg in eine wissenschaftliche Karriere, verdrängen aber andere wichtige Aspekte im komplexen Zielbündel der Wissenschaft und lassen soziale Persönlichkeitsmerkmale von Hochschullehrern in den Hintergrund treten.

Ausgangssituation der Wirtschaftsinformatik

Die Wachstumsphase der ersten Jahrzehnte ist abgeschlossen, im Verband der Hochschullehrer für Betriebswirtschaftslehre e.V. zählt die Wissenschaftliche Kommission für Wirtschaftsinformatik zu den größten Gruppierungen und gegenüber der Informatik haben sich die Studierendenzahlen im Verhältnis stark verbessert[3].

Dennoch steht das Fach vor den nächsten großen Herausforderungen. Internationale Publikationserfolge sind die Ausnahme. Das Fach schöpft – positiv formuliert – nicht alle methodologischen Potenziale aus[4]. Eine Diskussion über mögliche Theoriebasen findet immer noch nicht statt. Die große Zahl an Professuren führt unweigerlich zu einer

---

[2] Vgl. Benbasat und Weber 1996.
[3] So kommen z.B. 2007 auf drei Studienanfänger im Fach Informatik bereits zwei Studienanfänger im Fach Wirtschaftsinformatik; vgl. Statistisches Bundesamt 2008.
[4] Vgl. Heinrich 2005 sowie Wilde und Hess 2007.

inhaltlichen Zersplitterung. Großforschungsprojekte (z.B. in der DFG oder dem BMBF) sind mittlerweile Mangelware. Die Exzellenzinitiative in Deutschland ging weitgehend an den Wirtschaftswissenschaften, der Wirtschaftsinformatik und der Informatik vorbei.

Die Zahlen der Studienanfänger erholen sich nur langsam vom Platzen der dot.com-Blase zu Beginn des Millenniums. Technologieferne Modefächer, wie z.B. Medien- und Kulturwissenschaften, erfreuen sich in Mannheim oder anderenorts einer explosionsartigen Nachfrage. Technologienahe Fächer, wie die Ingenieurwissenschaften, die Informatik oder Wirtschaftsinformatik, werden trotz herausragender Karrierechancen von jungen Menschen kaum als Zukunftsoption gewählt. Die demographische Entwicklung trägt das ihre dazu bei und zwingt die IT- und Softwareindustrie, hochqualifizierte Arbeitskräfte aus dem Ausland zu rekrutieren bzw. die Arbeit dorthin zu verlagern. 43.000 offenen Stellen können offenbar nicht verhindern, dass sich Studenten technologiefernen Fächern zuwenden[5].

Einige Standorte, wie z.B. Mannheim, reagieren auf diese Entwicklungen mit der Bündelung und dem Ausbau von Angeboten der Wirtschaftsinformatik zur besseren Befriedigung der Arbeitsnachfrage von Seiten der Wirtschaft. Andere Standorte können und werden aber auch angesichts stagnierender Studentenzahlen versucht sein, über die Reduktion von Wirtschaftsinformatikangeboten nachzudenken.

Und was macht der wissenschaftliche Nachwuchs? Er fühlt sich trotz des so hoch gelobten gestaltungsorientierten Paradigmas von empirischen Methoden zunehmend angezogen, um auf diese Weise dem Stigma fehlender internationaler Publikationen zu entkommen. Charakteristisch für diese Situation ist der Tatbestand, dass Wirtschaftsinformatiklehrstühle, die sich mit Systementwicklung und -gestaltung beschäftigen, derzeit nur schwer aus der eigenen „Community" heraus zu besetzen sind. Einige Kollegen sehen bereits den vollzogenen

---

[5] Vgl. BITKOM 2008.

Eintritt in die als dysfunktional proklamierte Entwicklung der Information Systems Discipline.

In diesen Kontext ist die Frage nach der Form und den Inhalten der Promotion im Fach Wirtschaftsinformatik zu stellen. Die anforderungsgerechte Beantwortung dieser Frage wird maßgeblich über den Erfolg und die Zukunftsfähigkeit der eigenen Disziplin entscheiden.

Praktizierte Formen der Promotion

Auch wenn die Promotion an einem Lehrstuhl die am weitesten verbreitete Form ist, so lassen sich – sieht man einmal vom ungesetzlichen Erwerb von Doktorentiteln in der Schweiz ab – insgesamt drei Formen der Promotion anführen:

- die Lehrstuhlpromotion,
- das Graduiertenstudium und
- strukturierte Doktorandenprogramme.

Diese Formen sollen nachfolgend erörtert und kurz charakterisiert werden.

Die Lehrstuhlpromotion als elementare Form der Doktoradenausbildung

Im Rahmen der *Lehrstuhlpromotion* entscheidet allein ein Hochschullehrer über die Annahme oder Ablehnung eines Doktoranden auf der Basis geltender Promotionsordnungen und übernimmt den Großteil der Betreuungsleistung. Im Rahmen einer *internen Lehrstuhlpromotion* steht der Promovend zudem in einem Beschäftigungsverhältnis mit der Einrichtung des Lehrstuhlinhabers und assistiert diesem in Forschung und Lehre. Daraus hat sich der Begriff des Lehrstuhlassistenten abgeleitet. Mit dem Beschäftigungsverhältnis sind operative Aufgaben verbunden, wie z.B. die Unterstützung des Lehrstuhlinhabers, die Erfüllung von Lehrdeputaten oder die Betreuung von Studenten. Als Vorteile dieser Form der Promotion lassen sich die Alimentierung des Promotionsstudenten und die damit verbundene akademische Freiheit anführen. Der Doktorand wird für seine Tätigkeit kompensiert und besitzt außer den üblichen Doktorandenkolloquien keine Studien- bzw. Prüfungsverpflichtungen während seines Promotionsstudiums. Negativ können sich – müssen es aber nicht – die persönliche Beziehung und Abhängigkeit vom Doktorvater sowie die operativen Pflichten auswirken. Bei Meinungsverschiedenheiten mit oder Beziehungsproblemen zum Doktorvater endet die Promotion oftmals in einer Sackgasse.

Je höher die operative Last ist, desto stärker wird die Promotion beeinträchtigt. Oftmals ist dies eine Resultante großer Studentenzahlen oder hoher Lehrdeputate. Die Beeinträchtigung kann sowohl in zeitlicher Hinsicht – die Promotion dauert mehr als fünf Jahre – oder qualitativer Hinsicht – der Promovend erhält eine durchschnittliche Note – erfolgen. Letztere kann auch als verdeckte Kompensation der geleisteten operativen Arbeit gewährt werden.

Die Beziehung zum Doktorvater ist ein maßgebliches Merkmal der Lehrstuhlpromotion. Ergebnisdruck, Fürsorgepflicht und personale Abhängigkeiten beschreiben dieses Beziehungsgeflecht. Der Doktorvater ist unabhängig vom Ausmaß der väterlichen Güte, die er seinen Doktoranden zuteil werden lässt, das Identität stiftende Moment. Spricht man beispielsweise einen Träger der Doktorwürde der Universität Bern darauf an, wo er promoviert hat, wird er antworten, er habe bei Professor Knolmayer promoviert. Erfolgreiche Promovenden im angloamerikanischen Sprachraum würden auf diese Frage antworten, sie haben in Oxford oder in Stanford promoviert[6]. Die interne Lehrstuhlpromotion ist damit durch die persönliche Beziehung zum Doktorvater und eindeutige soziale Elemente geprägt.

Varianten der internen Lehrstuhlpromotion sind die *stipendienfinanzierte Promotion* oder die externe Promotion. Bei der erstgenannten

[6] Vgl. Albach 1991.

Form bezieht der Promovend seine Alimentierung nicht aus einem Beschäftigungsverhältnis mit der betreffenden Universität, sondern erhält ein überschaubares Stipendium von einer öffentlichen, gemeinnützigen oder privaten Institution. Der Nachteil an monatlichem Einkommen kann durch eine Reduktion operativer Pflichten ausgeglichen werden, die teilweise zu kürzeren Promotionsdauern und besserer Promotionsqualität führen. Der Doktorand erhält in diesem Modell zwar geringere Bezüge, kann sich dafür allerdings auf seine Promotion konzentrieren, was bei einer Ermittlung des Barwerts der Promotion durchaus vorteilig sein kann.

Eine weitere Variante der Lehrstuhlpromotion ist die sogenannte *externe Promotion*, die auch als Praxispromotion bezeichnet wird. Diese ist häufig in den Wirtschaftswissenschaften und der Wirtschaftsinformatik anzutreffen. Absolventen, die nach ihrem Studienabschluss eine Arbeit in einem Unternehmen angetreten haben, nutzen nach wenigen Jahren die Möglichkeit einer temporären Freistellung und versuchen in einem Zeitraum von 1 bis 2 Jahren, den Doktortitel zu erwerben. Unternehmen, insbesondere Beratungsgesellschaften, propagieren die Möglichkeit zur Promotion aktiv als Rekrutierungsargument. Sie bieten sogar Unterstützung bei der Vermittlung von Doktorvätern an. Sogar Gerüchte von indirekten Kompensationsgeschäften machen im Kollegenkreis die Runde.

Die Motivation des Promovenden ist nicht primär wissenschaftlicher, sondern oftmals karrierespezifischer Natur. Ein Doktortitel fördert das soziale Prestige und erhöht die Einkommenschancen, zumal das Gehalt im Unternehmen weiterläuft und signifikant höher ist als die Vergütung eines Lehrstuhlassistenten nach TV-L 13. Der zeitlich begrenzte Rahmen und die nicht vorhandenen operativen Pflichten am Lehrstuhl lassen die externe Promotion aus der Sicht des Promovenden interessant erscheinen. Aber gerade das starre Zeitfenster – Ausnahmen bestätigen die Regel – lassen Praxispromotionen hinter den Erwartungen zurück bleiben. Nicht wissenschaftliche Exzellenz, sondern der Erhalt des Titels ist oftmals die Zielfunktion des Promovenden, die sich methodisch am liebsten auf Phänomenologien oder kasuistische Aussagen stützen. Zielkontext und Zeitrahmen fördern das Erreichen von Minimalstandards anstelle eines Strebens nach wissenschaftlicher Exzellenz. Viele Praxispromotionen, die theoretisch, technologisch oder methodisch im Ansatz verheißungsvoll sind, können nicht mit der notwendigen Präzision und Disziplin abgeschlossen werden. Die Nachfrage nach externen Promotionen erscheint aufgrund der o.g. Eigenschaften unerschöpflich, die dadurch entstehenden Opportunitätskosten für Professoren und Hochschulen ebenfalls.

Das Graduiertenstudium als Schritt zur Formalisierung des Doktorandenstudiums

Eine weitere, sich stärker verbreitende Form ist das Promotionsstudium bzw. das *Graduiertenstudium*. Interne und externe Doktoranden werden angehalten, eine bestimmte Anzahl von Leistungsnachweisen zu erbringen. Diese können sich auf Doktorandenkolloquien des eigenen oder anderer Lehrstühle oder – im fortgeschrittenen Stadium – auf eigens dafür konzipierte Lehrveranstaltungen für Doktoranden beziehen. Ein Graduiertenstudium wird aus unterschiedlichen Gründen verfolgt. Zum einen werden infolge der Fragmentierung und Verschulung der Studiengänge im Bologna-Prozess die Methodenlehren vernachlässigt, die für die Erlangung des höchsten akademischen Grades als wissenschaftliche Qualifikation unverzichtbar sind. Andere Institution versuchen auf diese Weise eine Eintrittsbarriere für nicht akademisch, sondern opportunistisch motivierte Praxispromotionen zu erzielen. Für die beteiligten Hochschullehrer bedeuten Veranstaltungen für Doktoranden eine weitere Erhöhung der ohnehin schon angespannten Lehrlast, die mittelfristig nur durch eine Arbeitsteilung überwunden werden kann, wie sie im angloamerikanischen Bildungssystem deutlich erkennbar ist: Juniorprofessoren lehren vor allem in den grundständigen Studiengängen. Arrivierte Professoren lehren verstärkt im Bereich der graduierten und postgraduierten Programme. In unseren Breiten findet man den Tatbestand, dass Professoren zur Bewältigung der Lehrlast kombinierte Veranstaltungen für das Doktoranden- und Masterstudium anbieten. Der Vorteile eines Graduiertenstudiums für Promovenden liegt in dem systematischen Erwerb weiterer Qualifikationen, insbesondere dann, wenn Veranstaltungen in anderen Fächern oder an anderen Lehrstühlen absolviert werden müssen. Der Nachteil kann darin gesehen werden, dass die Vorbereitung und das Absolvieren derartiger Veranstaltungen die ohnehin operativ hohe Arbeitlast nicht mindert. Professoren sind daher nicht selten gegen ein Doktorandenstudium, da sie eine Minderung ihres Einflusses sowie operative Lücken im Lehrstuhlbetrieb befürchten.

Strukturierte Doktorandenprogramme als intensivste Form der Promotion

Die in diesem Beitrag zur Diskussion stehende Form der Promotion sind strukturierte Doktorandenprogramme. Diese haben in der Regel eine dreijährige Struktur. Die Auswahl der Promovenden erfolgt nicht durch einen Hochschullehrer, sondern durch eine Auswahlkommission, die aus mehreren Ordinarien besteht. Im ersten Jahr der Promotion durchläuft der Promovend eine fest vorgegebene Menge von Veranstaltungen, die exklusiv für Doktoranden angeboten werden. Zu Beginn des zweiten Jahres schreibt der Promovend einen Vorschlag für seine Dissertationsschrift („dissertation proposal") und sucht sich seinen Doktorvater. Der Vorschlag wird von einer Kommission angenommen oder abgelehnt. Im Falle der Ablehnung erhält der Promotionskandidat die Möglichkeit zur Überarbeitung. Im Falle der Annahme beginnt der Promovend mit seiner Dissertationsschrift, wobei im zweiten Jahr die Anzahl der zu absolvierenden Kurse sukzessive reduziert wird. Im dritten Jahr sind die Teilnehmer ganz kursfrei und konzentrieren sich voll auf die Dissertationsschrift. Aus der Sicht der Teilnehmer hat diese Form der Promotion den Vorteil, dass die Promotionsintensität sehr hoch ist und die Abhängigkeit von Einzelpersonen reduziert wird. Für die sich engagierenden Hochschullehrer bietet sie die Möglichkeit der Ausbildung hervorragenden wissenschaftlichen Nachwuchses, birgt aber auch Gefahren in sich. Diese wird oftmals in der Kannibalisierung der Lehrstuhlpromotion und – wie beschreiben – in der zusätzlichen Lehrlast vermutet.

Durch die Einbettung des Promotionsstudiums in ein strukturiertes Programm erhält die Promotion den Charakter eines Dienstleistungsprodukts. Insbesondere im angloamerikanischen Sprachraum werden an renommierten Hochschulen signifikante Geldbeträge für die Zulassung und Einschreibung in Promotionsprogrammen verlangt. An der University of California at Los Angeles werden 2008 die jährlichen Kosten für ein Promotionsstudium mit US-$ 23.955,50 für nichtkalifornische Einwohner angegeben[7]. Durch die zunehmende Betonung des Produktcharakters der Promotion wird zudem versucht, den unterschiedlichen Nachfragemotiven der Teilnehmer Rechnung zu tragen. Während jene Individuen, die nach wissenschaftlicher Exzellenz und nach einer längerfristigen Betätigung in Forschung und Lehre streben, sich in akademisch orientierte Vollzeitprogramme einschreiben, die mit einem Ph.D. (Philosophiae Doctor) abschließen, finden Graduierte, die einen Doktortitel aus berufspraktischen Gründen anstreben, vermehrt eine Angebot an strukturierten Teilzeitprogrammen, die beispielsweise den Titel eines DBS (Doctor of Business Administration) verleihen.

Graduiertenkollegs können als Vorstufe zu strukturierten Doktorandenprogrammen angesehen werden. Es handelt sich um befristete Einrichtungen der Hochschulen zur Förderung des graduierten wissenschaftlichen Nachwuchses. Derartige Kollegs werden u.a. von der Deutschen Forschungsgemeinschaft gefördert. In ihnen erhalten Doktoranden die Möglichkeit, ihre Arbeit im Rahmen eines koordinierten, von mehreren Hochschullehrern getragenen Forschungsprogramms durchzuführen. Sie werden dadurch in die Forschungsarbeit der be-

---

[7] Vgl. http://www.anderson.ucla.edu/x583.xml.

teiligten Einrichtungen einbezogen. Ein Studienprogramm soll die individuellen Spezialisierungen der Doktoranden ergänzen und verbreitern sowie deren Kooperation strukturieren. Eine interdisziplinäre Ausrichtung des Forschungs- und Studienprogramms ist erwünscht. Beispiele für abgeschlossene oder laufende Graduiertenkollegs der Wirtschaftsinformatik sind das GRK 316 der HU Berlin „Verteilte Informationssysteme" oder das GRK 895 der Universität Karlsruhe „Informationswirtschaft und Market Engineering". An diesen Beispielen wird bereits deutlich, dass Graduiertenkollegs neben einer begrenzten Laufzeit eine starke thematische Fokussierung aufweisen, währende strukturierte Doktorandenprogramme thematisch offener und ohne zeitliche Begrenzung konzipiert sind.

Erste Erfahrungen mit der strukturierten Doktorandenausbildung: das Center for Doctoral Studies an der Universität Mannheim

Genese und Struktur

Im Rahmen der in Deutschland in den Jahren 2006 und 2007 durchgeführten Exzellenzinitiative konnten sich bedauerlicherweise nur wenige Vorhaben der Wirtschaftswissenschaften und der Informatik für eine Förderung qualifizieren. Eine der wenige Ausnahmen war der Antrag der Universität Mannheim zur Graduate School of Economic and Social Sciences (GESS) aus dem Jahr 2006. Diesem Antrag ging eine mehrjährige Erfahrung im Bereich des Graduiertenstudiums voraus, die im Rahmen des „Center for Doctoral Studies for Economics and Management" (CDSEM) gewonnen wurde. Das CDSEM wurde in Zusammenarbeit der Fakultäten für Volkswirtschaftslehre und Betriebswirtschaftslehre aufgebaut und betrieben.

Im Rahmen der Antragsvorbereitungen für die Exzelleninitiative wurde das CDSEM um die Sozialwissenschaften erweitert. Gerade im Management und im Marketing bestanden schon seit geraumer Zeit z.T. intensive Forschungskooperationen. Unter dem Dach der neu formierten und später von der DFG bewilligten GESS wird seit 2007 eine auf empirische und quantitative Methoden bezogene Doktorandenausbildung in den Fächern der Betriebswirtschaftslehre, der Volkswirtschaftslehre sowie den Sozial- und Verhaltenswissenschaften angeboten und umgesetzt. Die betriebswirtschaftlichen Angebote werden durch das Center for Doctoral Studies in Business (CDSB) organisiert und umfassen vier Spezialisierungen:

1. Rechnungswesen und Steuern (Accounting & Taxation),
2. Finanzwirtschaft (Finance),
3. Management (idem) und
4. Produktion und Wirtschaftsinformatik (Operations and Information Systems).

Das gesamte Programm wird in englischer Sprache durchgeführt. Die Programmstruktur ist in Abbildung 1 dargestellt.

	admission and allocation of mentor			
1st year (fall)	core courses	electives	bridge course	english skills course
1st year (spring)	core courses	electives	dissertation workshop	research colloquium
	dissertation proposal			
2nd year (fall)	thesis work	electives	dissertation workshop	research colloquium
2nd year (spring)	thesis work		dissertation workshop	research colloquium
	summer workshops			
3rd year (fall)	thesis work		dissertation workshop	research colloquium
3rd year (spring)	thesis work		dissertation workshop	research colloquium
	submission of thesis			

Abbildung 1: Struktur des Doktorandenstudiums am Center for Doctoral Studies in Businessder Graduate School in Economic and Social Sciences.

Die Veranstaltungen des Tracks „Operations and Information Systems" sind in Abbildung 2 angeführt. Die Kernangebote (core courses) sind weitgehend unveränderlich, während die Wahlangebote (electives) dynamisch ergänzt werden können. Bei den Brückenangeboten handelt es sich um Kurse der angrenzenden Center of Doctoral Studies in Economics (CDSE) sowie Center of Doctoral Studies in Social and Behavioral Scienes (CDSS)

Core Courses	Electives	Bridge Courses
- Information systems between management and computer science: an epistemological and methodological perspective - Dynamic and Stochastic Models - Simulation - Electronic Markets	- Service-oriented Architectures - Context-aware Computing - Multimedia Technology - Optimization and Heuristics - Computer Networks - Sensor Networks - Performance Measurement	- Econometrics - Microeconomics I - Microeconomics 2 - Method Workshop in Social and Behavioral Sciences

Abbildung 2: Kursangebot im Operations and Information Systems Track (Quelle: GESS)

Gewinnung von Doktoranden

Die GESS wählt einmal im Jahr ihre Studenten aus. Anmeldestichtag ist jeweils der 15. April. Die Auswahl erfolgt von den am Programm beteiligten Professoren. Bewerbungen, die vor dem 15. Februar eingereicht werden, sind Gegenstand eines vorgezogenen Zulassungsverfahrens. Dabei wird versucht, besonders qualifizierten Bewerbern eine schnelle Zusage zu gewähren, um sie umgehend an die GESS zu binden. Der internationale Wettbewerb um kluge Köpfe lässt dies als zweckmäßig erscheinen.

Insgesamt kann das CDSB 21 Promotionsstudenten aufnehmen. Die Teilnehmer erhalten eine Basisalimentierung über Stipendien. Darüber können die Kosten der Lebenshaltung gedeckt werden. Die Bewerberunterlagen umfassen neben den persönlichen Daten der Bewerber einen Lebenslauf, ein Motivationsschreiben, Zeugnisse, den Test of English as a Foreign Language (TOEFL), zwei strukturierte Empfehlungsschreiben vorzugsweise von Hochschullehrern und eine Schreibprobe. Sämtliche Unterlagen sollen elektronisch eingereicht werden. Die Auswahl der Teilnehmer findet auf Basis eines groupwarebasierten Bewertungssystems und eines persönlichen Interviews statt. Bei Bewerbern aus anderen Kontinenten wird dies per Videokonferenz durchgeführt.

Über 80% der Anmeldungen kommen nicht aus dem deutschsprachigen Bereich. Die meisten Bewerbungen kommen aus Indien, China, Pakistan und dem Nahen Osten. Bewerbungen aus den USA, Südamerika und aus Afrika sind ebenfalls regelmäßig, aber nicht ganz so häufig anzutreffen. Insofern konnte eines der mit der Errichtung der GESS verfolgten Ziele, die Internationalisierung der Doktorandenausbildung, bereits unmittelbar nach der Errichtung erreicht werden.

Dabei muss berücksichtigt werden, dass zur Gewinnung von Teilnehmern umfassende Marketinganstrengungen getätigt werden. Deutschland ist international nicht für eine strukturierte Doktorandenausbildung bekannt, so dass dieses Angebot entsprechend kommuniziert werden muss.

Anforderungen an die Dozenten

Die Intensität der Kurse ist infolge der kleinen Gruppen und Englisch als Unterrichtssprache als sehr hoch zu bezeichnen. Dozenten, die inhaltlich und sprachlich unerfahren sind, bewegen sich auf anspruchsvollem Terrain. Entsprechend ist der Aufwand zur Vorbereitung und Durchführung der Kurse für die Doktoranden, bei gleichzeitiger Fragmentierung der Lehrangebote in den grundständigen Studiengängen. Doch der Aufwand erscheint mehr als lohnend. Die

Teilnehmer sind nicht nur motiviert und qualifiziert, sondern besitzen den zeitlichen Rahmen, substanzielle Beiträge zu den Veranstaltungen zu leisten. Der praktizierte Lehrstil ist eine Mischung aus Vorlesung und Seminar.

Das englischsprachige Curriculum und die Lehrkapazitätsproblematik stellen eine ansprechende Möglichkeit zur Gewinnung ausländischer Gastkollegen dar. Zum einen schätzen diese die Qualität der Teilnehmer am CDSB. Zum anderen haben nicht alle Heimatuniversitäten der Gastprofessoren ein Ph.D.–Programm vorzuweisen. Der Tatbestand, dass renommierte ausländische Kollegen als „Adjunct Faculty" gewonnen werden konnten, ist auch dem Umfeld der Universität zu verdanken, das durch verfügbares Stiftungskapital die finanziellen Voraussetzungen für die Beschäftigung schafft. Durch das Angebot von Veranstaltungen für Doktoranden im Blockformat ist es problemlos möglich, diese in das Programm zu integrieren.

Aktuelle Situation

Nach einem Jahr Laufzeit ist es zu früh, Aussagen über Publikations- Promotions- oder Berufungserfolge der Teilnehmer zu tätigen. Die ersten Doctores werden 2010 das CDSB verlassen. Zum Zeitpunkt der Niederschrift dieses Beitrags befindet sich der erste Jahrgang vor der Anfertigung seines Dissertationsvorschlags, einer wichtigen Phase des Promotionsstudiums. Dennoch kann bereits jetzt ausgesagt werden, dass die Mischung der Teilnehmer und die überschaubare Gruppengröße das Programm als attraktiv erscheinen lassen.

Im Zuge des Eintritts in die Phase der Anfertigung der Dissertationsschrift erhalten die Teilnehmer die Möglichkeit – sofern gewünscht – auf eine Lehrstuhl- oder Projektstelle zu wechseln. Auf diese Weise soll die Kompatibilität zum bestehenden System der Lehrstuhlpromotion hergestellt sowie die verfügbaren Stipendien für neue Bewerber verfügbar gemacht werden. Dieser Ansatz erscheint von großer Bedeutung, da auf diese Weise ein duales Promotionssystem vermieden wird und alle Doktoranden entlang einer Promotionsordnung ausgebildet werden können. Die Teilnehmer der GESS haben ein umfassendes, strukturiertes Doktorandenprogramm zu absolvieren, während die Promovenden an den Lehrstühlen ein weniger umfassendes Graduiertenstudium verfolgen. Im Rahmen dieses Graduiertenstudiums wird den Lehrstuhlmitarbeitern auch das Veranstaltungsangebot des CDSB geöffnet. Studenten der GESS absolvieren mit Mitarbeitern der Lehrstühle bestimmte Veranstaltungen gemeinsam. Diese beidseitige Öffnung – die CDSB-Studenten können nach dem ersten Jahr auf Lehrstuhl- oder Projektstellen wechseln und die Lehrstuhldoktoranden können ihr Graduiertenstudium am CDSB absolvieren – erscheint als wichtiges Charakteristikum, das Vorhaben zum Erfolg zu führen, ohne bewährte Strukturen ad acta zu legen. Im Gegenteil: auf diese Weise kann aktiv erfahren werden, welcher Promotionsansatz langfristig der nachhaltigere ist.

Empfehlungen und nächste Schritte

Aufgrund der bisherigen Mannheimer Erfahrungen kann der eigenen Disziplin nur empfohlen werden, die strukturierte Ausbildung von Doktoranden intensiv weiter zu verfolgen. Aufgrund der skizzierten Anforderungen dürfte es nur ressourcenstarken Standorten wie Mannheim, Duisburg-Essen, der TU München, der WU Wien oder St. Gallen vorbehalten bleiben, strukturierte Doktorandenprogramme in der Wirtschaftsinformatik nachhaltig zu etablieren.

In Metropolen oder Ballungszentren bestünde die Möglichkeit, derartige Programme hochschulübergreifend zu organisieren. Standorte wie Berlin, Hamburg oder das Rhein-Main-Gebiet um Frankfurt bieten sich hierzu an. Ehemals geschaffene Einrichtungen, wie Graduiertenkollegs oder Forschungsverbünde (z.B. forwin, forwiss oder forsipp in Bayern), besitzen auch hinreichende Potenziale für derartige Strukturen.

Den zuständigen Wissenschafts- und Kultusministern der betreffenden Bundesländer sollte das Thema stärker ins Bewusstsein gebracht werden. Um international im Wettbewerb um Talente erfolgreich zu bleiben, müssen derartige Initiativen auch politisch adressiert und finanziert werden.

Dennoch ist zu berücksichtigen, dass es viele Standorte gibt, die über keine hinreichenden Ressourcen für ein eigenständiges Doktorandenprogramm verfügen oder nicht in der Lage sind, mit angrenzenden Einrichtungen die Arbeit zu teilen und Synergien zu entwickeln. Diesen Einrichtungen sei angeraten – sofern dies nicht bereits praktiziert wird – die interne oder externe Lehrstuhlpromotion durch ein flexibel ausgerichtetes Graduiertenstudium anzureichern. Die Doktoranden und das Fach werden es in hohem Maße danken.

Literatur

Albach, H.: Über Loyalität in der Universität – Gedanken zum strategischen Management von Universitäten. In: Albach, H.: Unternehmen im Wettbewerb: Investitions- Wettbewerbs- und Wachstumstheorie als Einheit, Wiesbaden 1991, S. 13-30.

Benbasat, I.; Weber, R.: Research Commentary: Rethinking Diversity in Information Systems Research. In: Information Systems Research, Vol. 7, No. 4, 1996, S. 389-399.

BITKOM: Solides Wachstum im deutschen Hightech-Markt, Pressemeldung anlässlich der BITKOM Jahrespressekonferenz, www.bitkom.org/de/presse/30739_50838.aspx, abgerufen am 21.4.2008.

Graduate School of Economic and Social Science (GESS), http://gess.uni-mannheim.de/, abgerufen am 20.4.2008

Heinrich, L.J.: Forschungsmethodik einer Integrationsdisziplin: Ein Beitrag zur Geschichte der Wirtschaftsinformatik. In: N.T.M. Internationale Zeitschrift für Geschichte und Ethik der Naturwissenschaften, Technik und Medizin 2005, S. 104 – 117.

Wilde, T.; Hess, T.: Forschungsmethoden der Wirtschaftsinformatik - Eine empirische Untersuchung. In: WIRTSCHAFTSINFORMATIK, 49. Jg., Nr. 4 / 2007, S. 280-287.

Statistisches Bundesamt: GENESIS-Online, 21311 Statistik der Studenten, https://www-genesis.destatis.de/genesis/online/logon?language=de, abgerufen am 20.4.2008.

Anwendungsperspektiven der Wirtschaftsinformatik

Jörg Baetge / Tobias Henning

Künstliche Neuronale Netze in der Jahresabschlussanalyse

Prof. Dr. Dr. h.c. Jörg Baetge
stud. rer. oec.Tobias Henning
Forschungsteam Baetge der Wirtschaftswissenschaftlichen
Fakultät der Westfälischen Wilhelms-Universität Münster
Universitätsstraße 14 - 16
D-48143 Münster
04sekr@baetge.de
tobi.henning@gmail.com

Vorwort

Den erstgenannten Autor verbindet mit dem verehrten Jubilar eine freundschaftliche Beziehung, die ihre Wurzeln in der gemeinsamen Forschungszusammenarbeit von 1977 bis 1979 am Institut für Betriebswirtschaftslehre der Universität Wien hat. Zudem begutachtete der erstgenannte Autor gemeinsam mit Prof. LOITLSBERGER die Habilitationsschrift „Programmierungsmodelle für die Produktionsprogrammplanung - Ein Beitrag zur Methodologie der Modellkonstruktion" des verehrten Jubilars. Zu dieser Zeit führte die Universität Wien den Studienversuch *„Ausbildung von Wirtschaftsinformatikern auf dem Gebiet der BWL"* durch, einen frühen Vorläufer des heute an vielen Universitäten etablierten Studiengangs Wirtschaftsinformatik (WI). Nach seiner Habilitation übernahm der Jubilar zunächst eine Professur an der Universität Kiel, wo er von 1979 bis 1988 als Direktor des Instituts für Produktionswirtschaft lehrte und forschte. 1988 folgte er einem Ruf an die Universität Bern, wo er als Direktor der Abteilung „Information Engineering" bis heute tätig ist.

Prof. KNOLMAYER wurde sowohl die *venia legendi* für Betriebswirtschaftslehre (BWL) als auch für die Wirtschaftsinformatik (WI) verliehen. Beide Bereiche faszinierten ihn und faszinieren ihn noch heute. Indes entschied er sich ab 1988 für die Forschung und Lehre im Bereich der WI. Diese Entscheidung für das sich stürmisch entwickelnde junge Fach mit vielfältigen Änderungen und Neuerungen zeigt die wissenschaftliche Neigung des Forschers und hat dem Fach WI durch die von ihm erarbeiteten Forschungsergebnisse hervorragende Impulse gegeben. Der Innovationsgrad der WI und die großen Möglichkeiten für ihre Weiterentwicklung und für die Forschung sind die Basis für die Attraktivität dieses Wissenschaftsbereichs für den Jubilar.

Die Wirtschaftsinformatik ist als interdisziplinäres Fachgebiet im Grenzbereich zwischen den Wirtschaftswissenschaften (vor allem der

Betriebswirtschaftslehre) und der Informatik angesiedelt.[1] Sie versucht, den für wirtschaftliche Prozesse notwendigen Informationsaustausch möglichst zwischen allen Beteiligten zu unterstützen und im besten Fall zu automatisieren.[2] Der verehrte Jubilar hat sich in vielfältiger Weise mit IT-Strategien (z.B. hinsichtlich Outsourcing), IT-Organisation und mit Supply Chain Management- und Enterprise Resource Planning-Systemen (speziell SAP-ERP und SAP-SCM[3]) verdient gemacht. Seine weiteren Forschungsschwerpunkte liegen in den Bereichen Web-basiertes Lernen, Electronic Publishing und Compliance-Anforderungen an IT-Systeme.

Praxisbeispiel für eine Anwendung von WI-Methoden in der BWL

Einleitung

Die Bedeutung der Wirtschaftsinformatik wächst in der sich entwickelnden Informationsgesellschaft immer weiter. Die Durchdringung fast aller Lebensbereiche mit Informationstechnik, das zunehmende Informationsangebot und die Entwicklung von Informationsmedien als Informationsträger sind Indikatoren für den Wandel der Gesellschaft.

Da die Autoren dieses Beitrags keine Wirtschaftsinformatiker sind, sondern Betriebswirte, möchten Sie zeigen, wie ein spezieller Bereich der BWL nämlich die Jahresabschlussanalyse durch die Wirtschaftsinformatik *„profitiert"* hat.

So wurde die Einrichtung der WI-Abteilung in der wirtschaftswissenschaftlichen Fakultät der Westfälischen-Wilhelms-Universität (WWU) Münster im Jahr 1990 ein wichtiger Meilenstein für die Erweiterung der Forschung in der wirtschaftswissenschaftlichen Fakultät. Die Bedeutung der neu geschaffenen WI in Münster für die

---

[1] Vgl. Riemann (2001), S. 3
[2] Vgl. Knolmayer/Myrach (1996), S. 64; Vgl. Thome (2006), S. 9.
[3] Vgl. Knolmayer/Mertens/Zeier (2002).

Forschung in den sog. Altbereichen (BWL und VWL) werden wir anhand eines typischen Beispiels aus dem Bereich der Jahresabschlussanalyse mit Hilfe der Künstlichen Neuronalen Netz Analyse (KNNA) darstellen.

Moderne Anwendungssysteme der Betriebswirtschaftslehre profitieren von anspruchsvollen Entwicklungen der Informatik, z.B. werden mit sog. Künstlichen Neuronalen Netzen (KNN) und anderen durch die WI aufbereiteten und (weiter-)entwickelten Methoden der Jahresabschlussanalyse völlig neue Dimensionen erschlossen. So werden die KNN u.a. für die Musterklassifikation und für die Kreditwürdigkeitsprüfung verwendet. Weitere exemplarische betriebswirtschaftliche Anwendungen der KNN liegen in den Bereichen Klassenbildung, Prognose und Optimierung.[4] Herkömmliche Verfahren aus dem Operations Research (OR) und der Statistik bieten angesichts der hohen Komplexität der realen Probleme oft nur unbefriedigende Ergebnisse. Aus der Sicht der Informatik lassen sich die KNN den konnektionistischen Systemen zuordnen. Der Konnektionismus lässt sich in die Bereiche der Künstlichen Intelligenz (KI), der künstlichen Neurologie und der klassischen Informationsverarbeitung (IV) einordnen.[5] Das Ziel konnektionistischer Modelle ist es, die Struktur- und Funktionsprinzipien des menschlichen Gehirns nachzubilden und damit dessen Arbeitsweise in KNN nachzubilden. Man versucht hier also, die in biologischen neuronalen Netzen ablaufenden Prozesse auf digitalen Datenverarbeitungsgeräten zu simulieren.[6]

Verfahrensentwicklung: Von der klassischen zur modernen Bilanzanalyse

Ziel der Jahresabschlussanalyse ist es, die wirtschaftliche Lage, d.h. die Vermögens-, Finanz- und Ertragslage eines Unternehmens zu beurteilen und damit die Fähigkeit eines Unternehmens, die gesetzten

---

[4] Vgl. Corsten/May (1996), S. 3.
[5] Vgl. Becker/Prischmann (1991), S. 18.
[6] Vgl. Pytlik (1995), S. 145.

Unternehmensziele zu erreichen.[7] Mit der Bilanzanalyse versucht man, die Erreichung der folgenden zwei monetären Ziele im bzw. mit dem Unternehmen zu beurteilen: Geld verdienen und Verdienstquelle sichern.[8] Die Erreichung dieser dichotomen finanziellen Unternehmensziele ist die Voraussetzung dafür, die strategischen und konkreten operativen Unternehmensziele zu erreichen vice versa.

Die Eigenkapitalgeber benötigen aussagekräftige Verfahren der empirischen Bilanzanalyse, um die Erreichung der finanziellen Ziele zu kontrollieren und eine drohende Unternehmensinsolvenz frühzeitig zu erkennen und ggfs. abzuwenden. Diese Art der Informationsnachfrage besteht aber auch seitens anderer unternehmensexterner Interessengruppen, zu denen Kreditinstitute, Kunden, Lieferanten sowie Abschlussprüfer gehören. Gleichzeitig sind die Ansprüche an das Wissen über die Bonität der kreditsuchenden Unternehmen für die Banken aufgrund der vom Basler Ausschuss für Bankenaufsicht geregelten Bank-Eigenkapitalvorschriften (Basel II), deutlich gestiegen.[9]

Die Verfahren zur Einschätzung der Bonität eines Unternehmens werden in klassische Verfahren der Bilanzanalyse und in moderne Verfahren der Bilanzanalyse unterschieden. Zu den modernen Verfahren gehören u.a. die Multivariate Diskriminanzanalyse (MDA), die KNNA und die Logistische Regression (LR). Das Ziel ist es, mit diesen Verfahren entscheidungsnützliche Informationen über die gegenwärtige und die künftige wirtschaftliche Lage eines Unternehmens zu gewinnen, sodass Unternehmenskrisen frühzeitig erkannt werden können. Als Grundlage der Analyse dienen neben qualitativen Informationen über das Unternehmen hauptsächlich der Jahresabschluss und der Lagebericht eines Unternehmens. Ein hochwertiges Gesamturteil über das betrachtete Unternehmen lässt sich indes nur erzielen, wenn der Bilanzanalytiker die Grundsätze der Bilanzanlyse

---

[7] Vgl. Leffson (1984), S. 36.
[8] Vgl. Baetge (1991), S. 5.
[9] Vgl. Baetge/Melcher/Thun (2007), S. 299

beachtet. Danach müssen die Kennzahlen objektiv ausgewählt, gewichtet und zusammengefasst werden (Objektivierungsprinzip), die bilanzpolitischen Maßnahmen des Jahresabschlusserstellers konterkariert werden (Neutralisierungsprinzip) und alle relevanten Kennzahlen aus der Vermögens-, Finanz- und Ertragslage des Unternehmens bei der Analyse berücksichtigt werden (Ganzheitlichkeitsprinzip). [10]

Im Rahmen der klassischen Bilanzanalyse, die auch als traditionelle bezeichnet wird, wählte der (traditionelle) betriebswirtschaftliche Bilanzanalytiker – noch ohne Unterstützung durch wirtschaftsinformatische Methoden und Verfahren – die Kennzahlen aus den verschiedenen Informationsbereichen[11] des Jahresabschlusses des betrachteten Unternehmens subjektiv aus.[12] Auf dieser Basis untersuchte er die Kennzahlen auf deren Aussagekraft bezüglich der Bonität des Unternehmens und versuchte herauszufinden, ob ein hoher Wert oder ein niedriger Wert der jeweiligen Jahresabschluss-Kennzahl eher auf ein „gesundes" oder auf ein „krankes" Unternehmen hindeutet. In der klassischen Jahresabschlussanalyse wurden der Zeitvergleich, der Betriebsvergleich und der Soll-Ist-Vergleich weiterentwickelt und die gewonnenen Teilurteile über die Finanz-, Vermögens- und Ertragslage eines Unternehmens wurden zu einem mehr oder weniger subjektiven Gesamturteil über die wirtschaftliche Lage des betrachteten Unternehmens zusammengefasst.[13]

Das Problem der klassischen Bilanzanalyse liegt indes in den subjektiven Entscheidungen des jeweiligen Bilanzanalytikers, welche Kennzahlen er auswählt und wie er diese gewichtet und beurteilt. Daher ist bei der klassischen Bilanzanalyse weder gewährleistet, dass die ausgewählten Kennzahlen den Gesundheitszustand des betrachteten Unternehmens richtig charakterisieren, noch dass alle zur Be-

---
[10] Vgl. Baetge/Kirsch/Thiele (2004), S. 632.
[11] Die sieben Informationsbereiche des Jahresabschlusses sind: Kapitalbindungsdauer, Verschuldung, Kapitalstruktur, Finanzkraft, Rentabilität, Aufwandstruktur und Wachstum.
[12] Vgl. Baetge (2002), S. 2282.
[13] Vgl. Baetge (2002), S. 2282.

urteilung der wirtschaftlichen Lage eines Unternehmens relevanten Kennzahlen herangezogen werden.[14] Somit werden die erwähnten Prinzipien der Bilanzanalyse,[15] das Objektivierungsprinzip, das Ganzheitlichkeitsprinzip und das Neutralisierungsprinzip nicht hinreichend berücksichtigt. Erst mit dem Einsatz wirtschaftsinformatischer Verfahren war es möglich, diese Probleme der klassischen Bilanzanalyse zu lösen und die „moderne" mathematisch-statistische Bilanzanalyse zu entwickeln. Der Vorteil des Einsatzes dieser Verfahren ist, dass der Auswahl, der Gewichtung und der Zusammenfassung der verwendeten Kennzahlen zu einem „Gesamturteil" nicht, wie bei der klassischen Bilanzanalyse, subjektive Entscheidungen zugrunde liegen, sondern dass die Kennzahlen mit diesen Verfahren objektiv – im Sinne von intersubjektiv nachprüfbar – ausgewählt, gewichtet und zusammengefasst werden. Als Datenbasis dieser Verfahren verwendet man eine Vielzahl von Jahresabschlüssen und zwar von „gesunden" Unternehmen und von „kranken", d.h. später insolvent gewordenen Unternehmen. Mit dem Einsatz der mathematisch-statistischen Verfahren war und ist es möglich, Unternehmenskrisen frühzeitig zu erkennen und sie ggfs. zu bewältigen. Auf die modernen Verfahren der Bilanzanalyse, vor allem aber auf die MDA und die KNNA, gehen wir in den nächsten Abschnitten genauer ein.

Multivariate Diskriminanzanalyse

Bei der MDA handelt es sich um ein Verfahren, mit dem man analysieren kann, welche Variablen besonders gut zur Unterscheidung bestimmter Gruppen geeignet sind.[16] Im Gegensatz zur univariaten Analyse werden bei der MDA mehrere Kennzahlen gleichzeitig zur Klassifizierung der Unternehmen in „gesunde" und „kranke" herangezogen. Dieses Verfahren lässt sich vor allem zur Früherkennung von Unternehmenskrisen erfolgreich anwenden. Diese Art der Klas-

---

[14] Vgl. Baetge/Köster (1991), S. 391.
[15] Zu den Prinzipien vgl. ausführlich Baetge/Kirsch/Thiele (2004), S. 38ff.
[16] Vgl. Backhaus/Erichson/Plinke/Weiber (2005), S. 156.

sifizierung von Unternehmen wurde unter Verwendung der MDA bereits im Jahre 1968 von ALTMAN[17] entwickelt.

Um eine optimale Einschätzung der Unternehmen in solvente und insolvenzgefährdete Unternehmen zu gewährleisten, müssen allerdings bestimmte statistische Voraussetzungen erfüllt sein. Die in der Diskriminanzfunktion enthaltenen Kennzahlen müssen normalverteilt, multivariat trennfähig und voneinander unabhängig – also nicht miteinander korreliert – sein. Des Weiteren müssen die Varianz-Kovarianz-Matrizen der Kennzahlenwerte der solventen und insolvenzgefährdeten Unternehmen identisch sein.[18] Allerdings werden diese Voraussetzungen, vor allem die Annahme der Normalverteilung und die Annahme der Gleichheit der Varianz-Kovarianz-Matrizen, von den Kennzahlenwerten nicht immer erfüllt.[19] Trotz der Verletzung dieser Anwendungsvoraussetzungen haben Studien am Institut für Revisionswesen (IRW) der WWU Münster gezeigt, dass sich mit der MDA sehr gute Klassifikations-Ergebnisse erzielen lassen.[20] Hinsichtlich der bei keinem mathematisch-statistischen Verfahren gänzlich vermeidbaren Fehlklassifikationen muss man zwischen zwei Arten von Fehlern differenzieren. Zum einen gibt es den Alpha-Fehler, der den Anteil der tatsächlich insolvent gewordenen Unternehmen angibt, die fälschlicherweise als „solvent" eingestuft wurden. Zum anderen können tatsächlich solvente Unternehmen fälschlich als „insolvenzgefährdet" beurteilt werden. Dieser Fehler wird als Beta-Fehler bezeichnet. Im Rahmen zahlreicher Projekte, die mit wirtschafts-informatischen Verfahren im Forschungsteam der Autoren realisiert wurden, konnten die Fehlklassifikationen bei der Anwendung der MDA sukzessive reduziert werden. Bei einem Alpha-Fehler (welcher wegen der sog. Kreditausfallkosten der „kostspieligere" Fehler von beiden ist) von für die Vergleichbarkeit konstant niedrig gehaltenen

---

[17] Vgl. Altman (1968), S. 589-609.
[18] Vgl. Fischer (1936), S. 179-188, Hüls (1995), S. 251f.
[19] Vgl. Hüls (1995), S. 251f.
[20] Vgl. Beermann (1976); Niehaus (1987); Feidicker (1992); Hüls (1995).

8,75%[21] konnte der Beta-Fehler, der zu einer unnötigen Ablehnung von gewinnträchtigen Kreditgeschäften führt, im Laufe der am IRW durchgeführten Projekte von 55% auf 36% reduziert werden. Die folgende Abbildung 1 stellt die Entwicklung der Forschungsergebnisse[22] am IRW der WWU Münster bei der Früherkennung von Unternehmenskrisen auf Grundlage der MDA dar.

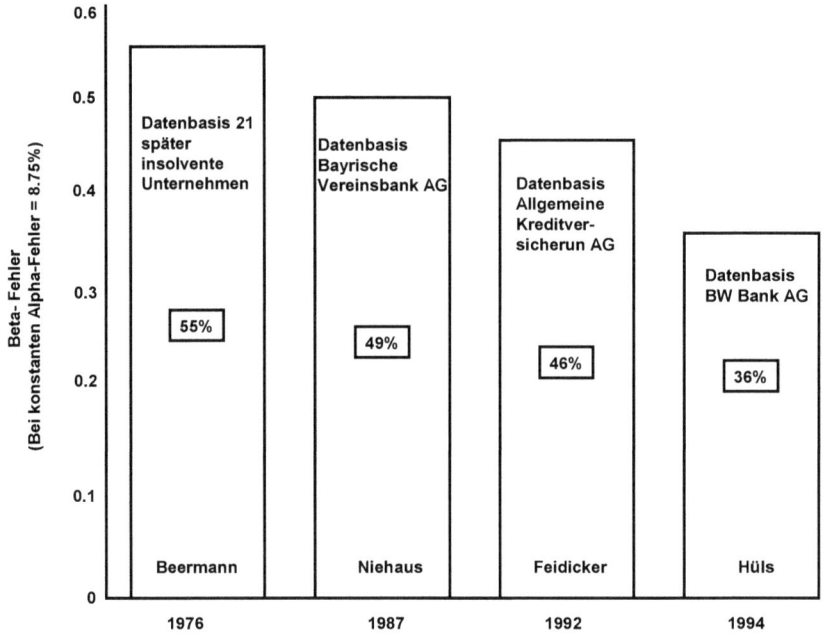

Abbildung 1:   Forschungsergebnisse bei der Früherkennung von Unternehmenskrisen auf der Grundlage der MDA

Ausschlaggebend für die Reduktion der Beta-Fehler und der dadurch verbesserten Aussagefähigkeit der MDA war einerseits die beachtliche Erhöhung der der MDA zugrundeliegenden Datenbasis, d.h. die Zahl der für die Analyse zur Verfügung stehenden Jahresabschlüsse.

---

[21] Vgl. Feidicker(1992);Baetge (2002), S. 2282.
[22] Zu den jeweiligen Forschungsergebnissen bzw. Klassifikationsleistungen vgl. Beermann (1976); Niehaus (1987); Feidicker (1992); Hüls (1995).[23] Vgl. Baetge (2002), S. 2283.

Andererseits wurde der Katalog der relevanten Analysekennzahlen erweitert und zwar vor allem durch kreative und somit bilanzpolitikneutralisierende Kennzahlen.[23] Beides hatte zur Konsequenz, dass die Trennschärfe der Diskriminanzfunktion erheblich gesteigert werden konnte.

Künstliche Neuronale Netz-Analyse

Mit der Fortentwicklung der wirtschaftsinformatischen Verfahren bot sich zur Bonitätsklassifizierung ein neues Verfahren an, die Künstliche Neuronale Netz Analyse (KNNA). Die KNNA ist ein mathematisch-statistisches Verfahren der Mustererkennung, mit dem Kennzahlenkombinationen und -gewichtungen gesucht werden können, mit denen Unternehmen gemäß ihrer Bonität klassifiziert werden können. Dieses Verfahren bietet aufgrund der nicht linearen Trennung in „solvente" und „insolvenzgefährdete" Unternehmen die Möglichkeit, den Alpha-Fehler bzw. den Beta-Fehler im Vergleich zur MDA noch weiter zu reduzieren und somit auch die Aussagefähigkeit weiter zu verbessern.

Künstliche Neuronale Netze sind ein Abbild von biologischen neuronalen Netzen und bestehen aus miteinander verbundenen künstlichen Neuronen, die wie ihre biologischen Vorbilder Informationen senden und empfangen. Sie bilden ein System zur Informationsverarbeitung und werden zur Lösung von Problemen in den unterschiedlichsten Disziplinen u.a. auch in der Informatik eingesetzt.[24] Bei der Künstlichen Neuronalen Netz Analyse wird im Bereich der modernen Bilanzanalyse ein KNN mit Hilfe eines sehr großen Datensatzes (von tausenden von Jahresabschlüssen von gesunden und kranken Unternehmen) in aufwändigen Berechnungen ermittelt, welches mit hoher Zuverlässigkeit (möglichst kleiner Beta-Fehler bei gegebenem Alpha-Fehler von 8,75%) gesunde und kranke Unternehmen zu unterscheiden in der Lage ist. Das ermittelte KNN besteht

---

[23] Vgl- Baetge (2002) S. 2283
[24] Vgl. Zell (2003), S. 23 f.

aus mehreren Schichten von Neuronen. Man kann dabei differenzieren zwischen einer Eingabe- und einer Ausgabeschicht sowie einer oder mehreren dazwischen liegenden sog. versteckten Schichten.[25] In Abbildung 2 ist die Struktur eines dreischichtigen KNN dargestellt.

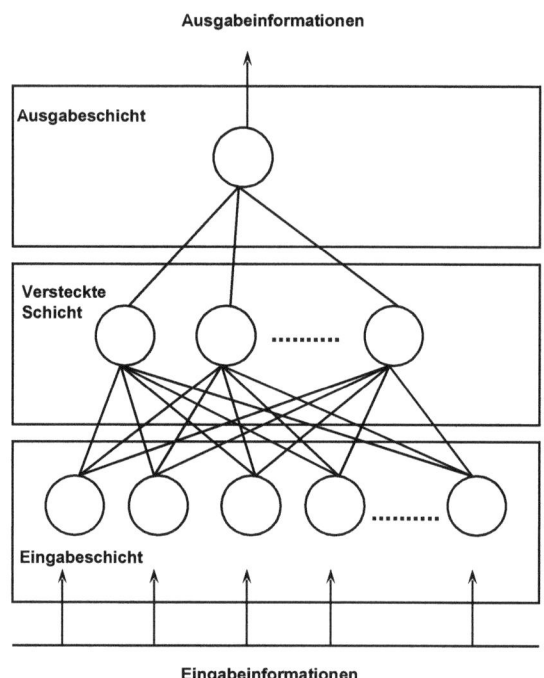

Abbildung 2:   Aufbau eines Künstlichen Neuronalen Netzes

Die Neuronen der Eingabeschicht nehmen die Information, im Fall der Bonitätsbeurteilung die aus dem Jahresabschluss gewonnenen Kennzahlenwerte, auf und leiten sie an die nachfolgende(n) versteckte(n) Schicht(en) weiter. In den (der) versteckten Schicht(en) werden die Informationen verarbeitet und anschließend an die Ausgabeschicht übermittelt. Letztere sorgt für die Ausgabe des berechneten Ergebnisses, den sog. Netz-Wert (N-Wert). Der ermittelte

---

[25]   Vgl. Krause (1993), S.140; Jerschensky (1998), S.163

N-Wert gibt im hier betrachteten Fall den Grad der Bestandsgefährdung (der Insolvenzwahrscheinlichkeit) an.[26] Die oben erwähnte aufwändige Entwicklung eines (optimalen) KNN geschieht zunächst mit einer Analysestichprobe von Jahresabschlusszahlen von gesunden und kranken Unternehmen. Die hiermit gewonnenen Ergebnisse werden mit einer Teststichprobe getestet und das beste KNN wird ausgewählt und schließlich wird dieses mit einer Validierungsstichprobe auf seine Leistungsfähigkeit überprüft.[27] Als Datenbasis dient die erwähnte große Zahl von Jahresabschlüssen von solventen Unternehmen und von später insolvent gewordenen Unternehmen.[28] Das Auswahlkriterium beim Test der KNN zeigt, welches Netz die Unternehmen am besten in solvente und insolvenzgefährdete Unternehmen trennt. Das ausgewählte KNN wird anhand einer „jungfräulichen" Validierungsstichprobe validiert. Das ausgewählte und validierte KNN wird dann zur Bonitätsbeurteilung von „neuen" Fällen genutzt.

Der Vorteil der "modernen" Bilanzanalyse mit KNN besteht darin, dass die relevanten Kennzahlen anhand der "Erkenntnisse" über Solvenz und Insolvenz aus einer Vielzahl von Jahresabschlüssen ausgewählt, gewichtet und zusammengefasst werden. Der Berechnungsaufwand für die Suche nach einem zufriedenstellend trennenden KNN ist indes so hoch, dass dies nur mit einer EDV-gestützten Kennzahlenanalyse möglich ist. Das mit der KNNA gewonnene zur Bonitätsanalyse geeignete KNN ermöglicht eine schnelle, objektive und ganzheitliche Beurteilung der Bilanzbonität. Wird die Bonitätsklassifikation von Firmenkunden durch Kreditinstitute eingesetzt, dann lässt sich die KNNA erfolgsoptimal an die Verhältnisse eines Kreditinstitutes anpassen und kann zu einer nicht unerheblichen Kosteneinsparung bei der Kreditwürdigkeitsprüfung und Kreditüberwachung führen.[29] Wie schon bei der MDA konnte man am IRW in Mün-

---

26 Vgl. Zell (1994), S. 22 ff.
27 Vgl. Baetge (2002), S. 2283.
28 Vgl. Baetge (2002), S. 2283.
29 Vgl. Baetge (2002), S. 2283.

ster auch bei der KNNA deutliche Forschungserfolge erzielen.[30] Bei einem lediglich zu Vergleichszwecken wiederum konstant gehaltenen Alpha-Fehler von 8,75% konnte der Beta-Fehler im Jahr 1995 um rund drei Prozentpunkte im Vergleich zur MDA aus dem Jahr 1994 (Hüls) reduziert werden.

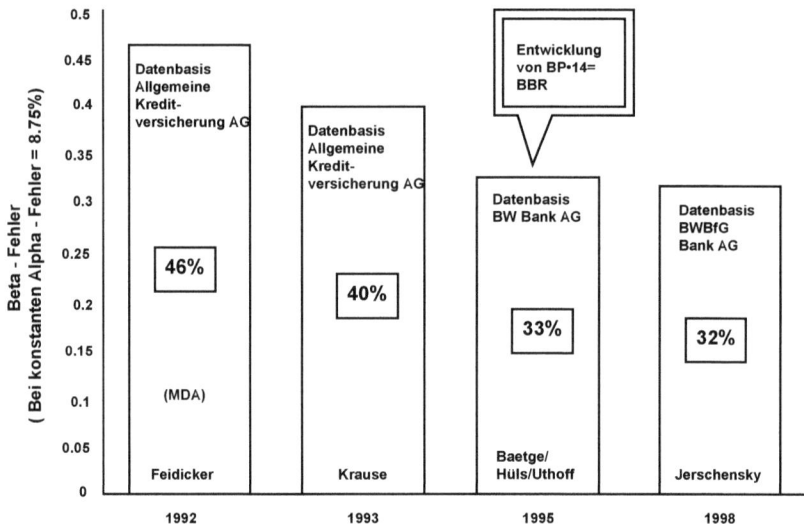

Abbildung 3: Forschungsergebnisse bei der Früherkennung von Unternehmenskrisen auf der Grundlage der KNNA

Das Baetge Bilanz Rating

Ein Praxisbeispiel für die Anwendung von WI-Methoden in der BWL, basierend auf Künstlichen Neuronalen Netzen, ist das Baetge-Bilanz-Rating® (BBR). Im Jahr 1995 wurde mit Hilfe der KNNA am IRW in Zusammenarbeit mit der Baetge & Partner GmbH & Co. KG das BP-14, ein Backpropagation-Netz mit 14 Kennzahlen entwickelt,[31] welches später als BBR bezeichnet wurde. [32] Auf der Grund-

---

[30] Zu den jeweiligen Forschungsergebnissen bzw. Klassifikationsleistungen vgl. Krause (1992); Baetge/Hüls/Uthoff (1995), S.22; Jerschensky (1998).
[31] Vgl. Baetge/Hüls/Uthoff (1995), S.22.
[32] Vgl. Baetge (2002), S. 2284.

lage des BP-14 konnte der Beta-Fehler bei einem konstant gesetzten Alpha-Fehler von 8,75 % im Vergleich zur Klassifikation mit Hilfe der MDA (der Arbeit von Hüls (vgl. Abb. 1)), um insgesamt drei Prozentpunkte auf 33% reduziert werden.[33] Die Entwicklung und Validierung des BP-14 erfolgte auf der Datenbasis von 11.427 Jahresabschlüssen.[34] Davon stammten 10.515 Jahresabschlüsse von solventen und 912 Jahresabschlüsse von später insolvent gewordenen Unternehmen. Für jeden Jahresabschluss wurden 259 Kennzahlenwerte berechnet. Des Weiteren wurde für jede Kennzahl eine Arbeitshypothese der Art I<S oder I>S gebildet. Dabei steht I für den Kennzahlenwert eines insolvenzgefährdeten Unternehmens und S für den eines solventen Unternehmens. Vorab konnten 50 Kennzahlen durch statistische Voranalysen aufgrund von Hypothesenverstößen oder weil zu viele fehlende Werte für diese Kennzahlen vorlagen, eliminiert werden.[35] Auf Grundlage der übrigen 209 Kennzahlen wurde mittels zahlreicher Lern-, Test- und Validierungsphasen die optimale Kennzahlenkombination und damit das beste KNN identifiziert. Als Resultat erhielten BAETGE/HÜLS/UTHOFF also ein KNN mit 14 Jahresabschluss-Kennzahlen, das die beste Klassifikationsleistung erzielte.

Als Ergebnis lässt sich festhalten: Das BBR erfüllt die zentralen Grundsätze der Bilanzanalyse: Es entspricht dem Objektivierungsprinzip aufgrund seiner empirischen Fundierung, dem Neutralisierungsprinzip aufgrund der Bildung „intelligenter" bilanzpolitik-konterkarierender Kennzahlen und dem Ganzheitlichkeitsprinzip aufgrund der objektivierten Einbeziehung der Vermögens-, Finanz- und Ertragslage.[36] Des Weiteren konnte nachgewiesen werden, dass das BBR nicht nur auf HGB Jahresabschlüsse, sondern auch auf Jahresabschlüsse, die nach IFRS bzw. nach US-GAAP aufgestellt wurden,

---

[33] Vgl. Baetge (2002), S. 2284.
[34] Vgl. Baetge/Hüls/Uthoff (1996), S. 155.
[35] Vgl. Baetge/Hüls/Uthoff (1996), S. 159.
[36] Vgl. Baetge (1998), S. 105-121. 3

angewendet werden kann.[37] Indes ist bei einer hinreichend großen Datenbasis von IFRS-Jahresabschlüssen insolventer Unternehmen eine neue Analyse vorzunehmen.

Zusammenfassung und Ausblick

Aus der Sicht der unternehmensexternen Interessengruppen sind Bilanzbonitäts-Ratings von anhaltend großer Bedeutung,[38] zumal Kreditinstitute aufgrund der Neuregelung der Eigenkapitalunterlegungsvorschriften (Basel II) erst mit Einsatz dieser Methoden den höheren Anforderungen genügen können. Mit der Unterstützung von modernen Bilanzbonitäts-Ratings können Finanzanalysten und Kreditanalysten erstmals intersubjektiv nachprüfbare und recht zuverlässige Urteile über die wirtschaftliche Lage und die daraus resultierende zukünftige Zahlungsfähigkeit eines Unternehmens abgeben. Die Aussagekraft einer Bilanzbonitätsbeurteilung auf der Basis von klassischen Verfahren der Bilanzanalyse war auf Grund der lediglich erfahrungsgestützten Subjektivität bei der Auswahl, Gewichtung und Zusammenfassung der Kennzahlen deutlich eingeschränkt. Liegen dem Bilanzbonitäts-Rating hingegen moderne, IT-gestützte, Verfahren, wie die KNNA für die Auswahl, Gewichtung und Zusammenfassung der Kennzahlen zugrunde, so erhält der Bilanzanalytiker ein Rating von hoher Aussagekraft,[39] mit dessen Hilfe Unternehmenskrisen entsprechend frühzeitig erkannt und ggfs. geeignete Gegenmaßnahmen ergriffen werden können.[40]

Das Beispiel der am IRW entwickelten Bilanzbonitäts-Ratings demonstriert, dass es ohne die Unterstützung der WI keine derart aussagekräftigen Bilanzbonitäts-Ratings geben würde. Die Bedeutung der Wirtschaftsinformatik hat für die Wirtschaftswissenschaften im Verlauf der Zeit immer mehr zugenommen, da inzwischen bestimmte Modelle und Methoden zur Entscheidungsun-

---
[37] Vgl. Baetge/Zülch/Melcher (2006), S. 6012.
[38] Vgl. Baetge (2002), S. 2290.
[39] Vgl. Jerschensky (1998), S. 265.
[40] Vgl. Baetge/Keitz/Wünsche (2007), S. 494.

terstützung, z.B. aus dem Bereich der Künstlichen Intelligenz, entwickelt und eingesetzt worden sind. So ist – wie der Beitrag zeigen sollte – auf der Basis der Arbeit der WI mit der KNNA ein leistungsfähiger Bilanzbonitätsklassifikator zur Beurteilung der Bilanzbonität von solventen und insolvenzgefährdeten Unternehmen entwickelt worden.

Abschließend möchten wir in Bezug auf die Frage „Quo Vadis Wirtschaftsinformatik?" feststellen, dass die Wirtschaftsinformatik als interdisziplinäres Fachgebiet im Grenzbereich zwischen den Wirtschaftswissenschaften und der Informatik für wirtschaftliche Probleme von weiter steigender Bedeutung sein wird. Daher muss die Universitätsausbildung in Wirtschaftsinformatik weiterhin stark gefördert werden, besonders wegen des Mangels an hoch qualifizierten Nachwuchskräften,[41] um talentierte Studenten für dieses Fach zum Nutzen der gesamten Wirtschaftswissenschaften – so wie es der Jubilar seit vielen Jahren mit großem Erfolg tut – zu begeistern.

Literatur

Altman, E. I. (1968): Financial Ratios, Discriminant Analysis and the Prediction of Corporate Bankruptcy, The Journal of Finance.
Backhaus, K./Erichson, B./Plinke, W./Weiber, R. (2005): Multivariate Diskriminanzanalyse, Berlin.
Baetge, J. (1991): Bilanzen, 1. Auflage, Düsseldorf.
Baetge, J. (2002): Die Früherkennung von Unternehmenskrisen anhand von Abschlusskennzahlen, in : Der Betrieb , S. 2281-2287.
Baetge, J./von Keitz, I./Wünsche, B. (2007): Bilanzbonitätsrating von Unternehmen, in: Handbuch Rating, 2. Auflage, Wiesbaden, S. 477-496.
Baetge, J./Baetge, K./Kruse, A. (1999): Grundlagen moderner Verfahren der Jahresabschlussanalyse, in: Deutsches Steuerrecht, S. 1371-1376.
Baetge, J./Hüls, D./Uthoff, C. (1996): Früherkennung der Unternehmenskrise – Neuronale Netze als Hilfsmittel für Kreditprüfer, in: Neuronale Netze in der Betriebswirtschaft, S. 151-168.
Baetge, J./ Hüls, D./ Uthoff, C. (1995): Früherkennung der Unternehmenskrise, in: Forschungsjournal Westfälische Wilhelms-Universität Münster, 2/1995, S. 21-29

[41] Vgl. Knolmayer (2007) S.15.

Baetge, J./Kirsch, J./Thiele, S. (2004): Bilanzanalyse, 2.Auflage, Düsseldorf.
Baetge, J./Kirsch, J./Thiele, S. (2003): Bilanzen, 7.Auflage, Düsseldorf.
Baetge, J./Köster, H. (1991): Grundzüge der Bilanzanalyse, in: Betrieb und Wirtschaft, S. 389-396.
Baetge, J./Melcher, T./Thun,C. (2008): Bilanzratings bei der Vergabe hybrider Finanzinstrumente, in: Certified Rating Analyst, S. 299-323.
Baetge, J./Zülch, H. /Melcher, T. (2006): Vermögenslage (Rechnungslegung), in: Wirtschafts-Lexikon, S. 6003-6022.
Becker, J./Prischmann, M. (1991): Konnektionistische Modelle- Grundlagen und Anwendungen, Münster, Institut für Wirtschaftsinformatik, Arbeitsbericht Nr. 5.
Beermann, K. (1976): Prognosemöglichkeiten von Kapitalverlusten mit Hilfe von Jahresabschlüssen, Düsseldorf.
Escott, P./Glormann, F./Kocagil, A. (2006): Moody's RiskCalcTM für nicht börsennotierte Unternehmen: Das deutsche Modell, Frankfurt a.M./London.
Feidicker, M. (1992): Kreditwürdikeitsprüfung, Düsseldorf.
Fischer, R. (1936): Annals of Eugenics, London.
Hüls, D. (1995): Früherkennung von insolvenzgefährdeten Unternehmen, Düsseldorf.
Jerschensky, A. (1998): Messung des Bonitätsrisikos von Unternehmen : Krisendiagnose mit Künstlichen Neuronalen Netzen, Düsseldorf.
Knolmayer, G. (2007): Die IT ist wieder hochattraktiv – Interview mit Prof. Knolmayer, in: ICT, 12/2007, S. 14-S.18.
Knolmayer, G./Myrach, T. (1996): Zur Abbildung zeitbezogener Daten in betrieblichen Informationssystemen, in: Wirtschaftsinformatik 38/1996, S. 63-74.
Knolmayer , G./Mertens, P./ Zeier, A. (2002): Supply Chain Management Based on SAP Systems, Berlin.
Krause, C. (1993): Kreditwürdigkeitsprüfung mit Neuronalen Netzen, Düsseldorf.
Leffson, U. (1984): Bilanzanalyse, 3.Auflage., Stuttgart.
Niehaus, H.-J. (1987): Früherkennung von Unternehmenskrisen, Düsseldorf.
Pytlik, M. (1995): Diskriminanzanalyse und Künstliche Neuronale Netze zur Klassifizierung von Jahresabschlüssen, Frankfurt a.M..
Riemann, W. (2001) : Wirtschaftsinformatik, München-Wien.
Thome, R. (2006) : Grundzüge der Wirtschaftsinformatik, München.
Zell, A. (1994): Simulation Neuronaler Netze, 1. Ausgabe, Bonn u.a..
Zell, A. (2003): Simulation neuronaler Netze, 4. Ausgabe, München-Wien.

Andreas Dietrich

Informatik der SBB:
Nah am operativen Geschäft für die Kunden

Andreas Dietrich
Leiter Informatik und Chief Information Officer (CIO)
Schweizerische Bundesbahnen SBB
Hochschulstrasse 6
CH-3000 Bern 65

Als ich angefragt wurde, einen Artikel zum Themengebiet Wirtschaftsinformatik aus dem Blickwinkel der aktuellen Herausforderungen zu schreiben, musste ich mir zuerst selbst klar werden, was ich unter Wirtschaftsinformatik verstehe:

Die Wirtschaftsinformatik unterstützt die Geschäftsprozessen des Business mit geeigneten ICT-Mitteln und dies unter Berücksichtigung betriebswirtschaftlichen Gesichtspunkten.

In Gesprächen mit verschiedenen Mitarbeitenden der SBB Informatik wurde mir aber auch klar, dass eine gewisse Energie darauf verwendet wird, Denksilos zwischen den beiden Ausprägungen in der Informatik, den technischen Informatikern und den Wirtschaftsinformatikern, aufzubauen. Grenzen, um sich gegeneinander abzugrenzen - wahrscheinlich ein Grundbedürfnis des Menschen.

Den Technikern fehle grundlegendes BWL-Wissen und den Wirtschaftlern fehle gründliches technisches Knowhow um ihren Job wirklich gut zu machen – und das Business, unser Kunde bemängelt bei den Informatikern allgemein fehlende Kenntnisse des Business. Durchaus vorstellbar, dass diese Diskussion auch in anderen Unternehmen und nicht zuletzt an unseren Aus- und Weiterbildungsinstituten geführt werden – unter den verschiedenen Instituten wie auch zwischen den Fach- und Hochschulen.Der Wirtschaftsinformatiker.

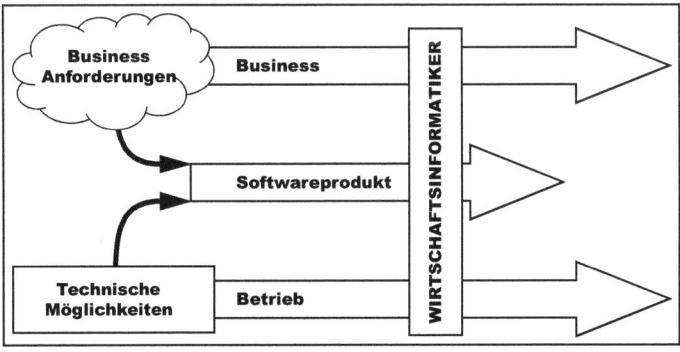

Abbildung 1: Der Wirtschaftsinformatiker als Querschnittsfunktion

Der Wirtschaftsinformatiker als Querschnittsfunktion

Dass das Umfeld sich stark verändert und die Anforderungen an einen Informatiker gestiegen sind, haben wir alle gemerkt. Um dem gerecht zu werden und als IT-produzierendes Unternehmen Erfolg zu haben ist es aus meiner Sicht enorm wichtig, dieses siloartige Denken zu verlassen und in beiden Bereichen, Business und IT mehr gegenseitiges Verständnis der jeweiligen Herausforderungen zu erreichen und in der Schnittstelle dazwischen den Wirtschaftsinformatiker, welcher beide Welten zusammenbringen soll.

Herausforderungen an die SBB IT

Die Informatik unterstützt den Bahnbetrieb zunehmend in den Kernbereichen und ist damit heute ein integrierter Bestandteil der Leistungserbringung der SBB für die Kundinnen und Kunden. Die SBB Informatik entwickelt bestehende Technologien weiter, setzt neue ein und trägt so wesentlich zur Steigerung der Transportkapazität sowie zur Verbesserung der Kundeninformation bei. Als zentraler Teil der Informatikstrategie wurde ein professionelles Enterprise-Architektur-Management etabliert, um die zunehmende Komplexität zu beherrschen.

Herausforderung 1: Geschäft vorantreiben

Praktisch jeder Geschäftsprozess ist heute technologiegetrieben: 60 % der Billette werden mit Ticketautomaten, Web- und Handyticketing selbst bedient verkauft, die Kundeninformation erfolgt mittels automatischen Gleisanzeigen und Lautsprecherdurchsagen, und die Produktion wird durch zahlreiche Planungs- und Steuerungssysteme unterstützt. Die IT hat sich damit zu einem wichtigen Produktionsfaktor entwickelt. Ein längerer IT-Ausfall würde namhafte Umsatzeinbussen nach sich ziehen und das SBB Geschäft stark beeinträchtigen.

Mit dem Railteam Broker hat die SBB Informatik den Auftrag erhalten, eine Vision von Railteam – der Allianz führender europäischer Bahnunternehmen – umzusetzen, um zukünftig Geschäfts- und Freizeitreisenden einen «High Speed»-Service unter einem Dach anzubieten. So soll das Reisen in Europa mithilfe des Railteam Brokers noch einfacher und komfortabler werden. Ein integriertes System, das Sitzplatzverfügbarkeiten, Preisübersicht und den Verkauf von Tickets des europäischen Hochgeschwindigkeitsnetzes bereitstellt, wird unter der Projektleitung der SBB Informatik entwickelt. Mittels eines iterativen Entwicklungsprozesses wird sichergestellt, dass die Kundinnen und Kunden im internationalen Bahnverkehr möglichst rasch davon profitieren und dass die Schwierigkeiten der Systemintegration über die beteiligten Bahnen hinweg reduziert werden. 2009 wird der Broker voraussichtlich allen Bahnreisenden zur Verfügung stehen.

Herausforderung 2: Informatiklandschaft vereinfachen

In den letzten Jahren hat die Informatik der SBB eine Vielzahl an Anwendungen bereitgestellt nach dem Muster: Ein neues Bedürfnis führt zu einem neuen Projekt, führt zu einer neuen Anwendung. Heute existieren über tausend Anwendungen mit nur teilweise bekannten Abhängigkeiten sowie einer grossen Anzahl eingesetzter Technologien. Weiterhin zeichnet sich die Informatiklandschaft der SBB durch hohe Daten- und Funktionsredundanzen aus. Die SBB verfügt heute über eine komplexe und in verschiedenen Bereichen nicht mehr zeitgemässe Informatiklandschaft. So wird im ersten Semester 2008 endlich das in den 80er-Jahren als grosse Innovation eingeführte MEMO (Host-Mail-System) abgelöst, womit eines der letzten Systeme dieser Art in Europa ausgedient hat. Die Bereinigung der bestehenden Heterogenität stellt die SBB Informatik in den nächsten Jahren vor grosse Herausforderungen.

Aus dieser Ausgangslage ergeben sich für die SBB Informatik zwei wesentliche Handlungsfelder: Zum einen muss die Sanierung der Altlasten (Komplexitätsschulden) vorangetrieben werden. Mit dem IT-Masterplan – einer breit angelegten Bereinigungsaktion – wurde die Sanierung der gesamten IT-Landschaft Mitte 2007 initiiert. Dabei werden, verteilt über fünf Jahre, erhebliche Mittel investiert, wobei es in einem ersten Schritt vor allem um grundlegende Technologiebereinigungen (insbesondere Plattformen) geht. Der Sanierungserfolg wird mit geeigneten KPIs (Key Performance Indicators) gemessen und periodisch bewertet. Zum anderen gilt es, neue Komplexität zu vermeiden, wofür das Architekturmanagement zuständig ist. Dieses verantwortet die nachhaltige Planung, Steuerung und Entwicklung der gesamten Informatiklandschaft – stets basierend auf den Anforderungen des operativen Geschäfts für die Kunden. Das Architekturmanagement sorgt entsprechend für eine optimale Verzahnung von Business nd IT.

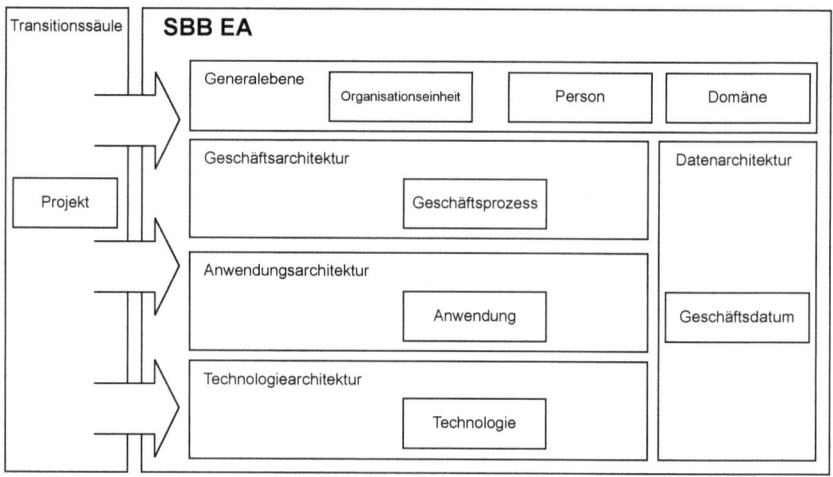

Abbildung 2:   SBB Enterprise Architecture Modell

Herausforderung 3: Ausrichtung auf Geschäftsprozesse

SBB und Informatik sind komplex. Die Gefahr, den Überblick und damit die Steuerung der vielen Applikationen, Daten, Plattformen und Schnittstellen zu verlieren, ist gross. Daher haben sich die Informatikverantwortlichen in allen Bereichen des Unternehmens im Laufe des letzten Jahres entschieden, ihre Arbeiten im Rahmen sogenannter Geschäftsdomänen zu fokussieren. Eine Domäne ist ein prozessbezogenes, abgrenzbares Gebiet (oder Feld), das der Informatik hilft, Geschäftsprozesse, Anwendungen, Daten und Funktionen zu kategorisieren und weiterzuentwickeln. Damit erarbeitet die IT in enger Zusammenarbeit mit den Divisionen die gesamten SBB Bebauungspläne, die sich nicht mehr an aktueller Struktur oder Organisation orientieren, sondern an den Geschäftsprozessen.

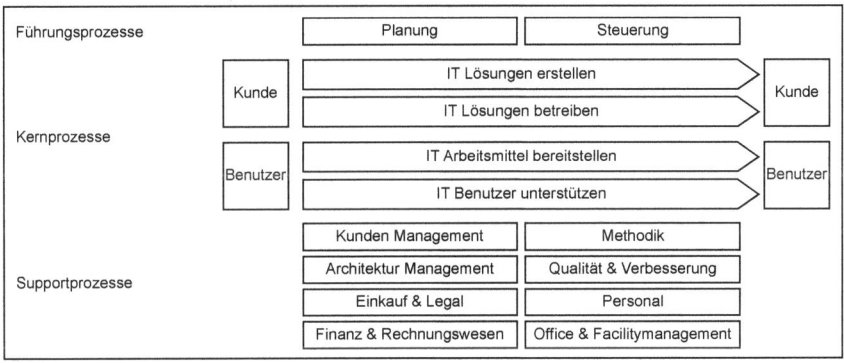

Abbildung 3: SBB IT Prozessmodell

Herausforderung 4: Fundament legen

Die SBB IT erbrachte 2007 Betriebsleistungen von rund CHF 190 Mio. sowie Projektleistungen von ca. CHF 100 Mio. für die Divisionen der SBB und für Dritte. Ende 2007 waren rund 500 Mitarbeiterinnen und Mitarbeiter bei der SBB Informatik beschäftigt. Die erste Hälfte 2007 stand im Zeichen der Konsolidierung der neu eingeführten Systeme, der Bewältigung der Integration der ehemaligen divisionalen IT und der Restrukturierung der SBB Informatik.

Heute arbeiten ca. 23 000 Mitarbeiter der SBB auf 15 900 Arbeitsplätzen und auf rund 500 Kern-Geschäftsapplikationen der SBB Informatik. Die Zahl der SAP-User stieg im Geschäftsjahr markant von 6800 auf 9700 (+43 %). Das Projektvolumen nahm um 60 % zu.

Der Bereich Finanzen und Controlling wird 2008 aufgrund des stark gestiegenen Projektvolumens und der beiden Grossprojekte Railteam und IT-Masterplan einen Schwerpunkt auf das Controlling der Projekte und deren Auswirkung auf die Betriebskosten legen. Transparenz, Kundennähe und Steuerbarkeit sind zunehmend zentral, um die Kosten im Griff zu steuern. Mit der Einführung eines neuen Verrechnungsmodells, dem Investitionsprozess in SAP (RDI), einer elektronischen Bestellanforderung (BANF) und dem elektronischen Kreditorenworkflow wurden in den letzten zwei Jahren die systemmässigen Voraussetzungen für eine verbesserte Transparenz und Steuerbarkeit geschaffen.

Herausforderung 5: Sicherheit gewährleisten

Die Informationssicherheit entwickelte sich in den letzten Jahren vom Spezialthema zum Bestandteil nahezu aller geschäftlichen Abläufe. Zunehmend wichtig ist, die vielfältigen ICT-Komponenten im Unternehmen optimal miteinander zu verbinden. Die Sicherstellung von verfügbaren Kommunikationswegen ist dabei von besonderer Bedeutung. Aber nicht alle Kommunikation, welche die SBB empfängt, ist auch erwünscht. Unnötige SPAM-Wellen produzieren dem Unternehmen eine monatliche Abwehrrate von rund zwölf Millionen SPAM-Mails (Tendenz steigend) und stellen eine besondere Herausforderung für Mensch und Technik dar. Die regelmässige Analyse und Optimierung von ICT-Systemen wird basierend auf einem zweckmässigen Risikomanagement vorgenommen. Überprüfungen in Form von Audits tragen zusätzlich zur Identifikation potenzieller

Schwachstellen und zur Bewertung von deren Auswirkungen auf die Geschäftsprozesse bei.

Interne Massnahmen

Um unsere Mitarbeitenden so weit zu entwickeln, dass sie die momentanen und zukünftigen Herausforderungen selbständig meistern können wurden verschiedene Initiativen gestartet, von denen ich hier drei vorstellen möchte:

Initiative 1: Prozessorientierte Berufsbilder

Die Berufsbilder der SBB Informatik, basierend auf dem Berufsbildkatalog der swissICT, definieren die Hauptaufgaben, die relevanten Kompetenzen, die Voraussetzungen pro Senioritätslevel (Junior, Professional, Senior, Master), die angebotenen Ausbildungen und die verbindlich festgelegten Zertifizierungen.

Dies ermöglicht dem Mitarbeitendem, die Übersicht über die verschiedenen Tätigkeiten zu behalten, seine Wirkung innerhalb des Prozesses Plan – Build - Run zu sehen und gibt dem Mitarbeitenden die Grundlage für seine Karriereplanung.

Innerhalb eines Berufsbildes kann es über 10 verschiedene Rollen geben. Deshalb gibt es für die verschiedenen Ausprägungen innerhalb eines Berufes genaue Rollenbeschriebe, welche die tatsächliche Tätigkeit der Mitarbeitenden aufzeigen. Diese sehen so, welche Aufgaben innerhalb ihres Berufsfeldes sie in dieser Rolle zu übernehmen haben.

Zusätzlich wurde und wird in enger Zusammenarbeit mit Prozessspezialisten überprüft, welche Abläufe innerhalb der IT notwendig sind, um einen guten Service zu bieten und Projekte mit hoher Qualität, schnell und kostengünstig zu erbringen. Dabei wurde auch festgelegt, wer wo wann welche Arbeit zu übernehmen hat und Rollen wurden definiert.

Zusätzlich helfen natürlich die Rollenbeschriebe auch bei der Ausschreibung von Stellen, da sie präzis die Aufgaben des gesuchten Mitarbeitenden beschreiben.den Berufsbildern zugrunde liegt ein Reifegradmodell, mit dessen der Zustand der einzelnen Berufsbilder gemessen werden kann:

Initiative 2: Kompetenzorientierte Bewertung und Weiterentwicklung

Das Kompetenzmodell soll Vorgesetzten bei der Beurteilung ihrer Mitarbeiterinnen und Mitarbeiter helfen. Es zeigt, welche Kompetenzen für welches Berufsbild wichtig sind. Verschiedene intern und extern vorhandene Kompetenzmodelle wurden von uns geprüft und zu einem, uns am meisten dienenden Kompetenzmodell, zusammengeführt.

In der Vergangenheit lag bei uns der Fokus in der Aus- und Weiterbildung von Informatikern in der Weiterentwicklung der technischen Kompetenzen unter Vernachlässigung der Verhaltenskompetenzen (=Softskills). Zudem wurde der Wert der erfahrenen Mitarbeitenden, welche vor allem hohe Geschäftskompetenzen aufwiesen, stark unterschätzt. Um diese Fehler in Zukunft zu vermeiden, wurden alle diese drei Bereiche in unserem Kompetenzmodell integriert.

Die technischen Kompetenzen beinhalten die technischen Fähigkeiten und Kenntnisse, die für das Berufsbild Voraussetzung sind. Die Geschäftskompetenzen beschreiben jene Kompetenzen, die beim Dialog mit den Kunden wichtig sind, um Lösungen zu entwickeln und zu betreiben.

Pro Berufsbild existiert auch, neben dem verantwortlichen Line-Manger, ein sogenannter Archetyp, idealerweise im Senioritätslevel Master, welcher zu seinem Berufsbild (und zum Teil zu den Rollen) die Ausprägungen der verschiedenen Kompetenzen definiert.

Die Vorgesetzten haben nun ein aktuelles Kompetenzmodell, das für unsere Berufsbilder gültig ist und ihnen bei der Beurteilung ihrer Mitarbeitenden hilft. Die Mitarbeiterinnen und Mitarbeiter können so bei der jährlichen Personalbeurteilung klar eingeschätzt werden. Sollte sich dabei herausstellen, dass jemand nicht über die relevanten Kompetenzen für sein Berufsbild verfügt, kann gleichzeitig auch festgestellt werden, zu welchem Berufsbild er mit seinen Kompetenzen passen könnte.

Zusätzlich erhalten wir durch die Erhebung pro Kompetenz einen Wert, welcher uns zeigt, welche Kompetenzen in Zukunft eventuell aus dem Modell gestrichen werden (tiefe Werte) und für welche Kompetenzen standardmässig Massnahmen (Weiterbildungen, Coaching, Assessments, ...) vorhanden sein müssen (hohe Werte).

Zukünftig soll das Kompetenzmodell erlauben, die einzelnen Berufsbilder zu vergleichen, um feststellen zu können, welche Berufsbilder wie viel von den Angestellten verlangen. Wenn sich zeigen sollte, dass einzelne Berufsbilder weitaus anspruchsvoller sind als andere, dürfte dies auch Konsequenzen für die künftige Lohnentwicklung haben.

Kompetenz	Tester	System Engineer	Software Engineer	Service Manager	Service Koordinator	Relationship Manager	Projektleiter für IT Projekte	Manager	IT Security Manager	IT Quality Manager	IT Produktmanager	IT Business Engineer	IT Business Architect	IT Business Analyst	IT Architect	Innovation & Strategy Manager	ERP	Daten Manager	Application Manager
T1 Bestehende Systemlandschaft und Technologien verstehen			■		■					■	■		■	■	■			■	■
T2 Anwendungen konzipieren und entwickeln			■																
T3 Prozesse, Werkzeuge und Methoden anwenden			■			■	■			■	■	■	■		■			■	■
T4 Systeme integrieren																			
T5 Technische Architekturen konzipieren																			
T6 Einflüsse neuer Technologien erfassen					■					■	■				■				
G1 Geschäftsprozesse und ihre Treiber verstehen			■			■					■	■	■	■	■				■
G2 Organisation, Politik und Kultur des Geschäfts kennen					■		■			■	■			■	■				
G3 Finanzielle Zusammenhänge des Geschäfts begreifen																			■
G4 Wettbewerbssituation erkennen und verstehen																			
G5 Projekte führen							■												
G6 Veränderungen des Geschäfts durch IT erkennen und führen						■							■		■				
G7 Arbeiten planen, priorisieren und umsetzen			■				■			■								■	
G8 Beziehungsnetz und Zusammenarbeit pflegen						■				■		■		■					
G9 Mit Prinzipien verhandeln												■							
G10 Vertragskenntnisse haben																			■
G11 Funktionsweise der Provider kennen					■						■								
G12 Dienstleistungsgedanken leben			■		■													■	
V1 Mitarbeiter führen							■												
V2 Kreativität entwickeln und innovativ wirken										■		■	■						
V3 Ergebnisorientiert handeln			■		■		■											■	■
V4 Strategisch denken und handeln						■				■			■		■				
V5 Gestaltungsspielräume schaffen																			
V6 Beeinflussen und überzeugen						■				■					■				■
V7 Reflektieren und sich selbst steuern			■																
V8 Konflikte lösen					■		■				■			■					
V9 Flexibel mit Veränderungen umgehen											■	■						■	
V10 Entscheide herbeiführen						■					■	■	■		■				
V11 Kunden- und qualitätsorientiert arbeiten			■											■				■	
V12 Informationen sammeln und kommunizieren					■									■					■

Abbildung 4: Kompetenzüberblick der Berufsbilder der SBB IT

Initiative 3: Karrieremöglichkeiten entlang definierter Laufbahnen

Ein Laufbahnmodell für die Berufsbilder der Zentralen Informatik der SBB wurde schon 2005 erarbeitet. Es zeigte den Mitarbeitenden der Informatik, welche horizontalen (innerhalb des Berufsbildes) und vertikalen (berufsbildübergreifend) Entwicklungsmöglichkeiten existierten und welche Voraussetzungen für diese Entwicklungsmöglichkeiten verlangt werden.

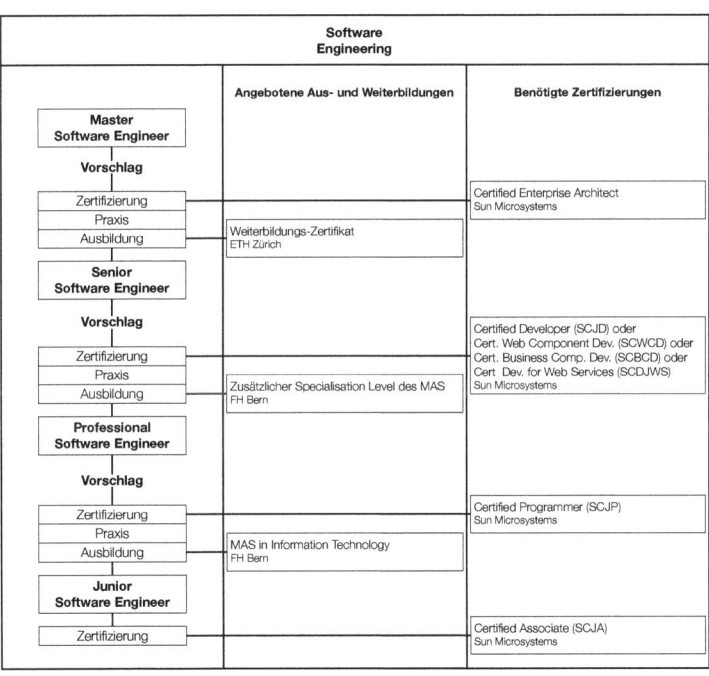

Abbildung 5: Karrierepfad des Software Engineers

Durch den Zusammenschluss der Zentralen und den beiden divisionalen (Personenverkehr und Infrastruktur) IT's in die SBB Informatik erweiterten sich die Tätigkeitsfelder und damit auch die Anzahl Berufsbilder.

Um den Aufwand für die Pflege und Umsetzung des Laufbahnmodells in vertretbaren Masse zu halten, wurde nun darauf verzichtet, sämtliche Berufe, die bei SBB-IT vorhanden sind zu integrieren – erfasst sind nur jene, die für das operative Geschäft wichtig, beziehungsweise Kernkompetenzen der internen IT sind.

Ab sofort kann sich jeder Mitarbeiter und jede Mitarbeiterin darauf verlassen, dass die aufgeführten Kriterien genügen, um sich für einen neuen Beruf bewerben zu können oder den Wunsch anzumelden, einen Level höher zu steigen. Alle notwendigen Ausbildungen und Zertifizierungen sind aufgeführt.

Neu ist das Erreichen eines höheren Levels nicht mehr vom Alter abhängig, sondern allein vom Können. Wer auf seinem Level gute Arbeit leistet, kann gleich viel verdienen oder mehr wie jemand, der auf einem höheren Level nicht so gut arbeitet. Neu soll also nicht mehr nach oben gedrängt werden, um mehr zu verdienen. Belohnt wird, wer seine Arbeit mit hoher Qualität erledigt. Damit ist die IT-SBB unterwegs zu einem modernen und eigenverantwortlichen Berufsverständnis.

Das Laufbahnmodell definiert auch den Lohn. Beigezogen wird dafür eine Salärumfrage bei IT-Unternehmen. Damit wird sichergestellt, dass sich die Löhne in marktüblichen Bandbreiten bewegen.

Was sich CIOs von Lehrinstitutionen wünschen

Nach Jahren des Überangebots werden gut ausgebildete Spezialisten wieder heftig umworben. Doch ist dies längst nicht nur ein Kampf um Arbeitskräfte, sondern ein „War for Talent" – also um die besten ihres Faches. Für die Unternehmen gilt nun, um sich in dieser angespannten Situation zu behaupten, alle möglichen Kanäle der Personalgewinnung zu intensivieren. Doch genügen diese bei weitem nicht, um den Bedarf zu decken. Stattdessen, nimmt die Aus- und Weiterbildung auf allen Alters- und Erfahrungsstufen einen immer grösseren Stellenwert ein. und damit steigt auch die Wichtigkeit unserer Weiterbildungsinstitutionen und deren Angeboten in der Erst- und Weiterbildung. Das lebenslanges Lernen ist also nicht mehr nur ein gutgemeintes Ideal der Personalverantwortlichen, sondern – auch im Hinblick auf die demografische Entwicklung - eine absolute unbestrittene Notwendigkeit.

Damit die Mitarbeitenden der SBB Informatik ihre Arbeit möglichst professionell ausüben zu können, junge Leute ab der Erstausbildung den Berufseinstieg möglichst reibungslos bewältigen und auch Professionals aus anderen Funktionen der Umstieg in die Informatik erfolgreich gelingt, habe ich deren (und damit auch meine) Bedürfnisse an die Aus- und Weiterbildungsinstitutionen in neun Wünschen formuliert:

Wunsch 1: Gestaltet die Erstausbildung so breit gefächert wie möglich!

Die Bandbreite an benötigten Kompetenzen und Skills innerhalb der Wirtschaftsinformatik wird immer umfassender. Entsprechend gross ist die Versuchung, sich schon früh zu spezialisieren. Junge Informatikerinnen und Informatiker sollten jedoch nach der Erstausbildung möglichst variabel flexibel eingesetzt werden können. Denn nur durch Umsehen und „Hineinschnuppern" in verschiedene Funktionen und Bereiche werden sie ihre Berufung und ihre wahren Stärken finden und entwickeln können – zu ihrer Zufriedenheit und damit zum Erfolg des Unternehmens.

Wunsch 2: Sprecht eine einheitliche Sprache!

Unsere Mitarbeitenden wollen sich weiterentwickeln und Karriere machen. Gezielte Weiterbildung ist dabei unverzichtbar. Nur: Welcher Ausbildungspfad ist der richtige? Welche Institution ist dafür geeignet? Oftmals lässt der Blick in die Weiterbildungskataloge von Hochschulen und Privatanbietern bei den Lernwilligen in erster Linie

Ratlosigkeit zurück. Zu unvergleichbar sind die Angebote, zu wenig werden konkrete Berufsziele – zum Beispiel von IT-Architekten – in genauso konkrete Weiterbildungsprogramme übersetzt.

Wunsch 3: Richtet euer Angebot an den realen Berufsanforderungen und Berufsbildern aus!

Die SBB Informatik investiert derzeit viel Energie in die Definition von realen und zukunftsfähigen IT-Berufsbildern. Auch das Standardwerk „Berufe der ICT" wird überarbeitet. Wozu dieser Aufwand? Eine eindeutige Beschreibung der jeweiligen Tätigkeitsfelder gibt den Mitarbeitenden Halt und Ziel bei der Arbeit, macht Leistung beurteilbar und zeigt gegebenenfalls Lücken auf. Entscheidend ist nun, von diesen definierten Berufsbildern praxistaugliche Weiterbildungsmodule abzuleiten. Dazu muss aber auch der Austausch zwischen Arbeitgebern und Weiterbildungsinstitutionen intensiviert werden.

Wunsch 4: Setzt die Idee der Bologna-Reform konsequent um!:

Aus Sicht des Kunden, also der Studenten und IT-Professionals, die sich weiterbilden möchten, hat die Bologna-Reform etwas sehr Positives gebracht: Man kann an einer Universität oder Fachhochschule mit dem Studium beginnen, dieses an einem anderen Ort fortsetzen und so das Studium bzw. die Weiterbildung nach den spezifischen Interessen und Neigungen zusammenstellen. So zumindest die Theorie. In der Realität fehlt bei den ECTS-Punkten jedoch die Umsetzung des Punktes „T", also des Transfers. Die Punkte sind nur Ausdruck der geleisteten Arbeit, haben aber daneben keine weitere Bedeutung und können – salopp gesagt – nach dem Studium getrost in den Papierkorb geworfen werden.

Wunsch 5: Baut im deutschsprachigen Raum eine Top-Hochschule für Informatik auf!

Die Klagen über zu wenige Studienbeginner in der IT reissen nicht ab. Doch die wenigsten Ausbildungsinstitutionen und IT-Firmen unternehmen etwas dagegen. Abhilfe könnte eine Top-Adresse schaffen, an der jeder IT-Student gerne studieren würde, aber wegen hoher Qualifikationshürden nur die besten dürfen.

Wunsch 6: Modularisiert das Weiterbildungsangebot!

Jede ambitionierte IT-Fachkraft möchte sich weiterentwickeln. Da die Informatik aber nicht mehr nur für Entwickler und Projektleiter etwas zu bieten hat, sondern auch für Service Manager, Architekten, Application Manager, ist die Nachfrage nach grundlegenden Weiterbildungsmöglichkeiten für einen erfolgreichen Wechsel zwischen den Berufsbildern gross. Doch kann man dafür nicht immer ein vollständiges Studium absolvieren. Berufsbildspezifische Module sind die Lösung.

Wunsch 7: Vergesst die Sozialkompetenzen nicht!

Kein Zweifel: Technische Kompetenz ist in der heutigen Informatik unverzichtbar. Doch erfolgreiche IT-Spezialisten sind auch gute Kommunikatoren, Moderatoren, Streitschlichter, Zuhörer und anderes mehr. Auch diese Kompetenzen müssen schon in der Erstausbildung Platz finden. Aber Achtung: Ein Präsentationskurs genügt bei Weitem nicht!

Wunsch 8: Seid hartnäckig!

Zu den grundsätzlichen Kompetenzen jeder Führungskraft gehört heute ein genügendes betriebswirtschaftliches Wissen und Umsetzungskenntnisse im Bereich des HRM – diese Themen finden sich auch in jedem MBA-Ausbildungsgang.

Zum Kompetenzportfolio einer modernen und erfolgreichen Führungskraft gehören aber zusätzlich Kenntnisse über die IT und deren Auswirkungen auf die Geschäftsprozesse. Wieso aber findet sich dieses Thema noch in sehr wenigen Managementweiterbildungen? Ich würde mir da mehr Hartnäckigkeit und Einflussnahme der Informatikinstitute wünschen.

Wunsch 9: Arbeitet enger mit der Wirtschaft zusammen!

Da staunen selbst die erfahrensten Recruiting-Fachleute: An Absolventenkongressen wird immer wieder offensichtlich, wie praxisfern die Vorstellungen der Studenten sind. Kaum einer weiss, wie angewandte Informatik funktioniert, welchen Stellenwert diese für die Unternehmenserfolg hat, welche Laufbahnen möglich sind und welche Kompetenzen für diese benötigt werden. Meine letzte, aber auch eindringlichste Bitte an die Weiterbildungsinstitutionen lautet deshalb: Sucht und fördert einen intensiven Austausch mit den Unternehmen. Sowohl Hersteller als auch Anwender moderner IT-Lösungen können Einblicke gewähren, um neue Strömungen schnell in Lehrpläne zu integrieren.

Fazit

Die technologische Entwicklung und die demografischen Aussichten zeigen uns, das wir nun wirklich alle gefordert sind, die Unternehmen wie auch die Weiterbildungsinstitutionen, um auch in Zukunft IT-Vorhaben umsetzen zu können.

Ludwig Mochty

Forschungspotentiale der Wirtschaftsinformatik aus der Sicht der Unternehmensrechnung

Prof. Dr. Ludwig Mochty
Universität Duisburg-Essen (Campus Essen)
Fachbereich Wirtschaftswissenschaften
Lehrstuhl für Unternehmensrechnung & Controlling
Universitätsstraße 11
D-45141 Essen
ludwig.mochty@uni-due.de

Problemstellung

Innerhalb der Wirtschaftsinformatik hat sich In den letzten Jahrzehnten ein Spektrum an Forschungsfragen entwickelt, das einen weiten Bogen zwischen Betriebswirtschaftslehre und technischer Informatik spannt. Die folgenden Überlegungen sind auf die Schnittstelle zwischen Betriebswirtschaftlehre und Wirtschaftsinformatik fokussiert. Sie verstehen die Betriebswirtschaftslehre als empirische Wissenschaft, die das Unternehmen als ganzheitlichen Forschungsgegenstand auffasst und sich innerhalb dieses ganzheitlichen Bezugsrahmens[1] in funktionaler und branchenbezogener Hinsicht in Teildisziplinen auffächert. Dabei nimmt die Unternehmensrechnung eine Querschnittsfunktion ein, zum einen, weil aus rechtlichen wie auch aus organisatorischen Gründen keine Unternehmung ohne Rechnungslegung auskommt, zum anderen, weil die Unternehmensrechnung das ganze Spektrum der quantitativen Abbildung des Unternehmensgeschehens und der Unternehmensentwicklung besorgt und deshalb mit allen Geschäftsprozessen und betrieblichen Teilfunktionen im Informationsaustausch stehen muss. Die Porter'sche Wertkette (value chain)[2] ist ein allgemein anerkanntes qualitatives Beschreibungsmodell für die hier angesprochenen Zusammenhänge. Sie soll repräsentativ für das breitgefächerte Feld der Geschäftsprozessmodellierung herangezogen werden:

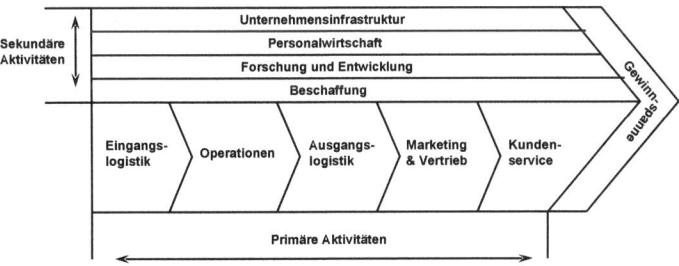

Abb.1: Porter'sche Wertschöpfungskette

---

[1] Unter Mitberücksichtigung des Unternehmensumfelds.
[2] Vgl.: Porter, M. E.: Competitive Advantage: Creating and Sustaining Superior Performance, New York: The Free Press, 1985.

Innerhalb der Wertkettensichtweise sind Unternehmensrechnung und Wirtschaftsinformatik Unterstützungsfunktionen (Aktivität „Unternehmensinfrastruktur"), die in enger Wechselbeziehung zueinander stehen: zum einen benötigt die Betriebswirtschaftslehre die Unterstützung der Wirtschaftsinformatik zur Erfassung, Sammlung und Aufbereitung der Daten; zum anderen bedarf die Wirtschaftsinformatik der Unterstützung durch die Betriebswirtschaftslehre, um die realen betrieblichen Zusammenhänge und die entscheidungsrelevanten Auswertungszwecke in geeignete Daten- und Unternehmensmodelle überführen zu können.

Trotz umfangreicher Forschungsbemühungen stehen beide Disziplinen unter erheblicher interner Kritik: „academic accounting … faces a serious crisis. It is difficult to recall one accounting research innovation in the last twenty or so years that has had a significant impact on the practice of accounting … or that meaningfully affected accounting standard setting and securities regulation"[3]. Demgegenüber werden in der Wirtschaftsinformatik hinsichtlich des erreichten Entwicklungsstands von Management Informationssystemen vier Schwächen genannt: (1) Die Verfügbarkeit und die Qualität der Daten erfülle nicht die Erfordernisse; (2) Es gäbe nur wenig Zusammenhang zwischen nachgefragter und bereitgestellter Information; (3) Manager könnten ihren tatsächlichen Informationsbedarf nicht konkretisieren und (4) Der Einsatz von Information liefere keinen Beitrag zur Unternehmens-Performance[4].

Im Rahmen der Unternehmensrechnung wurde empirische Forschung bisher überwiegend in Form von Befragungen, Archivanalysen und verhaltenswissenschaftlichen Entscheidungsexperimenten betrieben. Demgegenüber wird hier folgender Standpunkt vertreten: Will die

---

[3] Vgl.: Demski, J.N./ Dopuch, B./ Lev, J./ Ronen, J./ Searfoss, G./ Sunder, S.: A Statement of the State of Accademic Accounting. Paper presented at the American Accounting Association Annual Meeeting, Nashville, 1991.

[4] Vgl.: Lohman, Fred A. B./ Sol, H. G./ de Vreede, G.-J.: The Illusion of Effective Management Information: A Critical Perspective. In: Proceedings of the 36th Hawaii International Conference on System Sciences (HICSS'03).

Unternehmensrechnung an Praxisrelevanz gewinnen und sich insgesamt zu einer empirischen Disziplin (wie etwa die Medizin) entwickeln, so ist sie grundsätzlich auf Echtdaten aus der Unternehmenspraxis – zumindest aber auf Daten, die jenen der Unternehmenspraxis nahekommen – angewiesen. Um die Datenübernahme, Datenanalyse (Data Mining) und Prozessanalyse (in Form von Simulationsexperimenten) hard- und softwaretechnisch bewerkstelligen zu können, bedarf sie der Unterstützung durch die Wirtschaftsinformatik. Aufgrund der dann erzielbaren Analyseergebnisse ließe sich der Informationsbedarf eines Entscheidungsträgers aus dem Sachproblem heraus konkretisieren und objektivieren, und die Wirtschaftsinformatik wäre weniger auf die Selbsteinschätzung des Managements angewiesen.

Infolge der unternehmensweiten Durchdringung der Geschäftsprozesse durch die Informationstechnologie wurden im Laufe der letzten Jahrzehnte viele Hindernisse beseitigt, die die Betriebswirtschaftslehre im allgemeinen und die Unternehmensrechnung im besonderen behindert haben, sich stärker zu einer empirischen Disziplin zu entwickeln. Während der Datenbeschaffungsaufwand für praxisorientierte betriebswirtschaftliche Forschungsprojekte früher prohibitiv hoch war, könnten heutzutage die in einem Unternehmen tagtäglich anfallenden Daten grundsätzlich als Beiprodukt – und daher zu Grenzkosten – der betriebswirtschaftlichen Forschung zugänglich gemacht werden, sofern diese Zugriff auf Management Informationssysteme (MIS) und Data Warehouses erhielte. Während ein Zugriff auf Echtdaten zu vertretbaren Kosten mittlerweile technisch möglich ist und in der Wirtschaftsprüfung als „Continuous Audit" auch schon verschiedentlich praktiziert wird, ist abzusehen, dass es der Unternehmensrechnung als akademischer Disziplin – aus datenschutzrechtlichen Gründen – auch weiterhin verwehrt bleiben wird, Untersuchungen in großem Umfang an Echtdaten vornehmen.

Datengetriebene empirische Forschung zur Unternehmensrechnung kann nach Überzeugung des Verfassers daher in großem Umfang nur in Form von Simulationsexperimenten betrieben werden, so dass im Folgenden die Frage zu stellen ist, wie die Wirtschaftsinformatik solche Forschungsvorhaben der Unternehmensrechnung unterstützen kann, um aus den dabei gewonnenen Erkenntnissen selbst Nutzen zu ziehen.

Zur Beantwortung dieser Fragestellung wird im Folgenden ein Rahmenkonzept skizziert, in dem sich Fragestellungen zur Unternehmensrechnung in Form von Simulationsexperimenten studieren lassen. Der Anforderungskatalog an ein solches Rahmenkonzept zeigt zugleich Forschungspotentiale für die Wirtschaftsinformatik auf.

Bisherige Entwicklung der Modellierungstechniken

Die Unternehmensrechnung beschäftigt sich grundsätzlich mit der quantitativen Abbildung der durch den Unternehmensbestand und den Unternehmensablauf bedingten Vorgänge und Zusammenhänge. Weder bei der Analyse von Fragen zur Rechnungslegung, noch bei der Modellierung einzelner Sachverhalte aus den betrieblichen Teilfunktionen nutzt die Unternehmensrechnung[5] die aktuell zur Verfügung stehenden Möglichkeiten der IT-gestützten Modellierung.

Im Bereich der Rechnungslegung werden Sachverhalte meist in Form von T-Konten oder in Form von aggregierten Buchungssätzen abgebildet und unter Anwendung der ceteris-paribus-Klausel einem paarweisen Vergleich unterworfen. Abgesehen von einer vorübergehenden Episode, in der Fragen der Buchführung auch unter Einsatz von Methoden des Operations Research[6], insbesondere der linearen Optimierung, modelliert wurden[7], verzichtet man heute in der Ausbildung zum Rechnungswesen häufig auf mehrperiodige Modellansätze.

---

[5] Unternehmensrechnung verstanden als akademische Disziplin.
[6] Vgl.: Hax, H.: Entscheidungsmodelle in der Unternehmung: Einführung in Operations Research, Reinbek, 1974.
[7] Vgl.: Schweim, J.: Integrierte Unternehmensplanung, Bielefeld 1969.

Ebenso werden im externen und internen Rechnungswesen kaum zeitreihenanalytische Modelle verwendet. Selbst das Controlling beschränkt sich i.d.R. auf Vergleiche zwischen laufender Periode (Ist-Werte) und Vorperiode (Plan-Werte).

Zur Modellierung der in den einzelnen betrieblichen Funktionen (Investition und Finanzierung, Beschaffung, Produktion, Absatz) zu berücksichtigenden Gesetzmäßigkeiten bedient man sich eines Modellaufbaus, der ursprünglich in der Nationalökonomie entwickelt wurde[8]. Wirtschaftliche Sachverhalte werden mit Methoden der analytischen und der Differential-Geometrie veranschaulicht und rechenbar gemacht[9]. Die einzelnen Phänomene werden in Form von Partialmodellen erfasst, deren wechselseitiger Zusammenhang meist nicht thematisiert wird, so dass die Ganzheitlichkeit des Analysegegenstands „Unternehmen" verloren geht.

Erst durch das Aufkommen der Tabellenkalkulation hat ein gewisser Umdenkprozess eingesetzt. *Zum ersten* ist es damit möglich, Einzelmodelle einer systematischen Parametervariation zu unterwerfen. Parameterkonstellationen lassen sich als „Szenario" abspeichern. Über „Schieberegler"[10] können Parameterveränderungen vorgenommen und in „dynamischer" Weise interaktiv visualisiert werden. Durch solche multikriteriellen Was-Wäre-Wenn-Analysen wird das strenge ceteris-paribus-Prinzip aufgebrochen, das bisher die Validität der komparativ statischen Analyse stark beeinträchtigt hat. *Zum zweiten* lassen sich mit Hilfe der Tabellenkalkulation einzelne Modelle untereinander so verknüpfen, dass es möglich wird, die Wertschöpfungskette von der Beschaffung durchgehend bis zum Absatz (Material-/Leistungsfluss-Rechnung) zu modellieren und eine Ver-

---

[8] Vgl.: Loitlsberger, E.: Grundriß der Betriebswirtschaftslehre für Juristen, Wien 1990; ders.: Betriebswirtschaftslehre und Wirtschaftspraxis. Analyse ihres gegenseitigen Verständnisses. Klagenfurt, 1984; Schanz, Günther (Hrsg.): Betriebswirtschaftslehre und Nationalökonomie. Wissenschaftstheoretische Standortbestimmungen und Perspektiven, Wiesbaden 1984.
[9] Vgl.: Schumann, J./ Meyer, U./ Ströbele, W. J.: Grundzüge der mikroökonomischen Theorie, 8. Aufl., Berlin (u.a.) 2007.
[10] In MS-Excel: Steuerelement „Bildlaufleiste".

bindung zwischen Leistungswirtschaft und Finanzwirtschaft (Kapitalflussrechnung, Vollständiger Finanzplan) herzustellen. *Zum dritten* ließen sich somit auch Zusammenhänge zwischen dem Wertumlauf[11] im Unternehmen (als quantitatives Abbild der Realsphäre, zusammengesetzt aus Leistungs- und Finanzfluss) und dem Rechnungswesen herstellen. *Zum vierten* schließlich lässt sich in diesen Modellen auch die Unsicherheit berücksichtigen, was mit Hilfe der Monte Carlo-Simulation erreicht werden kann – eine Methodik, die bereits Gutenberg[12] vorgeschlagen hat. Tatsächlich werden diese Möglichkeiten in der Unternehmensrechnung nur selten voll ausgeschöpft. Meist begnügt man sich mit einem Partialmodell (z.B. einem Finanzplan). Die dazu korrespondierenden leistungswirtschaftlichen Prozesse und die von ihnen induzierten Kapazitätsrestriktionen bleiben außen vor. So geht der Blick auf das Unternehmensganze de facto verloren.

Parallel zu dieser Entwicklung im Fach Unternehmensrechnung wurden in der Wirtschaftsinformatik Enterprise Resource Planning (ERP)-Systeme entwickelt. ERP-Systeme bilden weitgehend alle Geschäftsprozesse ab. Eine durchgehende Integration und eine Abkehr von Insellösungen führten in der Folge zu Systemen, in denen Ressourcen unternehmensweit verwaltet werden können. Obwohl sich ERP-Systeme in der Praxis bewährt und durchgesetzt haben, werden sie für Zwecke der betriebswirtschaftlichen Ausbildung bisher kaum genutzt. Meist steht in den einschlägigen Kursen lediglich die Handhabung der Software im Vordergrund, und die betriebswirtschaftlichen Sachverhalte und Gesetzmäßigkeiten bleiben zweitrangig.

Insgesamt zeigt sich, dass sich weder die Unternehmensrechnungs- noch die Wirtschaftsinformatikausbildung auf eine durchgängige dynamische Betrachtungsweise eines in sich geschlossenen Wertumlaufs[13] im Unternehmen beziehen.

[11] Vgl.: Nicklisch, H.: Die Betriebswirtschaft, 7. Aufl., Stuttgart, 1932, S. 159, 163, 508.
[12] Vgl.: Gutenberg, E.: Grundlagen der Betriebswirtschaftslehre, Bd. 3: Die Finanzen, 4. Aufl., Berlin (u.a.) 1970, S. 381-413.
[13] Als Integration einer Kapitalfluss- mit Material-/Leistungs-Flussrechnung.

Die Stärke von Simulationsmodellen und die Beschaffung von realitätsnahen Daten zu deren Validierung

Simulation wurde innerhalb der Betriebswirtschaftslehre bisher überwiegend in Produktion und Logistik eingesetzt. Von einigen Ausnahmen abgesehen, finden sich demgegenüber nur wenige Simulationsstudien, die der Unternehmensrechnung zuzuordnen sind[14]. Dies ist auch verständlich, denn die Datenbeschaffung ist in techniknahen Bereichen (Produktion und Logistik) sehr viel leichter zu realisieren als im Bereich der Unternehmensrechnung. Insbesondere die Datenübernahme aus echten Buchungsjournalen, die selbstverständlich deutlich aussagekräftiger sind als veröffentlichte Jahresabschlüsse, ist im großen Umfang für Universitätsangehörige geradezu unmöglich.

Die Aufgabe, reale Unternehmensprozesse anhand von Echtdaten simulativ nachbilden zu können, ohne diese direkt zu übernehmen, stellt besondere Herausforderungen an die Weiterentwicklung der bisher zur Verfügung stehenden Data Mining Techniken: Zum einen müssen aus den bereitgestellten Daten Strukturinformationen (Welche Teilprozesse sind auf welche Art untereinander verknüpft?) gewonnen, zum anderen müssen Ereignis- und Buchungssequenzen (In welcher Reihenfolge werden Teilprozesse durchlaufen?) identifiziert werden. Da festzustellen ist, dass die bisher entwickelten Methoden meist zu viele Muster isolieren, denen keine eindeutige betriebswirtschaftliche Interpretation zugeordnet werden kann, sollte es auch möglich sein, interaktiv in den Mustererkennungsprozess einzugreifen bzw. dem Mustererkennungsprozess betriebswirtschaftlich interpretierbare Muster vorzugeben.

Der Verzicht auf Echtdaten bedeutet zwar einen Informationsverlust, weil Echtdaten immer inhaltsreicher sind als künstlich generierte, jedoch hat der simulative Forschungsansatz auf Basis von künstlich ge-

---

[14] Baetge, J.: Betriebswirtschaftliche Systemtheorie, Opladen, 1974; Milling, P.: Systemtheoretische Grundlagen zur Planung der Unternehmenspolitik, Berlin: Duncker & Humblot, 1981.

nerierten, den Echtdaten lediglich nur nachgebildeten Daten auch Vorteile:

1. Er garantiert die Anonymität des Datenlieferanten, weil nicht die Daten selbst, sondern lediglich Verteilungsparameter und Struktureigenschaften weitergegeben werden.

2. Der Forscher hat die volle Kontrolle über die Versuchsbedingungen. Beispielsweise können Echtdaten mitunter auch unerkannte Fehler enthalten. Demgegenüber müssten in künstlich generierte Daten – in Abhängigkeit von der zu untersuchenden Forschungsfrage – erst Fehler gestreut werden (seeding). Dadurch allerdings sind sie dem Versuchsleiter eindeutig und vollständig bekannt.

3. Während in der Unternehmenspraxis meist nicht so stark in die Systeme eingegriffen werden kann, dass die Auswertung unter veränderten Anfangs- oder Randbedingungen möglich wird, garantiert der simulative Ansatz die Wiederholbarkeit der Experimente. Er ermöglicht damit ein schnelleres und gezielteres Lernen.

Herleitung eines integrativen Rahmenprogramms

Mögliche Anwendungen

Zum Zwecke einer datengetriebenen empirischen Forschung in der Unternehmensrechnung sollten folgende Anwendungen realisiert werden können[15]:

- Simulation auf der Grundlage der aktuellen Unternehmensentwicklung in *zeitlich progressiver* Richtung (Forecasting):

    - Prüfung auf Konvergenz: Wie entwickelt sich das Unternehmenweiter, wenn die aktuelle Unternehmensentwicklung fort geschrieben wird, so dass diese „logische" Zukunft mit einem

---

[15] Die Aufzählung erhebt keinen Anspruch auf Vollständigkeit.

gewünschten/zu vermeidenden Zukunftsszenario verglichen werden kann? (Progressive Gap-Analyse)

- Prüfung auf Einhaltung der Going Concern Prämisse:Unter welchen Prämissen wird das Prinzip der Unternehmensfortführung eingehalten und wie lange?

- Prüfung auf Robustheit gegenüber Veränderungen und abrupten Ereignissen im Unternehmensumfeld: Wie gravierend dürfen welche Änderungen im Unternehmensumfeld sein, ohne dass das Prinzip der Unternehmensfortführung verletzt wird?

- Bilanzanalyse (vom Geschäftsvorfall zum Jahresabschluss): Inwieweit geht die Entwicklung der Geschäftsvorfallsequenzen (auch unterjährig) konform zur Entwicklung der aus dem Jahresabschluss abgeleiteten Kennzahlen?

- Bilanzanalyse (vom Jahresabschluss zu den Geschäftsvorfällen): In welchem Umfang lässt sich aus dem Jahresabschluss und den daraus abgeleiteten Kennzahlen auf materiell bedeutsame Geschäftsvorfälle zurückschließen?

- Welches Volumen und welche Umlaufgeschwindigkeit haben zyklische Episoden von Geschäftsvorfällen?

■ Simulation auf der Grundlage der aktuellen Unternehmensentwicklung in *zeitlich retrograder* Richtung (Backcasting):

- Welche „logische" Vergangenheit lässt sich aus der aktuellen Unternehmenssituation ableiten, um für aktuell zu beobachtende Ereignisse mögliche Ursachen zu identifizieren? (Ursachenanalyse)

- Welche „logische" Gegenwart lässt sich aus einem angenommenen Zukunftsszenario herleiten, so dass diese mit der tatsächlich bestehenden gegenwärtigen Situation verglichen werden kann? (Retrograde Gap-Analyse)

- Simulation der Auswirkungen von Rechnungslegungsstandards auf die Darstellung der Unternehmensentwicklung im Jahresabschluss: Wie wirken sich die verschiedenen Wahlrechte auf die Darstellung der Vermögens-, Finanz- und Ertragslage im Zeitablauf aus?

- Simulation von Anpassungs- und Veränderungsprozessen des Unternehmens
  - Prüfung der Plausibilität von Unternehmensplanungen
  - Simulation von Unternehmensentwicklungen in der Gründungs-, Wachstums- oder Degenerationsphase
  - Simulation von Unternehmenskrisenverläufen und der Auswirkungen von Sanierungsmaßnahmen
  - Co-Simulation von zwei oder mehreren Design-Alternativen von Geschäftsprozessen

- Programmgesteuerte Transformation von Geschäftsvorfall-Sequenzen (Episoden) in ein dynamisches Simulationsmodell[16]

- Praxisnahe Ausbildung von Studierenden der Unternehmensrechnung – ähnlich zur Ausbildung von Piloten im Flugsimulator – durch Inquiry Learning[17] (Management-Cockpits)

---

[16] Vgl.: Mojtahedzadeh, M./ Andersen, D./ Richardson, G. P.: Using Digest to implement the pathway participation method for detecting influential system structure. In: System Dynamics Review, Vol. 20, No. 1, 2004, S. 1-20; Kampmann, C. E./ Oliva, R.: Loop Eigenvalue Elasticity Analysis: Three Case Studies. In: System Dynamics Review, Vol. 22, No. 2, 2004, S. 141-162.

[17] Bravo, C./ de Joolingen, W. R./ de Jong, T.: Modeling and Simulation in Inquiry Learning: Checking Solutions and Giving Intelligent Advice. In: Simulation, Vol. 82, No. 11, 2006, S. 769-784.

Anforderungen an einen integrierten Business Simulator

Um Fragen der Unternehmensrechnung unter annähernd realistischen Bedingungen untersuchen zu können, bedarf es eines integrierten Simulators, der folgende Eigenschaften in sich vereinen sollte:

- Integration von Finanz- und Leistungssphäre: Im realen Unternehmensprozess bilden Finanz- und Leistungssphäre eine Einheit: Geld wird zu Material/Leistung und hernach wieder zu Geld. Beide Sphären kontrollieren einander: Die Zahlen eines Finanzplans oder einer Kapitalflussrechnung müssen auch den Kapazitätsrestriktionen der Leistungssphäre genügen, obwohl diese in der Buchhaltung nicht als Nebenbedingung erkennbar sind. Die Zahlen in Produktion und Logistik müssen auch den Restriktionen der Finanzierung genügen, obwohl diese in der Materialflussrechnung oft nicht als Nebenbedingungen in Erscheinung treten.

- Zyklisches Modell: Die Porter'sche Wertkette wurde ursprünglich zur qualitativen Identifikation von strategischen Wettbewerbsvorteilen entwickelt und dient damit einem anderen Zweck, als den quantitativen Wertumlauf in einem Unternehmen darzustellen. Zudem repräsentiert die Wertkette lediglich eine lineare Pfadabhängigkeit. Um den Unternehmensprozess realitätsgetreu nachbilden zu können, ist es aber notwendig, die Pfadabhängigkeit zirkulär, in Form eines Rings, zu modellieren. Beispielsweise lässt sich der Verlauf einer Unternehmenskrise bis hin zur Insolvenz als Folge einer zirkulären Verkettung von immer restriktiver werdenden Nebenbedingungen beschreiben: Weniger Einnahmen haben zur Folge, dass weniger Mittel zur Beschaffung von Rohstoffen, für Investitionen in Anlagen, deren Wartung bzw. Instandhaltung sowie für Löhne und Gehälter zur Verfügung stehen. Dies wiederum führt zu einer geringeren Produktionskapazität und zu weniger absetzbaren Fertigerzeugnissen, was schließlich geringere Einnahmen nach sich zieht.

- Integration von Wertumlauf und Buchhaltung: Probleme der Rechnungslegung werden in der Theorie häufig losgelöst von dem Wertumlauf innerhalb des Unternehmensprozesses diskutiert. Damit fehlt die entscheidende Basis zur Plausibilisierung der hergeleiteten Aussagen. Umgekehrt kennt der Verfasser auch kein Simulationsmodell aus der Produktion mit einer simultan mitlaufenden Buchhaltung. Das bedeutet, dass produktionstheoretische Fragestellungen i.d.R. losgelöst von der Rechnungslegung analysiert werden und in diesem Fall die finanz- wirtschaftlichen Aspekte zur Plausibilisierung fehlen. Um Simulationsergebnisse zu vermeiden, die gegen tatsächlich bestehende, wenn auch nicht modellierte Prämissen verstoßen, sollte der Business Simulator beide Sichtweisen, Unternehmensprozess und Buchhaltung, zumindest in rudimentärer Form vereinen.

- Dynamische Simulation: Im Rechnungswesen werden Problemstellungen meist anhand von Perioden- oder Stichtagssalden diskutiert. Dies kann dazu führen, dass unterjährige Verstöße gegen wesentliche Prämissen (z.B. negative Kassen- oder Lagerbestande) nicht erkannt werden. Um die in der Praxis immer wichtiger werdenden Zeitphänomene studieren zu können (z.B. den Einfluss der Umlaufgeschwindigkeit auf das Working Capital), ist man auf eine dynamische Simulation angewiesen.

- Simulation von Veränderungsprozessen: Die bisher angesprochenen Aufgabenstellungen unterstellten eine starre Modellstruktur. Um die Auswirkungen von Wachstums-,Restrukturie- rungs- oder Desinvestitionsprozessen auf das Rechnungswesen simulativ studieren zu können, müsste die Modellstruktur des gegenständlichen Simulationsmodells in laufender Rechnung verändert werden können. Eine solche Modellveränderung verlangt ihrerseits nach einem Simulationsmodell (höherer Ordnung, Meta-Simulation). Trotz der großen strategischen Bedeutung gibt es für die Modellierung derartiger Aufgabenstellungen bisher nur wenige Ansätze und Werkzeuge.

- Quantitativ und qualitativ[18]: Die Simulation strategischer Planungsansätze kann neben der quantitativen auch eine qualitative Simulationsstrategie erforderlich machen, weil strategische Probleme nicht mit der gleichen Präzision wie operative Aufgabenstellungen quantifiziert werden können.

- Deterministisch und stochastisch. Fragestellungen unter Risiko verlangen den Einsatz der stochastischen Simulation. Hierbei hat man die Wahl zwischen der Monte Carlo Simulation und den verschiedenen Resampling Methoden.

- Vorwärts- und Rückwärts-Simulation: Die Analyse von Jahresabschlüssen wie auch die Ursachenanalyse von Soll-Ist-Abweichungen im Controlling lassen sich als inverse Probleme auffassen. Inverse Probleme wurden bisher zwar intensiv in der Physik[19], aber erst sporadisch in der Betriebswirtschaftslehre[20] untersucht. Zur simulationsgestützten Ursachenanalyse wäre es wünschenswert, wenn der simulierte Unternehmensprozess wie ein Film verkehrt ablaufen könnte. Hierzu wäre es notwendig, die einschlägigen Instrumente der inversen quantitativen, der inversen qualitativen[21] und der inversen stochastischen Simulation auch für betriebswirtschaftliche Fragestellungen leichter nutzbar zu machen.

---

[18] Vgl. Berleant, D./ Kuipers, B.: Qualitative and Quantitative Simulation: Bridging The Gap. In: Artificial Intelligence, Vol. 95, No. 2, 1997, S. 215-255.
[19] Vgl.: Rieder, A.: Keine Probleme mit Inversen Problemen. Wiesbaden 2003; Hofmann, B.: Mathematik inverser Probleme. Leipzig 1999.
[20] Vgl. Mochty, L.: Die Abschlußprüfung als Problem des Information Engineering - Ein Ansatz des Computer Integrated Audit (CIA) 1992.
[21] Vgl. Sy, A.C. C./ Kuru, S.: Postdiction Using Reverse Qualitative Simulation. In: IEEE Transactions On Systems, Man, and Cybernetics-Part A: Systems and Humans, Vol. 27, No. 1, 1997, S. 84-95.

Vorschlag einer Grundstruktur für den Business Simulator

Das Rahmenkonzept für ein simulationsgestütztes Experimentierfeld, in dem Forschungsfragen der Unternehmensrechnung praxisnah untersucht werden können, besteht in seiner Grundstruktur aus drei verschiedenen Modultypen: Aus einem Modultyp für die Prozesssimulation, einem Modultyp für die Auswertung des Buchungsjournals und einem Meta-Simulations-Modul.

(1) Der Modultyp für die Prozesssimulation kann in mehrfacher Ausprägung in Erscheinung treten, je nachdem ob und in welcher Weise Abänderungen der Ausgangsstruktur im Simulationsmodell vorgenommen werden. Die in Abb. 2 eingezeichneten Simulationsmodelle 1 bis 3 repräsentieren beispielhaft drei unterschiedliche Stadien der Modellstruktur, die auseinander hervorgegangen sind. Im Simulationsmodell 1 ist der Wertumlauf des Unternehmensprozesses zwischen einzelnen betrieblichen Funktionen angedeutet. Aufgenommenes Kapital erhöht den Kassenbestand. Die liquiden Mittel werden sodann eingesetzt, um Rohstoffe und Anlagen zu beschaffen sowie um Löhne und Gehälter zu bezahlen. Die beschafften Ressourcen gehen in die Produktion ein, erhöhen den Lagerbestand und werden abgesetzt. Die aus dem Absatz resultierenden Umsatzerlöse erhöhen den Liquiditätsbestand, der für die Bedienung des eingesetzten Kapitals sowie für weitere Investitionen zur Verfügung steht. Die einzelnen Teilprozesse werden je nach Bedeutung für die zu untersuchende Forschungsfrage detaillierter oder nur ansatzweise ausmodelliert (Prinzip der schrittweisen Verfeinerung). Entscheidend ist, dass die Geschlossenheit des Unternehmensprozesses jedenfalls gewahrt bleibt. (2) Der Modultyp für die Auswertung des Buchungsjournals kann beispielsweise eine Datenbank- oder eine Excel-Applikation sein. Hier wird das Buchungsjournal ausgewertet, das sich aus den Buchungssätzen zusammensetzt, die von den simulativ ablaufenden Unternehmensprozessen ausgelöst wurden. In Abb. 2 sind mögliche

Auswertungen angedeutet als Bilanz, Gewinn- und Verlustrechnung (GuV) und Kapitalflussrechnung (CF). Nicht eingezeichnet sind die daraus abgeleiteten Kennzahlen und die an die GuV gekoppelte Kostenrechnung sowie eine eventuell vorhandene Materialflussrechnung. (3) Das Meta-Simulations-Modul steuert die Abfolge der einzelnen Simulationsmodelle in zeitlich progressiver oder retrograder Richtung. Es übergibt laufend Buchungssätze an das Journal der simultan mitlaufenden Buchhaltung und übernimmt aus der Buchhaltung eventuelle Steuerungsinformationen, die es entweder selbst verarbeitet oder an das jeweils aktive Simulationsmodell weiterleitet.

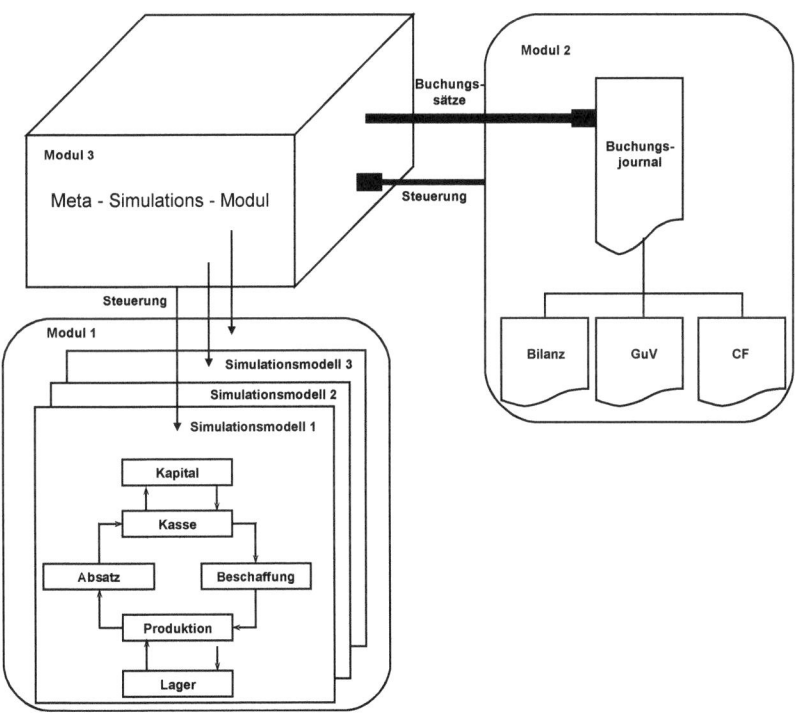

Abb. 2:   Rahmenkonzept für den Business Simulator

Das vorgestellte Konzept erweitert und vertieft die Grundidee der Balanced Scorecard[22], die zur Modellierung von Ursache-Wirkungs-Beziehungen häufig mit Zeichnungen operiert, die einer soliden Konsistenzprüfung nicht standhalten.

Krisenhafte Unternehmensentwicklungen als spezielles Problem

Die vorhin aufgezeigten Überlegungen sind grundsätzlich nach den einzelnen Lebenszyklusphasen zu differenzieren. Aufgrund ihrer existenziellen Bedeutung soll aus dem Lebenszyklus eines Unternehmens vor allem die Unternehmenskrise herausgegriffen und genauer betrachtet werden.

Ähnlich wie die Betriebswirtschaftslehre stellt auch die Wirtschaftsinformatik das gesunde Unternehmen in den Mittelpunkt ihrer Betrachtung. Krisenhaften Phasen der Unternehmensentwicklung sowie der Degeneration eines Unternehmens bis hin zur Insolvenz kommen in Forschung und Lehre vergleichsweise nur geringe Aufmerksamkeit zu. Im Verbund mit krisenhaften Unternehmensentwicklungen sind vielfach auch wirtschaftskriminelle Handlungen und bewusste Fehler in der Rechnungslegung (Fraud) zu beobachten, weil die Geschäftsleitung mit Hilfe „kreativer Buchführung" und Bilanzkosmetik häufig zu verschleiern sucht, was ihr im Finanz- und Leistungsbereich misslungen ist.

Unter dem Generalthema „Computerkriminalität" stehen bisher überwiegend technische Fragestellungen, wie die forensische Untersuchung von Computersystemen (IT-Forensik), im Vordergrund und weniger die Beweissicherung oder die Rettung von Daten. Die Rekonstruktion von Datenbeständen, die zu Vertuschungszwecken bewusst zerstört oder aber gezielt „überarbeitet" wurden, verlangt nach Strategien, die sich von den traditionellen Aufgabenstellungen der Datenmigration erheblich unterscheiden. Das einschlägige Wissen

---

[22] Vgl. Kaplan, R. S.; Norton, D. P.: Balanced Scorecard. Stuttgart 1997.

liegt in den Köpfen einiger weniger Spezialisten, die ihre Kenntnisse aus Wettbewerbsgründen nur kursorisch bekannt machen. Ein eigenständiger Forschungszweig ist auf diesem Gebiet – zumindest was den Bereich der Datenanalyse betrifft – im Schrifttum vorerst nicht zu erkennen.

Benötigt würde ein Data Mining-gestütztes Matching von partiell unvollständigen oder zueinander inkonsistenten Dateien (z.B. der Abgleich der Materialbuchführung mit der Debitoren- und Kreditorenbuchhaltung und dem Buchungsjournal der Hauptbuchhaltung), aber auch der mustererkennende Vergleich zwischen Dateien und traditionellen Belegen (auf Papier). Ein solcher Vergleich ist bisher meist nur in manueller Form möglich, was bei Tausenden von Datensätzen regelmäßig zu einem prohibitiv hohen Arbeitsaufwand führt.

Darüber hinaus wäre es wünschenswert, könnte die Ergänzung fehlender Daten oder die Bereinigung inkonsistenter Datenbestände durch Simulation der betroffenen Unternehmensprozesse unterstützt werden.

Zusammenfassung und Ausblick

Seit der Entstehung der Wirtschaftsinformatik führen Betriebswirtschaftslehre und Wirtschaftsinformatik eine kooperationsfreundliche Koexistenz, ohne bereits zu einer engen Kooperation gefunden zu haben. Der vorliegende Beitrag zeigt Forschungspotentiale auf, die zweckmäßigerweise nur in Kooperation zwischen Betriebswirtschaftslehre und Wirtschaftsinformatik – und nicht von einer der beiden Disziplinen alleine – gelöst werden können.

Ausgangspunkt der Überlegungen war das Problem, dass sich die Betriebswirtschaftslehre erst dann voll als empirische Wissenschaft etablieren kann, wenn sie tatsächlich auch Zugriff auf die in der betriebswirtschaftlichen Praxis anfallenden Daten hat. Diesem Ziel, Praxisfälle zu einer ausgewählten betriebswirtschaftlichen Forschungsfrage in großem Umfang quantitativ studieren zu können, standen bisher mehrere Hindernisse entgegen: Die Erhebungskosten, die mangelnde überbetriebliche Vergleichbarkeit sowie die Gewährleistung der Verschwiegenheit für das datenbereitstellende Unterneh-men. Die ersten beiden Hindernisse sind weitgehend gelöst: Durch die breite Integration der IT in alle Bereiche der Unternehmung ist die Datenübernahme selbst großer Datenmengen besser den je zu bewerkstelligen. Darüber hinaus stellen die 2001 erlassenen GdPDU[23] sicher, dass alle rechnungslegungsrelevanten Daten in geordneter Form archiviert werden müssen. Lediglich das dritte Hindernis, die strikte Gewährleistung der Anonymität, wird sich auf absehbare Zeit nicht lösen lassen, weil diese Anforderung an schwer zu erfüllende datenschutzrechtliche Bestimmungen geknüpft ist und auch noch viele psychologische Barrieren zu überwinden sind. Um dennoch zu einem praktikablen Konzept zu finden, das innerhalb eines überschaubaren Zeitraums umsetzbar ist, schlägt der Autor vor, die betriebliche Realität in Form dynamischer Simulationsmodelle nachzubilden und die Validierung dieser Modelle so vorzunehmen, dass typische Realsituationen abgedeckt werden können.

Die entscheidende Neuerung des Vorschlags liegt vor allem in der parallelen Simulation von Unternehmensprozessen und Buchhaltung. Diese ist über ihre Elementarbausteine, die Buchungssätze, an die Simulation der Geschäftsprozesse gekoppelt, so dass die Auswirkungen von Prozessen, aber auch die Auswirkungen der laufenden Veränderung einer anfänglich vorgegebenen Prozessstruktur im Rechnungswesen mit verfolgt und zu interaktiven Eingriffen in das Simulationsmodell herangezogen werden könnten.

Bei den für die Wirtschaftsinformatik aufgezeigten Forschungspotentialen ist zu unterscheiden zwischen Fragestellungen zur Simulation und solchen zum Data Mining. In der Simulation sind große For-

---

[23] Grundsätze zum Datenzugriff und zur Prüfbarkeit digitaler Unterlagen: BMF-Schreiben vom 16.7.2001, BStBl. 2001 I, 415.
[24] Auch als "Reverse Simulation" bezeichnet.

schungspotentiale vor allem in der qualitativen und der Meta-Simulation in progressiver und retrograder Richtung[24] zu erkennen. Im Data Mining sollte die Mustererkennung von Ereignissequenzen (Episoden) stärker vorangetrieben werden, weil dynamische Muster eine entscheidende Verbesserung bei der Aufdeckung von Unterschlagungen und bei der Früherkennung von Unternehmenskrisen bewirken könnten.

Wie die Literaturverweise belegen, liegen alle im vorgestellten Rahmenkonzept geforderten Simulationsmethoden im einschlägigen Schrifttum bereits in Ansätzen vor. Was diesen Techniken vor allem noch fehlt, ist der Bedienungskomfort, der einem betriebswirtschaftlichen Anwender den Zugang zu dieser Forschungsstrategie ermöglicht. Die besondere Herausforderung an die Wirtschaftsinformatik wird es sein, ein entsprechendes Design zu entwickeln, das die Frage der Programmbedienung zugunsten der betriebswirtschaftlichen Forschungsfrage in den Hintergrund treten lässt. Das aufgezeigte Forschungsprogramm versteht sich nicht als Einbahnstraße. Im vorgeschlagenen Rahmenkonzept ist der Betriebswirtschaftslehre nicht die Rolle des Auftraggebers und der Wirtschaftsinformatik nicht die Rolle des Dienstleisters zugedacht. Indem sich die Wirtschaftsinformatik nicht nur auf ihren Gegenstandsbereich in der betrieblichen Praxis konzentriert, sondern auch auf die Verbesserung der IT-gestützten Forschungswerkzeuge für die Betriebswirtschaftslehre, schafft sie Mehrwert für sich selbst: Viele Problembereiche, die im Zusammenhang mit dem Aufbau von Managementinformationssystemen kritisiert wurden[25], würden sich in enger Kooperation mit der Betriebswirtschaftslehre leichter bereinigen lassen als im Alleingang.

Literatur

Baetge, J.: Betriebswirtschaftliche Systemtheorie, Opladen, 1974
Berleant, D./ Kuipers, B.: Qualitative and Quantitative Simulation: Bridging The Gap. In: Artificial Intelligence, Vol. 95, No. 2, 1997

[25] Vgl.: Kapitel: Problemstellung.

Bravo, C./ de Joolingen, W. R./ de Jong, T.: Modeling and Simulation in Inquiry Learning: Checking Solutions and Giving Intelligent Advice. In: Simulation, Vol. 82, No. 11, 2006

Demski, J.N./ Dopuch, B./ Lev, J./ Ronen, J./ Searfoss, G./ Sunder, S.: A Statement oft he State of Accademic Accounting. Paper presented at the American Accounting Association Annual Meeeting, Nashville, 1991

Gutenberg, E.: Grundlagen der Betriebswirtschaftslehre, Bd. 3: Die Finanzen, 4. Aufl., Berlin (u.a.), 1970

Hax, H.: Entscheidungsmodelle in der Unternehmung: Einführung in Operations Research, Reinbek, 1974.

Hofmann, B.: Mathematik inverser Probleme, Leipzig, 1999

Kampmann, C. E./ Oliva, R.: Loop Eigenvalue Elasticity Analysis: Three Case Studies. In: System Dynamics Review, Vol. 22, No. 2, 2004

Kaplan, R. S.; Norton, D. P.: Balanced Scorecard. Stuttgart 1997

Lohman, Fred A. B./ Sol, H. G./ de Vreede, G.-J.: The Illusion of Effective Management Information: A Critical Perspective. In: Proceedings of the 36th Hawaii International Conference on System Sciences (HICSS'03)

Loitlsberger, E.: Betriebswirtschaftslehre und Wirtschaftspraxis. Analyse ihres gegenseitigen Verständnisses, Klagenfurt, 1984

Loitlsberger, E.: Grundriß der Betriebswirtschaftslehre für Juristen, Wien, 1990

Milling, P.: Systemtheoretische Grundlagen zur Planung der Unternehmenspolitik, Berlin: Duncker & Humblot, 1981

Mochty, L.: Die Abschlußprüfung als Problem des Information Engineering - Ein Ansatz des Computer Integrated Audit (CIA), 1992

Mojtahedzadeh, M./ Andersen, D./ Richardson, G. P.: Using Digest to implement the pathway participation method for detecting influential system structure. In: System Dynamics Review, Vol. 20, No. 1, 2004

Nicklisch, H.: Die Betriebswirtschaft, 7. Aufl., Stuttgart, 1932

Porter, M. E.: Competitive Advantage: Creating and Sustaining Superior Performance, New York: The Free Press, 1985

Rieder, A.: Keine Probleme mit Inversen Problemen. Wiesbaden 2003

Schanz, Günther (Hrsg.): Betriebswirtschaftslehre und Nationalökonomie. Wissenschaftstheoretische Standortbestimmungen und Perspektiven, Wiesbaden 1984

Schumann, J./ Meyer, U./ Ströbele, W. J.: Grundzüge der mikroökonomischen Theorie, 8. Aufl., Berlin (u.a.), 2007

Schweim, J.: Integrierte Unternehmensplanung, Bielefeld, 1969.

Sy, A.C. C./ Kuru, S.: Postdiction Using Reverse Qualitative Simulation. In: IEEE Transactions On Systems, Man, and Cybernetics-Part A: Systems and Humans, Vol. 27, No. 1, 1997

Norbert Thom / Bettina Anne Sollberger

Das Zusammenspiel von Mensch, Kultur und Technologie für ein erfolgreiches Wissensmanagement

Prof. Dr. Dr. h. c. mult. Norbert Thom
Direktor des Instituts für
Personal und Organisation (IOP)
Universität Bern
Engehaldenstrasse 4
CH-3012 Bern
thom@iop.unibe.ch

Dr. Bettina Anne Sollberger
Leiterin Wissensmanagement
Konzernentwicklung
Die Schweizerische Post
Viktoriastrasse 21
CH-3030 Bern
bettina.sollberger@post.ch

Noch immer scheitern viele Unternehmen beim Versuch, Wissensmanagement erfolgreich zu implementieren. Oftmals hängen die Einführungs- und Etablierungsschwierigkeiten mit dem Fehlen einer ganzheitlichen Betrachtungsweise zusammen. Für ein erfolgreiches Wissensmanagement sind insbesondere der Mensch und die Unternehmenskultur entscheidende Faktoren. Der Informations- und Kommunikationstechnologie kommt eine zentrale Unterstützungsaufgabe zu. Nur ein abgestimmtes Zusammenspiel dieser verschiedenen Gestaltungsdimensionen bewirkt eine systematische Nutzung der Ressource Wissen.

Einführung

In vielen Unternehmen wächst die Überzeugung, dass Wissen für den Unternehmenserfolg, wenn nicht gar für das Überleben der ganzen Institution ausschlaggebend ist. Unternehmen müssen zukünftig vermehrt das unternehmensintern und -extern vorhandene Wissen als Wettbewerbsfaktor nutzen, da die übrigen Produktionsfaktoren hinsichtlich ihres Differenzierungspotenzials grösstenteils ausgeschöpft sind. Ein Vernachlässigen des in einem Unternehmen vorhandenen Wissens kommt daher einer Verschwendung nicht imitierbarer Ressourcen gleich.[1]

Umsetzung von Wissensmanagement

In Folge dieser Erkenntnis hat sich die praktische Nutzbarmachung von Wissen in vielen Unternehmen zu einem ökonomisch bedeutsamen Gestaltungsauftrag herauskristallisiert. In der Umsetzungskonzeption von Wissensmanagement zeigen sich primär zwei Ansätze, die nachfolgend behandelt werden[2].

---

[1] Vgl. Osterloh/Frost (2000), S. 49 f.; vgl. Sollberger (2006), S. 79
[2] Vgl. Bullinger et al. (2000), S. 79

Technikzentrierter Ansatz

Zu Beginn der 90er-Jahre fand sich in der Mehrheit der Unternehmen ein ausgesprochen technisch orientierter Ansatz des Wissensmanagements, indem ein optimaler Einsatz und eine intensive Verknüpfung der Informations- und Kommunikationstechnologien verfolgt wurden. Meist handelte es sich um Datenbankentwicklungen, die eng mit Konzepten wie Data Mining, Groupware-Anwendungen oder Management-Information-Systems verknüpft waren (vgl. Abbildung 1).

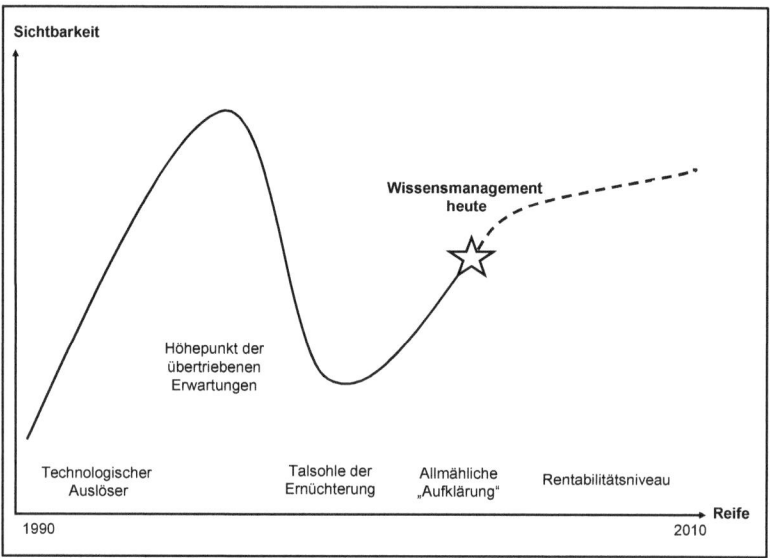

Abbildung 1: Die Hype-Kurve des Wissensmanagements[3]

Diese Betrachtungsweise fokussiert sich auf die Hardfacts in einer Unternehmung und wird oftmals als ingenieurtechnische Variante des Wissensmanagements bezeichnet.[4] Wissen wird hier als Objekt betrachtet, das identifiziert und mit Hilfe von Technologien verwaltet werden kann.[5]

---

[3] In Anlehnung an Gartner (2004), S. 5
[4] Vgl. Krauter/Kreitmeier (2002), S. 72; vgl. Hopfenbeck et al. (2001), S. 267
[5] Vgl. Lengnick-Hall/Lengnick-Hall (2003), S. 81

Gemäss dieser Perspektive wurde in vielen Unternehmen der Informatikabteilung die Verantwortung für das Wissensmanagement übertragen (vgl. Abbildung 2). Als Umsetzung wurde oft eine teure Standardsoftware oder gar eine aufwändige Eigenentwicklung eingeführt, verbunden mit der Hoffnung auf eine automatisch erfolgende Verbesserung der Geschäftsprozesse.[6]

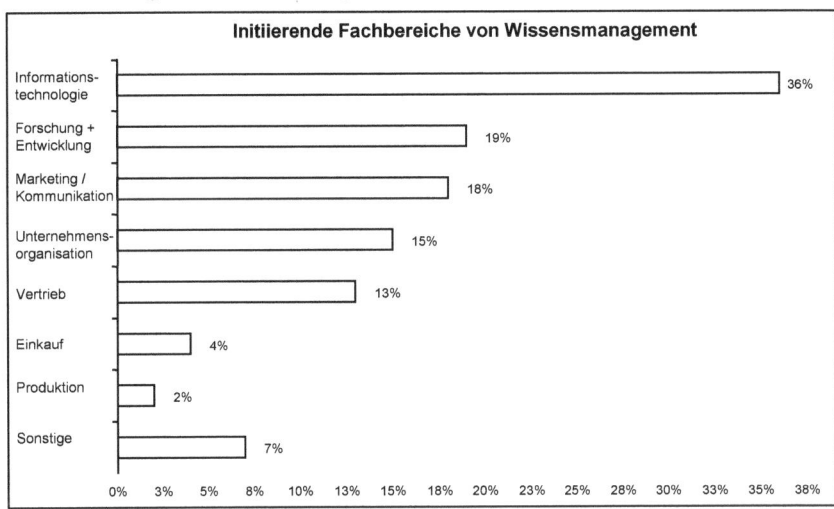

Abbildung 2:   Initiierende Fachbereiche von Wissensmanagement[7]

Die in den letzten Jahren gemachten Erfahrungen zeigen jedoch, dass die Umsetzungsschwierigkeiten von Wissensmanagement u. a. mit dem Irrglauben zusammenhängen, Wissensmanagement sei identisch mit elektronischem Daten- und Informationsmanagement.[8] Trotz der hohen Investitionen blieb der gewünschte Erfolg oft aus und die eingeführten Systeme wurden nicht optimal genutzt. Der Grund für dieses enttäuschende Ergebnis liegt u. a. in der Aufgabe, die der Informations- und Kommunikationstechnologie zugewiesen wurde. Technologie allein kann kein Wissen generieren, sondern wird derzeit vorwiegend ein Unterstützungsmittel für den Transfer und die Be-

---

[6] Vgl. Groff/Jones (2003), S. 12; vgl. Schweiker (2002), S. 368
[7] KPMG (2001), S. 9
[8] Vgl. Thom (2003), S. 11; vgl. Abrams et al. (2003), S. 64; vgl. Fullan (2001), S. 79

wahrung von Informationen sein. Wissen ist jedoch handlungsorientiert und an den Menschen gebunden.[9] Gerade dieses an Personen gebundene, implizite Wissen wird als das eigentlich wertvolle Wissen erachtet. Da derartiges Wissen weder handel- noch kontrahierbar ist, kann dessen gezieltes Management einem Unternehmen einen nachhaltigen Wettbewerbsvorteil verschaffen.[10]

Humanzentrierter Ansatz

Nachdem in der ersten Phase des Wissensmanagements primär die Technologie im Vordergrund stand, ist für den zweiten Ansatz der Mensch zentral.[11] Denn die unbefriedigenden Erfahrungen mit einem zu stark technologiegetriebenen Ansatz haben gezeigt, dass für den Erfolg von Wissensmanagement die Berücksichtigung des Menschen und der Unternehmenskultur entscheidend ist.[12] So lassen sich Mitarbeiter nicht einfach in Netzwerke einspannen, die auf Knopfdruck neues Wissen produzieren, weitergeben und zielgerichtet anwenden.[13] Sie sind vielmehr Teil der Unternehmenskultur, in der die individuellen und kollektiven Wertvorstellungen, Handlungsmuster und Verhaltensnormen der Mitglieder aller Hierarchieebenen, die Qualität der Zusammenarbeit sowie die Art und Weise des Führungsverhaltens einen prägenden Einfluss haben. Folglich muss diesen sozialen Interaktionsmechanismen Rechnung getragen werden, denn hier wird das kreative Wissenspotenzial der Mitarbeiter freigesetzt.[14] Mit Hilfe des Wissensmanagements sollen die kognitiven Aspekte des individuellen Wissens effizienter genutzt und das Individuum dazu bewegt werden, seinen Lernprozess zu erweitern und sein Wissen mit anderen Unternehmensmitgliedern zu teilen.[15]

---

[9] Vgl. Probst (2002), S. 25; vgl. McDermott (1999), S. 104
[10] Vgl. Osterloh/Frey (2001), S. 100
[11] Vgl. Abrams et al. (2003), S. 64
[12] Vgl. Fernie et al. (2003), S. 184
[13] Vgl. Felbert (1998), S. 122
[14] Vgl. Felbert (1998), S. 122
[15] Vgl. Hopfenbeck et al. (2001), S. 267

Integrativer Ansatz

Eine Polarisierung zwischen den beiden beschriebenen Ansätzen ist letztlich wenig hilfreich.[16] Denn eine ausschliessliche Fokussierung auf einen Ansatz vernachlässigt die Wechselwirkungen, die sich im Gesamtbild eines Unternehmens im Zusammenhang mit Wissensmanagement ergeben. Folglich gehen höher entwickelte Ansätze von einem ganzheitlichen Wissensmanagement aus, in dem Aspekte der Technik- und Humanorientierung sinnvoll miteinander verbunden werden. Eine optimale dimensionsübergreifende Ausschöpfung der Potenziale, die sich durch den effizienten Einsatz von Wissensmanagement bieten, ist allein durch einen holistischen Ansatz möglich, bei welchem der Mensch im Mittelpunkt steht.[17] Lernen und Austausch von Wissen sind soziale Aktivitäten, die nur zwischen Menschen stattfinden können.[18] Auch im Zeitalter der Informatik sind die Menschen weiterhin die wichtigsten Wissensträger in einer Unternehmung. Der grösste Teil des Wissens wird nie in Dokumenten festgehalten, sondern befindet sich in den Köpfen der Mitarbeiter.[19] Wissen entsteht aufgrund menschlicher Erfahrungen und des entsprechenden sozialen Kontextes. Daher sind die Konzentration auf den Menschen sowie die individuelle und organisationale Kultur für ein erfolgreiches Wissensmanagement entscheidend.

Ein bewusster Umgang mit Wissen erfordert einen parallel stattfindenden Wandel im Verhalten des Individuums und der Organisation, was sich mittel- und längerfristig auch in einer veränderten Kultur manifestiert.[20] Eine wissensfreundliche Unternehmenskultur bildet die Basis für alle wissensrelevanten Aktivitäten und Massnahmen in einem Unternehmen und demzufolge den kritischen Erfolgsfaktor für das Wissensmanagement. Sie hilft die Lücke zwischen Technologie

---

[16] Vgl. Swan/Scarbrough (2002), S. 12; vgl. Riedl (2002), S. 45
[17] Vgl. Bullinger et al. (2000), S. 79; vgl. Hopfenbeck et al. (2001), S. 267
[18] Vgl. Cameron (2002), S. 22; vgl. Hopfenbeck et al. (2001), S. 211
[19] Vgl. Kirschnick et al. (2003), S. 58; vgl. Hatten/Rosenthal (2002), S. 1; vgl. Hopfenbeck et al. (2001), S. 209
[20] Vgl. Ahmed et al. (2002), S. 69

und Informationen sowie deren effektiven Anwendung durch die Wissensarbeiter zum Nutzen der Unternehmung zu schliessen. Merkmale einer Wissenskultur sind Vertrauen, Zusammenarbeit, Offenheit, wahrgenommene Autonomie, Lernbereitschaft und Fürsorge.[21]

Die empirischen Befunde einer jüngeren Intensivfallstudie mit rund 22 000 befragten Personen bestätigten die These, dass zwischen einer wissensfreundlichen Unternehmenskultur und einem erfolgreichen Umgang mit Wissen ein positiver Zusammenhang besteht. Die Untersuchung – bestehend aus einer quantitativen und qualitativen Studie – fokussierte sich auf vier Geschäftsbereiche der Schweizerischen Post und verdeutlichte den überragenden Stellenwert der Wissenskultur für ein zielführendes Wissensmanagement sowie den Unternehmenserfolg. Gleichzeitig zeigte sich, dass die Entwicklung und Förderung einer Wissenskultur auf verschiedenen organisatorischen Ebenen und über längere Zeit erfolgen muss.[22]

Eine konkrete Realisierung des integrativen Ansatzes lässt sich in den neuen Social-Networking-Werkzeugen beobachten. Begonnen hat Social Networking im öffentlichen Internet mit privaten Nutzern. Bei ihnen herrscht ein zunehmendes Interesse an der Nutzung von Blogs, Wikis, Podcasting, Bilder- und Video-Austauschsystemen oder Bookmark-Sharing. Im Vordergrund stehen dabei vor allem virtuelle soziale Kontakte und mit ihnen verbundene persönliche Anerkennung.

Beim Social Networking kann die bisherige passive Informationszufuhr der Datenbanken neu mit einer aktiven Informationsbereitstellung erweitert werden. Dabei werden klassische Collaboration-Werkzeuge durch Tools aus dem Bereich des Social Networkings ergänzt. Aktuelles, individuelles Wissen mit hohem Verknüpfungsgrad führt zu digitalen Wissens-Netzwerken, in denen Mitarbeiter aktiv und gemeinsam arbeiten.[23] Diese Art der Zusammenarbeit ermöglicht ganz

---

[21] Vgl. Sollberger (2006), S. 119 ff.
[22] Vgl. Sollberger/Thom (2007), S. 25 ff.
[23] Vgl. BITKOM (2006), S. 19 ff.; vgl. Fraunhofer-Wissensmanagement Community (2005), S. 80 ff.; vgl. Knolmayer (2007), S. 255

neue Chancen und verdeutlicht die Bedeutung einer intelligenten Kombination von Mensch und Technologie.

Konklusion

Die bisherigen Erfahrungen in der Umsetzung von Wissensmanagement zeigen, dass eine ausschliessliche Fokussierung auf die Technologie oder den Menschen nicht erfolgversprechend ist. Vielmehr ist ein integrativer Ansatz zu wählen, bei welchem die Entwicklung und Förderung einer wissensfreundlichen Unternehmenskultur im Mittelpunkt steht. Neue Möglichkeiten für die Realisierung eines holistischen Ansatzes eröffnen sich in den Anwendungen des Social Networkings.

Literatur

Abrams, Lisa C./Cross, Rob/Lesser, Eric/Levin David Z. (2003) Nurturing interpersonal trust in knowledge-sharing networks. In: Academy of Management Executive, 17. Jg. 2003, Nr. 4, S. 64–77

Ahmed, Pervaiz K./Lim, Kwang Kok/Loh, Ann Y. E. (2002) Learning through Knowledge Management. Oxford u. a. 2002

BITKOM (2006) Wissensmanagement 2006-2010. Positionen und Trends, Berlin 2006

Bullinger, Hans-Jörg/Wagner, Kristina/Ohlhausen, Peter (2000) Intellektuelles Kapital als wesentlicher Bestandteil des Wissensmanagements.Wettbewerbsvorteile durch Wissensmanagement. Methodik und Anwendungen des Knowledge Managements, hrsg. v. Herbert Krallmann, Stuttgart 2000, S. 73–90

Cameron, Preston D. (2002) The cure for an ailing structure. In: CMA Management, 76. Jg. 2002, Nr. 3, S. 21–23

Felbert, Dirk v. (1998) Wissensmanagement in der unternehmerischen Praxis. In: Wissensmanagement. Erfahrungen und Perspektiven, hrsg. v. Peter Pawlowsky, Wiesbaden 1998, S. 119–141

Fernie, Scott/Green, Stuart D./Weller, Stephanie J./Newcombe, Robert (2003) Knowledge sharing: context, confusion and controversy. In: International Journal of Project Management, 21. Jg. 2003, Nr. 3, S. 177–187

Fraunhofer-Wissensmanagement Community (2005) Wissen und Information 2005. Stuttgart 2005

Fullan, Michael (2001) Leading in a culture of change. San Francisco 2001

Gartner (2004) Knox, Rita E. et al.: Hype Cycle for the Knowledge Workplace. Strategic Analysis Report. Gartner Research, o. O. 2004

Groff, Todd R./Jones, Thomas P. (2003) Introduction to Knowledge Management. KM in Business, Amsterdam u. a. 2003

Hatten, Kenneth J./Rosenthal, Stephen R. (2002) Knowledge Management: Creating a knowing culture. In: Ivey Business Journal, 67. Jg. 2002, Nr. 1, S. 1–5

Hopfenbeck, Waldemar/Müller, Manuela/Peisl, Thomas (2001) Wissensbasiertes Management. Ansätze und Strategien zur Unternehmensführung in der Internet-Ökonomie, Landberg/Lech 2001

Kirschnick, Frank/Gustafson, Grant/Odenthal, Stefan (2003) Knowledge Management – Are you Inspiring Innovation? In: Prism – Innovation at work, Arthur D. Little, 13. Jg. 2003, Nr. 2, S. 57–71

Knolmayer, Gerhard F. (2007) E-Scheduling. In: Encyclopedia of E-Collaboration, hrsg v. Ned Knock, Hershey/New York: Information Science Reference 2007, S. 253–258

KPMG (2001) Knowledge Management im Kontext von eBusiness. 2001 – eine Studie von KPMG Consulting, o. O. 2001

Krauter, Markus/Kreitmeier, Ingrid (2002) Auf der Suche nach dem Weg zum wissenden Unternehmen. In: Wissensmanagement. Zwischen Wissen und Nichtwissen, hrsg. v. Georg Götz, 4. Aufl., Stuttgart 2002, S. 71–81

Lengnick-Hall, Mark L./Lengnick-Hall, Cynthia A. (2003) Human Resource Management in the Knowledge Economy. San Francisco 2003

McDermott, Richard (1999) Why Information Technology Inspired But Cannot Deliver Knowledge Management. In: California Management Review, 41. Jg. 1999, Nr. 4, S. 103–117

Osterloh, Margit/Frey, Bruno S. (2001) Wissensmanagement und Unternehmenskultur. In: Unternehmenskultur und Strategie, hrsg. v. Hermann Simon, Frankfurt am Main 2001, S. 99–100

Osterloh, Margit/Frost, Jetta (2000) Motivation und Wissen als strategische Ressource. In: Managing Motivation. Wie Sie die neue Motivationsforschung für Ihr Unternehmen nutzen können, hrsg. v. Bruno S. Frey/Margit Osterloh, Wiesbaden 2000, S. 43–68

Probst, Gilbert (2002) Knowledge-Management. Erfolgsfaktor Wissen. In: Manager Bilanz, o. Jg. 2002, Nr. 4, S. 25

Riedl, Reinhard (2002) Some Critical Remarks in Favour of IT-Based Knowledge Management. In: Upgrade, 3. Jg. 2002, Nr. 1, S. 45–50

Schweiker, Ulrich (2002) Vom naiven Umgang mit Wissen zum gezielten Umgang mit Wissen. In: Wissensmanagement für die Praxis, hrsg. v. Peter Pawlowsky/Rüdiger Reinhardt, Luchterhand 2002, S. 367–392

Sollberger, Bettina Anne (2006) Wissenskultur. Erfolgsfaktor für ein ganzheitliches Wissensmanagement, Bern u. a. 2006

Sollberger, Bettina Anne/Thom, Norbert (2007) Wissenskultur – ein wesentlicher Faktor für den Unternehmenserfolg. In: Die Volkswirtschaft – Das Magazin für Wirtschaftspolitik, 80. Jg. 2007, Heft 1/2, S. 24–27

Swan, Jacky/Scarbrough, Harry (2002) The Paradox of „Knowledge Management". In: Upgrade, 3. Jg. 2002, Nr. 1, S. 11–14

Thom, Norbert (2003) Viele Barrieren bis zur Wissensgesellschaft. Gastkommentar. In: Basler Zeitung, 161. Jg. 2003, Nr. 167, 21. Juli 2003, S. 11

Ausgewählte Publikationen von Gerhard F. Knolmayer

Bücher

Knolmayer, G.F., Mertens, P., Zeier, A., Dickersbach, J.T.: Supply Chain Management Based on SAP Systems: Architecture and Processes. Berlin et al.: Springer 2008 (im Druck).

Knolmayer, G., Mertens, P., Zeier, A., Wang, T.: Gong ying lian guan li yu SAP xi tong shi xian (Supply Chain Management Based on SAP Systems). Beijing Shi: China Machine Press 2003 (in Chinesisch).

Knolmayer, G., Mertens, P., Zeier, A.: Supply Chain Management Based on SAP Systems: Order Management in Manufacturing Companies. Berlin et al.: Springer 2002.

Knolmayer, G., Mertens, P., Zeier, A.: Supply Chain Management auf der Basis von SAP-Systemen. Berlin et al.: Springer 2000.

Knolmayer, G., Mittermayer, M.-A.: Quick Guide to Outsourcing: Entscheidungshilfe und Wegleitung bei Outsourcing-Projekten. Zürich: ASC 2000.

Mertens, P., Knolmayer, G.: Organisation der Informationsverarbeitung, Grundlagen - Aufbau - Arbeitsteilung, 3. Aufl., Wiesbaden: Gabler 1998.

Mertens, P., Knolmayer, G.: Organisation der Informationsverarbeitung, Grundlagen - Aufbau - Arbeitsteilung, 2. Aufl., Wiesbaden: Gabler 1995.

Knolmayer, G.: Programmierungsmodelle für die Produktionsprogrammplanung. Ein Beitrag zur Methodologie der Modellkonstruktion. Basel-Boston-Stuttgart: Birkhäuser 1980.

Loitlsberger, E., Rückle, D., Knolmayer, G.: Hochschulplanungsrechnung, Aktivitätenplanung und Kostenrechnung an Hochschulen. Wien-New York: Springer 1973.

Beiträge in Tagungsbänden und Herausgeberwerken

Willi, F.S., Knolmayer, G.F.: The Effects of Outsourcing Announcements on Market Values of Swiss Firms: An Event Study. To appear in: Hirschheim, R., Heinzl, A., Dibbern, J., Winkler, J. (Hrsg.): Information Systems Outsourcing (im Druck).

Knolmayer, G.F.: e-Scheduling. In: Kock, N. (Hrsg.): Encyclopedia of E-Collaboration. Hershey-New York: Information Science Reference 2008, S. 253-258.

Knolmayer, G.F., Schmidt, R.S., Rihs, S.D.: Teaching Supply Chain Dynamics Beyond the Beer Game. In: Proceedings of the 5th International Conference on Supply Chain Management and Information Systems Conference (SCMIS), Melbourne 2007.

Knolmayer, G.F.: Sourcing-Entscheidungen aus den Perspektiven des Produktions- und des Informationsmanagements. In: Specht, D. (Hrsg.): Insourcing, Outsourcing, Offshoring. Wiesbaden: Deutscher Universitäts-Verlag 2007, S. 1-30.

Knolmayer, G.F., Disterer, G.W.: Anforderungsgerechte Dokumentation der Email-Kommunikation: Rechtliche Vorschriften, technische Lösungen und betriebliche Regelungsbedarfe. In: Kirsch, H.-J., Thiele, S. (Hrsg.): Rechnungslegung und Wirtschaftsprüfung. Düsseldorf: Institut der Wirtschaftsprüfer 2007, S. 867-903.

Mittermayer, M.-A., Knolmayer, G.F.: Text Mining Systems for Predicting Market Response to News. In: Abraham, A.P. (Hrsg.): Proceedings of the IADIS European Conference Data Mining 2007, Lisbon 2007, S. 164-169.

Mittermayer, M.-A., Knolmayer, G.F.: NewsCATS: A News Categorization And Trading System. In: Clifton, C.W., Zhong, N., Liu, J., Wah, B.W., Wu, X. (Hrsg.): Proceedings of the Sixth IEEE International Conference on Data Mining, Hong Kong: IEEE Computer Society 2006, S. 1002-1007.

Knolmayer, G.F., Röthlin, M.: Quality of Material Master Data and Its Effect on the Usefulness of Distributed ERP Systems. In: Roddick, J.F. et al. (Hrsg.): Advances in Conceptual Modeling - Theory and Practice. Berlin-Heidelberg: Springer 2006, S. 362-371.

Knolmayer, G.F., Wermelinger, T.: Der Sarbanes-Oxley Act und seine Auswirkungen auf die Gestaltung von Informationssystemen. In: Siegel, T., Klein, A., Schneider, D., Schwintowski, H.-P. (Hrsg.): Unternehmungen, Versicherungen und Rechnungswesen. Berlin: Duncker & Humblot 2006, S. 513-536.

Schmidt, R., Knolmayer, G.F.: Simulationsstudien zu Information Sharing und Vendor Managed Inventory: Ein Vergleich. In: Wenzel, S. (Hrsg.): Simulation in Produktion und Logistik. San Diego-Erlangen: SCS Publishing House 2006, S. 93-102.

Knolmayer, G.F., Loosli, G.: IT Governance. In: Zaugg, R.J. (Hrsg.): Handbuch Kompetenzmanagement. Durch Kompetenz nachhaltig Werte schaffen. Bern-Stuttgart-Wien: Haupt 2006, S. 449-457.

Knolmayer, G.: Outsourcing und Managed Services. In: Ferstl, O.K., Sinz, E.J., Ekert, S., Isselhorst, T. (Hrsg.): Wirtschaftsinformatik 2005. Heidelberg: Physica 2005, S. 407-408.

Knolmayer, G.F., Montandon, C.: Virtuelle Lernangebote in der Logistik. In: Wolf-Kluthausen, H. (Hrsg.): Jahrbuch Logistik 2005. Korschenbroich: free beratung 2005, S. 291-294.

Knolmayer, G.: Endzeitstimmungen in einer hochtechnisierten Gesellschaft: Das Jahr 2000-Problem, seine Wahrnehmung und mögliche Konsequenzen. In: Moser, R., Zwahlen, S.M. (Hrsg.): Endzeiten – Wendezeiten. Bern et al.: Peter Lang 2004, S. 13-26.

Knolmayer, G.F.: Customizing Online Courses with Respect to Socio-Cultural Issues, Proceedings of the International Conference on Open and Online Learning (ICOOL), Reduit 2003 http://icool.uom.ac.mu/2003/papers/file/knolmayer.pdf

Knolmayer, G., Montandon, C.: Eignung multimedialer Lern-Objekte zur Erreichung der in Blooms Taxonomie unterschiedenen Lernziele. In: Uhr, W., Esswein, W., Schoop, E. (Hrsg.): Wirtschaftsinformatik 2003, Band 1. Heidelberg: Physica 2003, S. 819-838.

Knolmayer, G.: Object-Based Customization of Learning Content: Potential and Pitfalls. In: Jutz, C., Flückiger, F., Wäfler, K. (Hrsg.): Proceedings of the 5th International Conference on New Education Environments (ICNEE '05). Berne: net4net 2003, S. 145-150.

Knolmayer, G.: Decision Support Models for Composing and Navigating through e-Learning Objects. In: Sprague, R.H. (Hrsg.): Proceedings of the 36th Annual Hawaii International Conference on Systems Sciences. Los Alamitos et al.: IEEE 2003 http://csdl2.computer.org/comp/proceedings/hicss/2003/1874/01/187410031c.pdf

Brücher, H., Knolmayer, G., Mittermayer, M.-A.: Document Classification Methods for Organizing Explicit Knowledge. In: ALBA (Hrsg.): Proceedings of the Third European Conference on Organizational Knowledge, Learning, and Capabilities 2002, Athens 2002.

Knolmayer, G.: Cybermediaries Supporting the Management of Independent Workers: A Case Study of Extended Outsourcing Relationships. In: Hirschheim, R., Heinzl, A., Dibbern, J. (Hrsg.): Information Systems Outsourcing: Enduring Themes, Emergent Patterns and Future Directions. Berlin et al.: Springer 2002, S. 432-447.

Knolmayer, G.: Electronic Banking: Nutzen und Kosten. In: Wiegand, W. (Hrsg.): E-Banking - Rechtliche Grundlagen. Bern: Stämpfli 2002, S. 1-21.

Knolmayer, G.: On the Economics of Mass Customization. In: Rautenstrauch, C., Seelmann-Eggebert, R., Turowski, K. (Hrsg.): Moving into Mass Customization. Berlin et al.: Springer 2002, S. 3-17.

Myrach, T., Knolmayer, G.: Modularity and Integrity Issues in Instructional Engineering. In: NAISO (Hrsg.): Proceedings of the World Congress on Networking Learning in a Global Environment; Challenges and Solutions for Virtual Education. Millet: NAISO 2002.

Knolmayer, G.: Advanced Planning and Scheduling Systems: Optimierungsmethoden als Entscheidungskriterium für die Beschaffung von Software-Paketen? In: Wagner, U. (Hrsg.): Zum Erkenntnisstand der Betriebswirtschaftslehre am Beginn des 21. Jahrhunderts. Berlin: Duncker & Humblot 2001, S. 135-155.

Knolmayer, G.F.: On the Optimal Extent of Mass Customization. In: Debaaly, M.F. (Hrsg.): Proceedings of the International NAISO Congress on Information Science Innovations. Sliedrecht-Millet: ICSC Academic Press 2001, S. 122-128.

Knolmayer, G.: Produktionsplanungs- und -steuerungssysteme (PPS-Systeme). In: Mertens, P. et al. (Hrsg.): Lexikon der Wirtschaftsinformatik, 4. Aufl., Berlin et al.: Springer 2001, S. 379-380.

Knolmayer, G., Myrach, T.: Concepts of Bitemporal Database Theory and the Evolution of Web-Documents. In: Sprague, R.H. (Hrsg.): Proceedings of the 34th Hawaii International Conference on System Sciences (HICSS-34). Los Alamitos et al.: IEEE Computer Society 2001 http://csdl2.computer.org/comp/proceedings/hicss/2001/0981/07/09817059.pdf

Knolmayer, G., Meyer, M.: Auswirkungen von Intranets und Workflow-Management auf die Unternehmensführung. In: Altenburger, O.A., Janschek, O., Müller, H. (Hrsg.): Fortschritte im Rechnungswesen, Vorschläge für Weiterentwicklung im Dienste der Unternehmens- und Konzernsteuerung durch Unternehmensorgane und Eigentümer, 2. Aufl., Wiesbaden: Gabler 2000, S. 355-381.

Knolmayer, G.: Die Diffusion von Innovationen am Beispiel der Online-Veröffentlichung von Dissertationen. In: Häflinger, G.E., Meier, J.D. (Hrsg.): Aktuelle Tendenzen im Innovationsmanagement. Heidelberg: Physica 2000, S. 329-351.

Knolmayer, G., Endl, R., Pfahrer, M.: Modeling Processes and Workflows by Business Rules. In: Van der Aalst, W.M.P., Desel, J., Oberweis, A. (Hrsg.): Business Process Management. Berlin et al.: Springer 2000, S. 16-29.

Knolmayer, G.F.: Besitzt das Jahr 2000-Problem Konsequenzen für Rechnungslegung und Prüfung? In: Baetge, J. (Hrsg.): Euro-Umstellung und Jahr 2000-Problem. Düsseldorf: IDW-Verlag 1999, S. 105-166.

Knolmayer, G., Meyer, M.: Auswirkungen von Intranets und Workflow-Management auf die Unternehmensführung. In: Altenburger, O.A., Janschek, O., Müller, H. (Hrsg.): Fortschritte im Rechnungswesen, Vorschläge für Weiterentwicklung im Dienste der Unternehmens- und Konzernsteuerung durch Unternehmensorgane und Eigentümer. Wiesbaden: Gabler 1999, S. 355-381.

Vitale, M., Light, B., Knolmayer, G., Mooney, J.G.: Approaches to using the Year 2000 problem in information systems courses (panel session). In: DeGross, J.I., Hirschheim, R., Newman, M. (Hrsg.): Proceedings of the Nineteenth International Conference on Information Systems (ICIS) 1998, New York: ACM 1998, S. 414 http://aisel.isworld.org/Publications/ICIS/1998/panel05.pdf

Knolmayer, G.: Business Rules Layers Between Process and Workflow Modeling: An Object-Oriented Perspective. In: Demeyer, S., Bosch, J. (Hrsg.): Object-Oriented Technology. Berlin et al.: Springer 1998, S. 205-207.

Knolmayer, G.: Business Rules Layers Between Process and Workflow Modeling. In: Desel, J., Oberweis, A., Reisig, W., Rozenberg, G. (Hrsg.): Dagstuhl-Seminar-Report No. 217 (1998), S. 25.

Knolmayer, G.: A Hierarchical Planning Procedure Supporting the Selection of Service Providers in Outtasking Decisions. In: Krallmann, H. (Hrsg.): Wirtschaftsinformatik'97 - Internationale Geschäftstätigkeit auf der Basis flexibler Organisationsstrukturen und leistungsfähiger Informationssysteme. Heidelberg: Physica 1997, S. 99-119.

Knolmayer, G.: Produktionsplanungs- und -steuerungssysteme (PPS-Systeme). In: Mertens, P. et al. (Hrsg.): Lexikon der Wirtschaftsinformatik, 3. Aufl., Berlin et al.: Springer 1997, S. 323-324.

Knolmayer, G., Buchberger, T.: Maintaining temporal integrity of World Wide Web pages. In: Jajodia, S., List, W., McGregor, G., Strous, L. (Hrsg.): Integrity and Internal Control in Information Systems, Vol. 1: Increasing the confidence in information systems. London et al.: Chapman & Hall 1997, S. 43-63.

Knolmayer, G., Myrach, T.: Zur Berücksichtigung fehlerhafter Daten durch historisierende Datenhaltung. In: Hömberg, R., Fischer, T.R. (Hrsg.): Rechnungslegung und Prüfung; Probleme, Perspektiven, internationale Einflüsse. Düsseldorf: Institut der Wirtschaftsprüfer 1997, S. 863-905.

Knolmayer, G., Spahni, D.: Determining Work Units in Year 2000 Maintenance Projects. In: Oberweis, A., Sneed, H. (Hrsg.): Software-Management '97. Stuttgart-Leipzig: Teubner 1997, S. 11-32.

Knolmayer, G.: Auftragsbearbeitung. In: Kern, W., Schröder, H.-H., Weber, J. (Hrsg.): Handwörterbuch der Produktionswirtschaft, 2. Aufl., Stuttgart: Schäffer-Poeschel 1996, S. 183-194.

Knolmayer, G., Schlesinger, M.: Geschäftsregeln und ihre Abbildbarkeit in Oracle 7. In: Rautenstrauch, C. (Hrsg.): Datenbank-Management - Aktuelles Nachschlagwerk der systemunabhängigen Datenbankpraxis, Augsburg: Interest Verlag 1996, S. 89-120.

Myrach, T., Knolmayer, G.F., Barnert, R.: On Ensuring Keys and Referential Integrity in the Temporal Database Language TSQL2. In: Haav, H.-M., Thalheim, B. (Hrsg.): Databases and Information Systems, Proceedings of the Second International Baltic Workshop, Volume 1: Research Track. Tallinn: 1996, S. 171-181.

Gerber, J.-P., Knolmayer, G.: Experiences with applying a genetic algorithm to determine an Information Systems Architecture. In: IFIP (Hrsg.): Proceedings of the 17th IFIP TC7 Conference on System Modelling and Optimization, Prague 1995.

Knolmayer, G.: Co-Sourcing: Kooperative Lösungen bei der Erbringung von Informatik-Leistungen. In: Berchtold, D., Hess, J. (Hrsg.): Informatique: Rightsizing, Outsourcing. Bern: Schweiz. Gesellschaft für Verwaltungswissenschaften 1995, S. 157-175.

Knolmayer, G.: Outsourcing. In: Zilahi-Szabo, M.G. (Hrsg.): Kleines Lexikon der Informatik. Wien-München: Oldenbourg 1995, S. 416-418.

Knolmayer, G., Jaccottet, B.: Downsizing. In: Zilahi-Szabo, M.G. (Hrsg.): Kleines Lexikon der Informatik. Wien-München: Oldenbourg 1995, S. 174-177.

Knolmayer, G.: The Application of Mixed Integer Programming to the "Business System Planning" Model. In: Dyckhoff, H. et al. (Hrsg.): Operations Research Proceedings 1993. Berlin et al.: Springer 1994, S. 457-463.

Herbst, H., Knolmayer, G., Myrach, T., Schlesinger, M.: The specification of business rules: a comparison of selected methodologies. In: Verrijn-Stuart, A.A., Olle, T.W. (Hrsg.): Methods and Associated Tools for the Information Systems Life Cycle, Proceedings of the IFIP WG8.1 Working Conference. Amsterdam et al.: Elsevier 1994, S. 29-46.

Knolmayer, G., Herbst, H., Schlesinger, M.: Enforcing Business Rules by the Application of Trigger Concepts. In: Swiss National Science Foundation (Hrsg.): Proceedings Priority Programme Informatics Research, Information Conference Module 1. Bern 1994, S. 24-30.

Knolmayer, G.: Modelle zur Unterstützung von Outsourcing-Entscheidungen. In: Kurbel, K. (Hrsg.): Wirtschaftsinformatik '93, Innovative Anwendungen, Technologie, Integration. Heidelberg: Physica 1993, S. 70-83.

Knolmayer, G.: Betriebswirtschaftliche Anwendungs-Software. In: Wittmann, W. et al. (Hrsg.): Handwörterbuch der Betriebswirtschaft, 5. Aufl., Stuttgart: Schäffer-Poeschel 1993, S. 97-105.

Knolmayer, G., Lemke, F.: Auswirkungen von Losgrößenreduktionen auf die Erreichung produktionswirtschaftlicher Ziele. In: Albach, H. (Hrsg.): Industrielles Management. Wiesbaden: Gabler 1993, S. 178-197.

Knolmayer, G., Spahni, D.: Darstellung und Vergleich ausgewählter Methoden zur Bestimmung von IS-Architekturen. In: Reichel, H. (Hrsg.): Informatik - Wirtschaft - Gesellschaft, 23. GI-Jahrestagung. Berlin et al.: Springer 1993, S. 99-104.

Knolmayer, G.: Minimale Losgrößen – maximale Wirtschaftlichkeit? In: Mertens, P., Wiendahl, H.-P., Wildemann, H. (Hrsg.): PPS im Wandel. München: gfmt 1992, S. 313-351.

Knolmayer, G., Klöber, M.: Heuristics for Determining a Minimal Set of Informative Nodes in the Optimum Degeneracy Graph. In: Feichtinger, G. et al. (Hrsg.): Operations Research Proceedings 1990. Berlin et al.: Springer 1992, S. 87-94.

Knolmayer, G.: A Widely Acclaimed Method of Load-Oriented Job Release and Its Conceptual Deficiencies. In: Fandel, G., Zäpfel, G. (Hrsg.): Modern Production Concepts. Berlin et al.: Springer 1991, S. 219-236.

Knolmayer, G.: BORA aus Sicht der Logistik. In: Bonny, C. (Hrsg.): Jahrbuch der Logistik 1991. Düsseldorf: Verlagsgruppe Handelsblatt 1991, S. 182-186.

Knolmayer, G.: Die Auslagerung von Servicefunktionen als Strategie des IS-Managements. In: Heinrich, L.J. et al. (Hrsg.): Die Informationswirtschaft im Unternehmen. Linz et al.: Trauner Verlag 1991, S. 323-341.

Knolmayer, G.: Error Handling in Temporal Databases. In: Spaccapietra, S. (Hrsg.): Proceedings of the Database Research in Switzerland Conference. Lausanne 1991, S. 212-227.

Knolmayer, G., Bötzel, S., Disterer, G.: Zeitbezogene Daten in betrieblichen Informationssystemen - Ein Vergleich ausgewählter Datenmodelle an einem Beispiel der Finanzplanung. In: Rückle, D. (Hrsg.): Aktuelle Fragen der Finanzwirtschaft und der Unternehmensbesteuerung. Wien: Linde 1991, S. 287-319.

Knolmayer, G.: Produktionsplanungs- und -steuerungssysteme (PPS-Systeme). In: Mertens, P. et al. (Hrsg.): Lexikon der Wirtschaftsinformatik, 2. Aufl., Berlin et al.: Springer 1990, S. 341-343.

Knolmayer, G.: Stand und Entwicklungstendenzen der computergestützten Produktionsplanung und -steuerung. In: Kurbel, K., Strunz, H. (Hrsg.): Handbuch Wirtschaftsinformatik. Stuttgart: Poeschel 1990, S. 69-87.

Knolmayer, G., Stuhr, K.-P.: Bounds on the Aggregation Error in Case of Primal Degeneracy. In: Kistner, K.-P. et al. (Hrsg.): Operations Research Proceedings 1989. Berlin et al.: Springer 1990, S. 513-520.

Knolmayer, G.: Potentialplanung. In: Marcharzina, K., Welge, M.K. (Hrsg.): Handwörterbuch Export und Internationale Unternehmung. Stuttgart: Poeschel 1989, S. 1672-1682.

Knolmayer, G.: Zur Berücksichtigung des Zeitbezugs von Daten bei der Gestaltung computergestützter Informationssysteme. In: Hax, H., Kern, W., Schröder, H.-H. (Hrsg.): Zeitaspekte in betriebswirtschaftlicher Theorie und Praxis. Stuttgart: Poeschel 1989, S. 77-88.

Knolmayer, G.: Aufgaben und Aufgabenwandel im Information Center. In: Janko, W. (Hrsg.): Statistik, Informatik und Ökonomie. Berlin et al.: Springer 1988, S. 136-163.

Knolmayer, G., Disterer, G.: User Developed Applications: State of the Art in German Companies. In: Bullinger, H.-J. et al. (Hrsg.): EURINFO'88. Amsterdam et al.: North-Holland 1988, S. 124-129.

Knolmayer, G.: Materialflußorientierung statt Materialbestandsoptimierung: Ein Paradigmawechsel in der Theorie des Produktions-Managements? In: Baetge, J., Rühle von Lilienstern, H., Schäfer, H. (Hrsg.): Logistik - eine Aufgabe der Unternehmenspolitik. Berlin: Duncker & Humblot 1987, S. 53-77.

Knolmayer, G.: Produktionsplanungs- und -steuerungssysteme (PPS-Systeme). In: Mertens, P. et al. (Hrsg.): Lexikon der Wirtschaftsinformatik. Berlin et al.: Springer 1987, S. 265-267.

Knolmayer, G.: Spreadsheet-orientierte Matrixgeneratoren. In: Isermann, H. et al. (Hrsg.): Operations Research Proceedings 1986. Berlin et al.: Springer 1987, S. 634-641.

Knolmayer, G.: The Performance of Lot Sizing Heuristics in the Case of Sparse Demand Patterns. In: Kusiak, A. (Hrsg.): Modern Production Management Systems. Amsterdam et al: North-Holland 1987, S. 265-280.

Knolmayer, G.: Computing a Tight a Posteriori Bound for Column Aggregated Linear Programs. In: Beckmann, M.J. et al. (Hrsg.): Methods of Operations Research 53. Königstein: Hain 1986, S. 103-114.

Knolmayer, G., Küstermann, U., Kordt, R.: Der PC in der Produktionswirtschaft: Lotus 1-2-3 als Matrixgenerator; MIPPS; Simulation von Kanban-Systemen. In: IBM (Hrsg.): IBM Kongress'86, Dokumentation der Beiträge, Band 2. Stuttgart: IBM 1986, 64a-64c.

Knolmayer, G.: Auswahlkriterien für Arbeitsplatzrechner. In: Ederleh, J., Förster, H. (Hrsg.): Datenverarbeitung in der Hochschulverwaltung. Hannover: Hochschul-Informations-System GmbH 1985, S. 369-401.

Knolmayer, G.: Ein Vergleich von 30 "praxisnahen" Lagerhaltungsheuristiken. In: Ohse, D. et al. (Hrsg.): Operations Research Proceedings 1984. Berlin et al.: Springer 1985, S. 223-230.

Knolmayer, G.: Das Konzept der "Factory of the Future": Chancen oder Gefahren für mittelständische Unternehmen? In: Albach, H., Held, P. (Hrsg.): Betriebswirtschaftslehre mittelständischer Unternehmen. Stuttgart: Poeschel 1984, S. 197-207.

Knolmayer, G.: Effects of transformations in computing bounds for simplified linear programs. In: Henn, R. et al. (Hrsg.): Methods of Operations Research 51. Königstein: Athenäum/Hain/Hanstein 1984, S. 35-46.

Knolmayer, G.: Möglichkeiten und Grenzen des Methodenvergleichs durch Meta-Simulation. In: Breitenecker, F., Kleinert, W. (Hrsg.): Simulationstechnik, Informatik-Fachbericht Nr. 85. Berlin et al.: Springer 1984, S. 289-293.

Knolmayer, G.: An Algorithm for Decision Oriented Factor and Process Evaluation and its Implementation. In: Bühler, W. et al. (Hrsg.): Operations Research Proceedings 1982. Berlin et al.: Springer 1983, S. 381-387.

Knolmayer, G., Scheidegger, T.P.: Ein Online-Abrechnungs- und Planungssystem in einem Unternehmen der chemischen Industrie. In: Stahlknecht, P. (Hrsg.): EDV-Systeme im Finanz- und Rechnungswesen. Berlin et al.: Springer 1982, S. 195-197.

Knolmayer, G.: Der experimentelle Vergleich von Planungssystemen. In: Heinrich, L.J.: Der Computer als Werkzeug sozial- und wirtschaftswissenschaftlicher Forschung, Linz 1981.

Knolmayer, G.: Computational experiments in the formulation of large-scale linear programs. In: Dantzig, G.B., Dempster, M.A.H., Kallio, M. (Hrsg.): Large-Scale Linear Programming, Proceedings of a IIASA Workshop 1980, Vol. 2, Laxenburg: International Institute for Applied Systems Analysis, S. 865-887.

Knolmayer, G.: Die Beurteilung von Leistungen des dispositiven Faktors durch Prüfungen höherer Ordnung. In: Seicht, G. (Hrsg.): Management und Kontrolle. Berlin: Duncker & Humblot 1981, S. 365-390.

Knolmayer, G.: Begutachtungs- und Beratungsverfahren. In: Lechner, K. (Hrsg.): Treuhandwesen, Prüfung - Begutachtung - Beratung. Wien: Linde 1978, S. 863-880.

Knolmayer, G.: Das Tübinger und das Wiener Modell der Hochschulkostenrechnung - Eine Gegenüberstellung. In: Schweitzer, M., Plötzeneder, H.D. (Hrsg.): Führungssysteme an Universitäten. Stuttgart et al.: Science Research Associates 1977, S. 205-212.

Knolmayer, G.: Die lenkungspreisorientierte dezentrale Vorauswahl von Aktivitäten aus der Sicht des betrieblichen Vorschlagwesens. In: Reber, G. (Hrsg.): Personal- und Sozialorientierung der Betriebswirtschaftslehre, Band 2: Vorträge der Arbeitsgruppen Steuern/Unternehmungsrechnung. Stuttgart: Poeschel 1977, S. 27-49.

Beiträge in wissenschaftlichen Zeitschriften

Asprion, P., Knolmayer, G.: GRC Software: Einsatzmöglichkeiten und Auswirkungen auf die Wirtschaftsprüfung. In: ERP Management 4 (2008) 2 (to appear).

Knolmayer, G.F.: Compliance-Nachweise bei Outsourcing von IT-Aufgaben. In: Wirtschaftsinformatik 49 (2007), Special Issue, S. 98-106.

Fetscherin, M., Knolmayer, G.: Business Models for Content Delivery: An Empirical Analysis of the Newspaper and Magazine Industry. In: The International Journal on Media Management 6 (2004) 1/2, S. 4-11.

Knolmayer, G.: E-Learning Objects. In: Wirtschaftsinformatik 46 (2004) 3, S. 222-224.

Knolmayer, G., Montandon, C., Schmidt, R.: Interaktive Lernobjekte zur Logistik. In: Wirtschaftsinformatik 46 (2004) 2, S. 139-151.

Knolmayer, G., Klaus, O., Scherngell, L.: Elektronische Marktplätze und Supply Chain Management: Antagonistische oder synergetische Konzepte? In: Information Management & Consulting 18 (2003) 4, S. 59-65.

Knolmayer, G., Mittermayer, M.-A.: Outsourcing, ASP und Managed Services. In: Wirtschaftsinformatik 45 (2003) 6, S. 621-634.

Knolmayer, G., Heinzl, A., Hirschheim, R.: Outsourcing der Informationsverarbeitung: Aktuelle Entwicklungen, neue Ergebnisse (Editorial). In: Wirtschaftsinformatik 45 (2003) 2, S. 105-106.

Wägli, D., Knolmayer, G.: PBroker und ConTracker: Web-gestützte Plattformen für das Management von Freelancern und das Vertragsmanagement. In: Wirtschaftsinformatik 45 (2003) 2, S. 213-222.

Knolmayer, G.: Application Service Providing (ASP). In: Wirtschaftsinformatik 42 (2000) 5, S. 443-446.

Knolmayer, G., Walser, K.: Informationen zum Supply Chain Management im Internet. In: Wirtschaftsinformatik 42 (2000) 4, S. 359-370.

Knolmayer, G., Myrach, T.: Die Abbildung unterschiedlicher Zeitdimensionen von Web-Dokumenten durch Meta-Daten. In: Rundbrief der GI-Fachgruppe 5.10 Informationssystem-Architekturen 7 (2000) 1, S. 283-290.

Knolmayer, G., Myrach, T.: Y2K: Much ado about nothing? In: Informatik-Spektrum 23 (2000) 2, S. 131-137.

Knolmayer, G.: CIY2K: Das Jahr 2000-Problem in integrierten Produktionssystemen. In: Industrie Management 15 (1999) 2, S. 9-11.

Knolmayer, G.: Kontinuitätsplanung für den Datensprung 1999/2000. In: Rundbrief der GI-Fachgruppe 5.10 Informationssystem-Architekturen, 6 (1999) 2, S. 11-18.

Knolmayer, G., Mittermayer, M.-A.: Tests einiger im Umfeld der Jahr 2000-Diskussion vertretener Hypothesen. In: Wirtschaftsinformatik 41 (1999) 2, S. 145-152.

Althaus, G.-A., Knolmayer, G.: Die SAP AG im Spiegel der Berichterstattung der Computerwoche. In: Wirtschaftsinformatik 40 (1998) 6, S. 541-544.

Knolmayer, G., Klaus, O.: Neue Bücher zum Jahr 2000-Problem. In: Wirtschaftsinformatik 40 (1998) 6, S. 550-559.

Knolmayer, G.: INT²IME: Ein Java-Applet für die Integritätssicherung zeitbezogener Daten am World Wide Web. In: Informationssystem-Architekturen, Rundbrief des GI-Fachausschusses 5.2, 5 (1998) 1, S. 62-65.

Knolmayer, G.: Neuere Entwicklungen bei der Lösung des "Jahr 2000"-Problems. In: Informationssystem-Architekturen, Rundbrief des Fachausschusses 5.2, 5 (1998) 1, S. 82-85.

Knolmayer, G., Möller, H.-P.: Die Umstellung auf den EURO und das Jahr 2000-Problem: Ein Vergleich zweier großer Wartungsprojekte. In: Information Management & Consulting 12 (1998) 2, S. 43-63.

Knolmayer, G., Leuenberger, B.: CD-ROMs: Eine sinnvolle Ergänzung zum World-Wide-Web? In: Wirtschaftsinformatik 39 (1997) 5, S. 507-510.

Fisler, D., Knolmayer, G.: Erste Buchveröffentlichungen zur Lösung des Jahr 2000-Problems. In: Wirtschaftsinformatik 39 (1997) 4, S. 418-426.

Knolmayer, G.: Das Jahr 2000-Problem im Internet. In: Wirtschaftsinformatik 39 (1997) 1, S. 73-76.

Knolmayer, G.: Das Jahr 2000-Problem: Medien-Spektakel oder Gefährdung der Funktionsfähigkeit des Wirtschaftssystems? In: Wirtschaftsinformatik 39 (1997) 1, S. 7-18.

Fischer, J., Grauer, M., Knolmayer, G.: Das Jahr 2000-Problem und andere Aspekte zeitorientierter IS (Editorial). In: Wirtschaftsinformatik 39 (1997) 1, S. 5-6

Knolmayer, G.: Erfahrungen mit und Wirtschaftlichkeit von Anwendervereinigungen bei Lösung des Jahr 2000-Problems. In: DV-Management 7 (1997) 3, S. 121-126.

Knolmayer, G.: User Groups zur Lösung des Jahr 2000-Problems. In: Informatik/Informatique 4 (1997) 6, S. 11-17.

Knolmayer, G., Gerber, J.-P.: Experiences with applying a genetic algorithm to determine an information systems architecture. In: OR Spektrum 19 (1997) 1, S. 47-53.

Knolmayer, G.: Benutzersupport: Eine Kernkompetenz des IV-Bereichs? In: Handbuch der modernen Datenverarbeitung, Theorie und Praxis der Wirtschaftsinformatik 33 (1996) 189, S. 7-24.

Gerber, J.-P., Knolmayer, G.: Informationsbeschaffung zu Softwareprodukten aus Newsgruppen und Mailing-Listen am Beispiel von SAP R/3. In: Wirtschaftsinformatik 38 (1996) 6, S. 633-638.

Herbst, H., Knolmayer, G.: Petrinets as Derived Process Representations in the BROCOM-Approach. In: Wirtschaftsinformatik 38 (1996) 4, S. 391-398.

Knolmayer, G.: Informationsbeschaffung zu SAP-Produkten und deren Umfeld auf dem Internet: Informationen von Anwendern, Online-Zeitschriften und Informations-Diensten. In: Wirtschaftsinformatik 38 (1996) 2, S. 230-233.

Knolmayer, G.: SAP-Produkte und deren Umfeld im Internet, Wer bietet was? In: Wirtschaftsinformatik 38 (1996) 1, S. 87-93.

Knolmayer, G., Myrach, T.: Zur Abbildung zeitbezogener Daten in betrieblichen Informationssystemen. In: Wirtschaftsinformatik 38 (1996) 1, S. 63-74.

Knolmayer, G.: Das Jahr 2000: Eine Herausforderung für das IS-Management. In: Informationssystem-Architekturen, Rundbrief des GI-Fachausschusses 5.2, 3 (1996) 1, S. 6-8.

Knolmayer, G., Schlesinger, M.: Die Transformierbarkeit von Applikationstriggern in Datenbanktrigger am Beispiel der Oracle-Entwicklungsumgebung und des BALICO-Systems, Arbeitsbericht Nr. 49, Institut für Wirtschaftsinformatik, Bern 1995, Kurzfassung in: Wirtschaftsinformatik 37 (1995) 4, S. 407.

Herbst, H., Knolmayer, G.: Ansätze zur Klassifikation von Geschäftsregeln. In: Wirtschaftsinformatik 37 (1995) 2, S. 149-159.

Knolmayer, G., Schlesinger, M.: SQLForms-Trigger in Oracle-Datenbank-Trigger transformieren. In: Datenbank Fokus (1995) 4, pp. 56-60.

Knolmayer, G.: Der Fremdbezug von Information-Center-Leistungen. In: Information Management 9 (1994) 1, S. 54-60.

Knolmayer, G.: Zur Berücksichtigung von Transaktions- und Koordinationskosten in Entscheidungsmodellen für Make-or-Buy-Probleme. In: Betriebswirtschaftliche Forschung und Praxis 46 (1994) 4, S. 316-332.

Knolmayer, G., Schlesinger, M.: Geschäftsregeln in einem System der Liegenschaftsverwaltung und ihre Abbildbarkeit in einem kommerziell verfügbaren Datenbanksystem. In: Datenbank-Rundbrief, Mitteilungsblatt der GI-Fachgruppe 2.5.1 (1994) 14, S. 28-31.

Knolmayer, G.: Bedeutung und Gestaltung computergestützter Informationssysteme in schlanken Unternehmen. In: Management & Computer 1 (1993) 2, S. 77- 85.

Knolmayer, G., Herbst, H.: Business Rules. In: Wirtschaftinformatik 35 (1993) 4, S. 386-390.

Bürli, A., Jacottet, B., Knolmayer, G., Myrach, T., Küng, P.: Vorgehen beim Aufbau von CIM-Datenmodellen. In: io Management Zeitschrift 61 (1992) 12, S. 82-86.

Knolmayer, G.: Downsizing. In: Wirtschaftsinformatik 34 (1992) 1, S. 107-108.

Knolmayer, G.: Outsourcing von Informatik-Leistungen. In: Wirtschaftswissenschaftliches Studium 21 (1992) 7, S. 356-360.

Knolmayer, G.: Replik zur Stellungnahme von Joachim Reese. In: Schmalenbachs Zeitschrift für betriebswirtschaftliche Forschung 44 (1992) 2, S. 151-154.

Knolmayer, G.: Ein Konzept für einen mehrstufigen, verteilten Benutzer-Support. In: Wirtschaftsinformatik 32 (1990) 2, S. 150-160.

Knolmayer, G., Lemke, F.: Auswirkungen von Losgrößenreduktionen auf die Erreichung produktionswirtschaftlicher Ziele. In: Zeitschrift für Betriebswirtschaft 60 (1990) 4, S. 423-442.

Knolmayer, G., Myrach, T.: Anforderungen an Tools zur Darstellung und Analyse von Datenmodellen. In: HMD - Theorie und Praxis der Wirtschaftsinformatik 27 (1990) 152, S. 90-102.

Knolmayer, G.: Das Brooks'sche Gesetz: Überlegungen zum Zusammenhang zwischen Teamgröße und Projektdauer bei der Software-Produktion. In: Wirtschaftswissenschaftliches Studium 16 (1987) 9, S. 453-457.

Holdhof, J., Knolmayer, G.: BORA versus DORA: Ein Vergleich zweier Terminplanungsverfahren. In: Die Arbeitsvorbereitung 23 (1986) 5, S. 163-165.

Knolmayer, G.: Computer-Integrated Manufacturing (CIM). In: Informatik-Spektrum 8 (1985) 1, S. 91.

Knolmayer, G.: LTC2: Only a first step in the right direction. In: International Journal of Production Research 23 (1985), S. 755-759.

Knolmayer, G.: Zur Bedeutung des Kostenausgleichsprinzips für die Bedarfsplanung mit PPS-Systemen. In: Schmalenbachs Zeitschrift für betriebswirtschaftliche Forschung 37 (1985) 5, S. 411-427.

Knolmayer, G.: Geisterschichten. In: Wirtschaftswissenschaftliches Studium 13 (1984) 9, S. 465-466.

Knolmayer, G.: The Effects of Degeneracy on Cost-Coefficient Ranges and an Algorithm to Resolve Interpretation Problems. In: Decision Sciences 15 (1984) 1, S. 14-21.

Knolmayer, G.: A simulation study of some simplification strategies in the development of product-mix models. In: European Journal of Operational Research 12 (1983) 4, S. 339-347.

Knolmayer, G.: Der Einfluß von Anpassungsmöglichkeiten auf die Isoquanten in Gutenberg-Produktionsmodellen. In: Zeitschrift für Betriebswirtschaft 53 (1983) 12, S. 1122-1147.

Knolmayer, G.: Die Simulation als Instrument zur Gestaltung computergestützter Planungssysteme: Literaturübersicht und Schlußfolgerungen. In: Angewandte Informatik 25 (1983) 1, S. 25-33.

Knolmayer, G.: Computational experiments in the formulation of linear productmix and non-convex production-investment models. In: Computers & Operations Research 9 (1982) 3, S. 207-219.

Knolmayer, G.: Zur Berücksichtigung mehrerer Zielsetzungen bei der Evaluation betriebswirtschaftlicher Entscheidungsmodelle. In: Zeitschrift für Betriebswirtschaft 50 (1980) 1, S. 59-67.

Knolmayer, G.: Zur "optimalen Schärfe" von Nebenbedingungen gemischt-ganzzahliger Programmmierungsmodelle der simultanen Programm- und Ablaufplanung. In: Zeitschrift für Betriebswirtschaft 48 (1978) 5, S. 368-372.

Knolmayer, G.: Einige Hypothesen über Verlauf und ökonomische Konsequenzen der Preisabsatzfunktionen für Sonderausstattungen im öffentlich geförderten, fremdbedarfsdeckenden Wohnungsbau. In: Der Markt (1976) 59, S. 82-88.

Knolmayer, G.: How Many-Sided are Shadow Prices at Degenerate Primal Optima? In: Omega, The International Journal of Management Science 4 (1976) 4, S. 493-494.

Knolmayer, G., Rückle, D.: Betriebswirtschaftliche Grundlagen der Projektkostenminimierung in der Netzplantechnik. In: Schmalenbachs Zeitschrift für betriebswirtschaftliche Forschung 28 (1976) 7, S. 431-447.

Knolmayer, G.: Umsatzsteuerliche Konsequenzen der Veräußerung von Gebrauchtgütern unter besonderer Berücksichtigung gebrauchter Kraftfahrzeuge. In: Österreichische Steuerzeitung 28 (1975), S. 163-167.

Knolmayer, G.: Optimale Produktions- und Absatzplanung, Besprechungsaufsatz. In: Der Österreichische Betriebswirt 24 (1974) 3, S. 157-166.

Knolmayer, G.: OR-Ansätze zur Bestimmung mikroökonomischer Expansionspfade bei Existenz einer beschränkten Anzahl reiner Prozesse. In: Zeitschrift für die gesamte Staatswissenschaft 130 (1974) 4, S. 615-631.

Knolmayer, G.: Systematisierungsversuche in der betriebswirtschaftlichen Produktionstheorie. In: Der Österreichische Betriebswirt 23 (1973) 1-2, S. 87-101.

Knolmayer, G.: Zur Bestimmung einer anläßlich des Übergangs auf die Mehrwertsteuer optimalen Bestellmenge in Handelsbetrieben. In: Der Markt (1972) 43, S. 66-70.

Knolmayer, G.: Produktionstheoretische Analyse der Umsatzsteuerreform mit Hilfe parametrischer linearer Programmierung. In: Der Österreichische Betriebswirt 21 (1971) 4, S. 153-173.

Sonstige Publikationen

Knolmayer, G.: Compliance kann Schritt zum Outsourcing unattraktiv machen, Zusatzkontrollen sind erforderlich. In: ComputerZeitung 38 (2007) 37, S. 18.

Knolmayer, G.: Compliance - wozu? In: Finanz und Wirtschaft 80 (2007) 57, S. 1.

Knolmayer, G.: Outsourcing und IT Compliance: Eine Herausforderung. In: SwissICT Tagung „IT Compliance in mittleren und grösseren Unternehmen". Zürich: SwissICT 2007.

Lüthi, M., Knolmayer G.F.: Validation of a Digital Pen Data Acquisition System for a Clinical Setting. In: Proceedings 12th Software & Systems Quality Conferences, Köln 2007.

Knolmayer, G.: Sarbanes-Oxley und die Folgen. In: Finanz und Wirtschaft 79 (2006) 6, S. 39.

Knolmayer, G.: Outsourcing ist kein Allheilmittel. In: Finanz und Wirtschaft 78 (2005) 72, S. 1.

Knolmayer, G.: Verleihung der Ehrendoktorwürde an Prof. Dr. Dr.h.c. Klaus Brockhoff. In: Die Unternehmung 59 (2005) 1, S. 9-10.

Endl, R., Knolmayer, G.: Geschäftsregeln als Instrument der Gestaltung flexibler Informationssysteme. In: Netzwoche, Unabhängige Schweizer Wochenzeitung für ICT und E-Business (2004) 29, S. 16-17; reprinted in: asut bulletin (2004) 5, S. 43-50.

Knolmayer, G.: Mediation zur Konfliktbewältigung beim Outsourcing. In: Netzguide Outsourcing/Managed Services. Basel: Netzmedien 2004, S. 24-26.

Knolmayer, G., Klaus, O.: Enterprise Resource Planning and Beyond. In: Netzguide Business-Software, Basel: Netzmedien 2004, S. 56-57.

Wägli, D., Knolmayer, G.F.: Ohne Vertragsmanagement wird's ein Fass ohne Boden. In: Clinicum (2004) 1, S. 68-70.

Knolmayer, G., Fetscherin, M.: Gegenschlag von Musik- und Filmindustrie. In: Neue Zürcher Zeitung 225 (2004) 18, S. 59.

Knolmayer, G., Fetscherin, M.: Digitale Piraten in Peer-to-Peer Netzwerken - Was leisten Kazaa und Co. wirklich? In: Neue Zürcher Zeitung 224 (2003) 271, S. 65.

Knolmayer, G.: IT Economics: Eine klassische Fragestellung mit aktuellen Facetten. In: Netzguide "IT Economics & Managed Services", Basel: Netzwoche 2002, S. 6-7.

Knolmayer, G.: Bericht des Arbeitskreises Zeitorientierte betriebliche Informationssysteme. In: Informationssystem-Architekturen, Rundbrief der GI-Fachgruppe WI-MobIS 9 (2002) 2, S. 25-26.

Knolmayer, G.: Kooperation im Supply Chain Management, "Collaborative SCM" ist mehr als Informationsaustausch. In: Neue Zürcher Zeitung 223 (2002) 269, Sonderbeilage S. B5.

Knolmayer, G.: Neue Anforderungen an die mittelständische Wirtschaft? Supply-Chain-Management-Systeme im Rampenlicht. In: Neue Zürcher Zeitung 222 (2001) 222, ORBIT/COMDEX-Beilage S. B34.

Knolmayer, G., Scheidegger, T.: Bring the Fiber to the Power, Nebeneffekte der New Economy. In: Neue Zürcher Zeitung 222 (2001) 91, S. 78.

Knolmayer, G.: USA weisen den Weg mit vielseitigen Angeboten im E-Banking. In: Finanz und Wirtschaft INVEST (2001), S. 55-58.

Knolmayer, G.: Stand und Potenziale des Supply Chain Managements. In: PLAUT International Management Consulting (Hrsg.): Supply Chain Management im Internetzeitalter. Au-Wädenswil: Plaut 2000, S. 12-20.

Graf, P., Knolmayer, G.: Eine Eiszeit im System schützt vor Ausfällen. In: ComputerZeitung 30 (1999) 4, S. 8.

Knolmayer, G.: Für Entwarnung noch zu früh. In: Output 28 (1999) 7, S. 46-52.

Knolmayer, G.: Noch ist die Schweiz nicht 2000-fähig. In: Die Handelszeitung (1999) 26, S. 5.

Knolmayer, G.: Braucht die Schweiz einen ‚Mister 2000'?. In: : Neue Zürcher Zeitung 219 (1998) 125, S. 25.

Knolmayer, G.: Das Jahr-2000-Problem - Wo ist das Problem? In: Magazin, Die Zeitschrift der Basler (1998) 4, S. 24-25.

Knolmayer, G.: Die Lösung des Querschnittproblems. In: Der Organisator, Spezialdossier SOS 2000, 1998-09, S. 8-9.

Knolmayer, G.: Auch kleinere Unternehmen haben einen enormen Umstellungsaufwand. In: ComputerZeitung 29 (1998) 4, S. 14.

Knolmayer, G.: Noch 18 Monate bis zum Jahr 2000. In: Output 27 (1998) 7, S. 16-24.

Knolmayer, G. Leuenberger, B.: Kernaussagen zum Stand der Lösung des Jahr 2000-Problems in der Schweiz. In: Schweizer Arbeitgeber (1998) 12, S. 572-573.

Knolmayer, G., von Arb, R., Zimmerli, C.: Erfahrungen mit der Einführung von SAP R/3 in Schweizer Unternehmungen. Studie der Abteilung Information Engineering des Instituts für Wirtschaftsinformatik der Universität Bern, Ausgabe 1997, Bern 1997.

Knolmayer, G.: Informationsbeschaffung im Internet. In: Wirtschaftsinformatik 38 (1996) 1, S. 86.

Knolmayer, G.: R/3-Projekte in der Schweiz. In: Business Computing (1995) 7, S. 66-67.

Knolmayer, G., von Arb, R., Portner, R.: Erfahrungen bei der Einführung von SAP R/3. In: Output 24 (1995) 2, S. 38-43.

Knolmayer, G., Portner, P., von Arb, R.: Erfahrungen mit der Einführung von SAP R/3 in Schweizer Unternehmungen. Studie der Abteilung Information Engineering des Instituts für Wirtschaftsinformatik der Universität Bern, Bern 1995.

Knolmayer, G.: Fremdbezug statt vertikaler Hierarchien? Outsourcing von Informatik-Aufgaben. In: Neue Zürcher Zeitung 214 (1993) 55, S. B7-B8.

Knolmayer, G.: Im Neuland, Mainframe-Alternativen: eine Zwischenbilanz. In: Business Computing (1993) 6, S. 28-31.

Knolmayer, G.: Wirtschaftlichkeit des Einsatzes von CASE Tools. In: NCR (Hrsg.): NCR CASE Kongress Bürgenstock 1992, S. 43-52.

Knolmayer, G.: Kein Patentrezept für DV-Auslagerung. In: Personal Computer 10 (1992) 4, S. 128-132.

Knolmayer, G.: CASE-Einsatz verändert den Software-Kauf. In: Online (1990) 1, S. 40-42.

Knolmayer, G., Pfeiffer, H.: EDI als Instrument einer JIT-Logistik. In: Beschaffung aktuell (1990) 5, S. 30-34.

Knolmayer, G.: Kritische Erfolgsfaktoren für ein erfolgreiches Informations-Management. In: msp (Hrsg.): Information Engineering - ein kritischer Erfolgsfaktor für die 90er Jahre. Köln: Manager Software Products 1989, S. 1.i-1.23.

Knolmayer, G.: Netzplantechnik: Unterstützung des Projektmanagements am PC. In: PC Magazin (1987) 42, S. 101-107.

Knolmayer, G., Disterer, G.: 4GL-Vergleich an einem Beispiel aus dem Berichtswesen. In: Computer Magazin 16 (1987) 7/8, S. 41-47.

Knolmayer, G.: Zinssatz-Berechnung mit dem PC, Vergleich der NPV- und IRR-Funktionen verschiedener Spreadsheets. In: PC Magazin (1986) 5, S. 34-42.

Knolmayer, G.: Anmerkungen zur Praxisnähe universitärer Informatik-Ausbildung. In: Online 19 (1981) 9, S. 658-659.

Knolmayer, G.: Comparisons of Equivalent Formulations in Mathematical Programming. In: Committee on Algorithms Newsletter (1981) 6, S. 25-26.

Knolmayer, G.: Zur Aggregierung linearer Programme. In: Informationen für Lehre und Forschung (1975) 2, S. 4-5.

Ausgewählte Arbeitsberichte

Knolmayer, G., Montandon, C., Plüss, M.: Webauftritte zum Standortmarketing in der Schweiz. Arbeitsbericht Nr. 170, Institut für Wirtschaftsinformatik der Universität Bern, Bern 2005.

Knolmayer, G., Klaus, O.: Ausprägungsformen von Kooperationen und kollaborativen Geschäftsprozessen in Schweizer Unternehmen. Arbeitsbericht Nr. 143, Institut für Wirtschaftsinformatik, Bern 2003.

Knolmayer, G., Endl, R., Pfahrer, M., Schlesinger, M.: Geschäftsregeln als Instrument zur Modellierung von Geschäftsprozessen und Workflows. SWORDIES Report 8, Bern 1997.

MIX
Papier aus verantwortungsvollen Quellen
Paper from responsible sources
FSC® C105338

If you have any concerns about our products,
you can contact us on
ProductSafety@springernature.com

In case Publisher is established outside the EU,
the EU authorized representative is:
**Springer Nature Customer Service Center GmbH
Europaplatz 3, 69115 Heidelberg, Germany**

Printed by Libri Plureos GmbH
in Hamburg, Germany